Italiano para todos

HENRY LOUETTE
Catedrático de italiano

PIERRE NOARO
Profesor titular de italiano
Inspector general
del Ministerio de Educación
Ex-asesor lingüístico
de la ENA

PAOLO CIFARELLI
Diplomado en el Instituto
de Estudios Políticos de París
Profesor Lector en
La Escuela Nacional
de Administración

Traducción
FRIDA Y BALDO BALDI

Enric Granados 84
08008 Barcelona

Dinamarca 81
México 06600 D.F.

17 Rue de Montparnasse
75298 París Cedex 06

Valentín Gómez 3530
1191 Buenos Aires

Esta obra se terminó de imprimir y encuadernar en septiembre de 1995
en Impresora Carbayón, S.A. de C.V. Calz. de la Viga núm. 590,
Col. Santa Anita 08300, México, D. F.

La edición consta de 5 000 ejemplares.

It. P. T. Iniciación

PRIMERA EDICIÓN

ISBN 2-266-05046-X (Presses Pocket)
ISBN 970-607-449-X (Ediciones Larousse)

Impreso en México – Printed in Mexico

Índice

Prólogo

Los autores de este método han partido de comprobaciones simples:

■ Algunas personas han estudiado italiano en buenas condiciones, con buenos docentes y con los mejores métodos, pero **no han podido poner en práctica lo aprendido, durante muchos años.**

■ Otros no han podido dedicar al estudio del italiano el tiempo necesario, no habiendo logrado, por lo tanto, **estructurar su aprendizaje.**

En ambos casos:

■ Sus conocimientos hoy son vagos y difusos. En consecuencia, por falta de manejo, les resultan casi inútiles.

■ Además, no constituyen una base sólida que, por sí misma, les permita progresar en el dominio del italiano.

Para reaccionar contra:

■ esta imagen borrosa de los conocimientos

■ y su inutilidad práctica,

los autores del presente método han elaborado una progresión que se acomoda, además, **a las necesidades de todos aquellos que comienzan desde cero el estudio del idioma italiano.** Cada lección seguirá, pues, su propio ritmo, con una total autonomía.

Esta última característica hace del presente método **un complemento**, tanto para los alumnos y estudiantes de los **diversos ciclos** del sistema educativo, como para los que asisten a cursos de actualización y de **educación permanente**.

Por consiguiente, los autores han optado por:

- asegurar un **dominio claro y nítido de los fundamentos estructurales del idioma** en lugar de pretender describir todos los mecanismos sin tener en cuenta la asimilación efectiva de los mismos;

- conseguir que todos los elementos presentados (gramática, pronunciación, léxico) sean **incorporados definitivamente, y por lo tanto puedan utilizarse en la práctica.**
En el campo de los idiomas, de nada sirve tener noción de todo, si ello no se materializa en la capacidad de expresarse;

- ejemplificar los mecanismos descritos, por medio de frases, giros y formas lingüísticas que **constituyen por sí mismas un medio de comunicación concreto**.
Los ejemplos presentados son siempre fórmulas de **uso frecuente** y utilización corriente en la vida de todos los días.

Para lograrlo, la obra contiene:

- **unidades simples** y **fáciles de asimilar**, en las que no se acumulan las dificultades, sino que se asegura el dominio de determinadas estructuras o mecanismos tomados individualmente;

- **observaciones** y **explicaciones** que, junto con las traducciones al español, permiten a todos encontrar respuestas a las preguntas que puedan plantearse;

- **ejercicios de verificación** que, sumados a la repetición sistemática de los puntos estudiados, aseguran una asimilación completa.

- La sencillez de las lecciones, la superación de las dificultades, la repetición, la verificación sistemática de cada aprendizaje, el valor práctico de las estructuras y formas lingüísticas que se enseñan, permiten al lector la adquisición de un medio de comunicación eficaz.

- En resumen los autores han querido dar prioridad al aprendizaje del idioma, antes que a su enseñanza.

0 Descripción

La descripción y los consejos que siguen le permitirán organizar su trabajo eficazmente. La obra comprende:

• 40 lecciones de 6 páginas • 1 ayuda-memoria • 1 vocabulario italiano-español • 1 índice

En cada lección encontrará una **organización idéntica**, con el fin de facilitar el **autoaprendizaje**. Esta organización comprende tres partes (**A**, **B** y **C**) de 2 páginas cada una.
De este modo podrá trabajar al ritmo que le convenga.

Plan de las lecciones

■ Las partes **A** y **B** tienen un esquema idéntico y se subdividen en 4 secciones: **A1** (y **B1**), **A2** (y **B2**), **A3** (y **B3**), **A4** (y **B4**).

A1-B1 PRESENTACIÓN

Esta primera sección presenta los materiales básicos nuevos (gramática, vocabulario, pronunciación) que deberá conocer y emplear adecuadamente para construir oraciones.

A2-B2 APLICACIÓN

A partir de los elementos presentados en A1-B1 se propone una serie de oraciones modelo (cuya repetición deberá practicar a continuación).

A3-B3 OBSERVACIONES

Diversos comentarios referentes a las oraciones que aparecen A2-B2 aclaran los puntos de gramática, vocabulario o pronunciación.

A4-B4 Esta sección presenta la traducción completa de A2-B2.

■ **La parte C** comprende 4 secciones:

• **C1** y **C3** están pensadas para que usted practique por medio de ejercicios acompañados de sus claves de corrección.

• **C2** y **C4** presentan observaciones generales, nociones de etimología y de historia, así como información sobre diversos usos culturales de Italia.

■ **La ayuda-memoria** ofrece un compendio de la gramática del italiano.

■ **El vocabulario** italiano-español permite buscar la mayor parte de los vocablos empleados en esta obra.

■ **Los índices** le ayudarán a encontrar fácilmente todas las nociones gramaticales o de otro tipo que aparecen en las 40 lecciones.

0 Consejos generales

■ Trabaje regularmente

Es mucho más útil trabajar con regularidad, aun cuando sea poco tiempo (1 o 2 horas, por ejemplo), que tratar de aprender varias lecciones a la vez y de manera discontinua.

■ Programe el esfuerzo

Debe trabajar cada lección atendiendo a las subdivisiones de las mismas, es decir que no se debe pasar a la subdivisión B sin haber comprendido bien la subdivisión A. Esto vale también para las lecciones completas: no inicie una nueva sin antes dominar plenamente las anteriores.

■ Refuerce lo aprendido

No dude en repasar las lecciones ni en repetir los ejercicios aun cuando ya los haya resuelto.

Método de trabajo

Para las partes A y B

1. Después de estudiar A1 (o B1) lea varias veces la serie de oraciones de A2 (o B2).
2. Lea nuevamente las observaciones y notas en A3 (o B3).
3. Regrese a A2 (o B2) tratando de traducir al español.
4. Compruebe que su traducción es correcta leyendo A4 (o B4).
5. Trate de reconstruir las frases de A2 (o B2), partiendo de A4 (o B4), pero sin mirar A2 (ni B2).

Para la parte C

- **C1** Realice los ejercicios aprovechando la información de **A1-A2** y de **B1** y **B2** o del vocabulario. Compare con **C2**.
- Lea y relea **C3-C4**.

● ● La grabación (3 casetes)

Incluye todos los diálogos del libro y una selección de los ejercicios con voces italianas auténticas. Este complemento le permitirá practicar su expresión oral y mejorar su capacidad para escuchar y comprender el italiano.

LA PRONUNCIACIÓN DEL ITALIANO

A. ALFABETO ITALIANO

Las letras:	Como se designan:	Como se pronuncian:
a	[a]	
b	[bi]	
c	[chi]	**ca** [ka] **co** [ko] **cu** [ku] **ce** [che] **ci** [chi] **cia** [cha] **cio** [cho] **ciu** [chu]
d	[di]	
e	[e]	
f	[**ef**fe]	
g	[yi]	**ga** [ga] **go** [go] **gu** [gu] **ge** [ye] **gi** [yi] **gia** [ya] **gio** [yo] **giu** [yu]
h	[**ak**ka]	se emplea para endurecer la **c** y la **g**: **che** [ke] **chi** [ki] **ghe** [gue] **ghi** [gui]
i	[i]	
j	[i **lun**ga]	puede remplazarse por **i**, salvo en ciertas palabras extranjeras
k	[**kap**pa]	se emplea sólo en palabras extranjeras
l	[**el**le]	
m	[**em**me]	
n	[**en**ne]	
o	[o]	
p	[pi]	
q	[ku]	la **u** que le sigue se articula siempre: **quando** [**kuan**do]
r	[**er**re]	
s	[**es**se]	[s] o [z]
t	[ti]	
u	[u]	
v	[vu]	**la TV** [la ti**vu**]
w	[**dop**pia vu]	en palabras extranjeras, o remplazadas por: **v, ss** o **s, i**
x	[iks]	
y	[**ip**silon]	
z	[**dze**ta]	[ts] o [dz]

■ En italiano, todo lo que se pronuncia se escribe, todo lo que se escribe se pronuncia (salvo la **h**): **chiunque** [k**iun**kue] *cualquiera que*, **spieghevole** [spie**gue**vole].

■ En consecuencia, deben destacarse las consonantes dobles: **abbiamo** [ab**bia**mo] *tenemos;* **oggi** [**od**yi] *hoy;* **macchina** [**mak**kina] *automóvil;* **addirittura** [addirit**tura**] *decididamente;* **affatto** [af**fat**to] *absolutamente.* ATENCIÓN: **un capello** [ka**pel**lo] *un cabello*, no es **un cappello** [kap**pel**lo] *un sombrero.* Todos los **giovani** [**yo**vani] *jóvenes* no se llaman **Giovanni** [yo**van**ni] *¡Juan!*

B. LAS VOCALES

En italiano, como en español, las vocales son cinco.

C. LAS CONSONANTES

La mayor parte de las consonantes se pronuncian como en español. A continuación presentamos los casos particulares del italiano:

1. **C** delante de **e** o **i** se pronuncia [che, chi]; **g** delante de las mismas vocales se pronuncia [ye, yi]: **Cile** [**chi**le] *Chile;* **accento** [a**chen**to] *acento;* **c'è, ci sono** [**che**, chi **so**no] *hay;* **gelato** [ye**lat**o] *helado;* **giro** [**yi**ro] *excursión.*

■ La misma pronunciación se obtiene, delante de **a, o, u,** intercalando una **i: ciao** [ch**a**o] *hola;* **giardino** [yar**di**no] *jardín;* **giorno** [**yor**no] *día;* **comincio** [ko**min**cho], **cominci** [ko**min**chi], **comincia** *empieza;* **leggo** [**leg**go], **leggi** [**led**yi], **legge** *lee,* **leggiamo** [led**ya**mo] *leemos.*

■ A la inversa, para endurecer el sonido de la **c** [k] y de la **g** [gu], delante de **e, i** se intercala una **h**: **che** [ke]; **chi** [ki]; **chiaro** [**kia**ro] *claro;* **Pinocchio** [pi**nok**kio]; **chiuso** [**kiu**zo] *cerrado:* **ghiaccio** [**guia**cho] *hielo.*

■ El grupo consonántico **sc(i), sc(e)** produce un sonido particular inexistente en español similar al que se hace para pedir silencio: shh!, que en la transcripción fonética representamos por [sh]: **scegliere** [**she**llere] *elegir;* **sci** [**shi**] *esquí;* **uscita** [**ush**ita] *salida;* **sciopero** [**sho**pero] *huelga.*

2. **gli** se pronuncia "lli" con la *elle* de *llave* y de *millón;* este sonido lo representamos en la transcripción fonética así: [ll]. Por el contrario, en italiano la grafía "ll" representa la consonante doble l, y lo que indica es el refuerzo y la prolongación del sonido [l], fenómeno que representamos en la transcripción fonética [l-l].

En italiano el grupo consonántico **gn** se pronuncia como la **ñ** del español; con esta grafía lo representamos en la transcripción fonética: [ñ] **montagna** *montaña*.

• La **q** se distingue siempre de la **u** que la sigue, (en forma similar a la **g** en la sílaba **gu** en transcripción fonética [gü]): **qualche** [**kua**lke]; **guida** [**güi**da].

3. La **r**, consonante vibrante, aun cuando se duplica, es siempre más suave que su similar castellana, a veces puede arrastrarse o guturalizarse.

4. La **s** entre dos vocales es dulce y sonora [z]: **rosa** [**ro**za] *rosa;* **viso** [**vi**zo] *rostro;* **televisione** [tele**vizio**ne]; **per esempio** [per ez**emp**io] *por ejemplo:* **scusi** [**sku**zi] *disculpe.*

• La **s** puede ser dura y sorda como en español: **casa** [**ka**sa] *casa;* **che cosa?** [ke **ko**sa] *¿qué?;* **cosi** [ko**si**] *así.* La **s** es dura cuando la palabra se forma a partir de otra que tiene **s** dura: **disegno** [dise**ñ**o] *dibujo,* las que terminan en **-oso: curioso** [ku**rio**so].
La **s** también es dura cuando se trata de un pronombre complemento: **facendoci** [fa**chend**osi] *haciéndose.*
La **s** es dulce [z] si la consonante que le sigue es dulce: las terminaciones en **-ismo**: **turismo**, **ciclismo** [tu**riz**mo chi**kliz**mo].
La **s** es dura si la consonante que le sigue es dura: **mi dispiace** [mi dis**pia**che] *lo siento.* **La disturbo?** [di**stur**bo] *¿molesto?* (a usted); **risposta** [ri**spos**ta] *respuesta.*
5. La **z** se pronuncia dura y sorda en la mayor parte de los casos: **Firenze** [**firen**tse] *Florencia;* **Venezia** [ve**net**sia] *Venecia;* **grazie** [**grat**sie] *gracias;* **ragazzo** [ra**gat**tso] *muchacho;* **piazza** [**piat**tsa] *plaza;* **palazzo** [pa**lat**tso] *palacio.*

• A veces la **z** es dulce, particularmente en las siguientes palabras: **azzurro** [ad**dzu**rro] *azul;* **benzina** [bend**zin**a] *gasolina;* **mezzo** [med**dzo**] *medio;* **orizzonte** [orid**dzon**te] *horizonte;* **pranzo** [**pran**dzo] *almuerzo;* **romanzo** [ro**man**dzo] *novela;* **zanzara** [dzan**dza**ra] *mosquito,* **zero** [**dzer**o] *cero.*

■ ATENCIÓN: en la terminación **-izzazione**, diferenciar perfectamente los dos sonidos de la **z: specializzazione** [spechaliddza**tsio**ne] *especialización.*

D. EL ACENTO EN ITALIANO

■ La vocal, el diptongo o la sílaba acentuada en una palabra italiana debe percibirse de manera más fuerte y sobre todo más prolongada que las otras vocales de la misma palabra, como si tuviera doble duración (recuerde que en la transcripción fonética que se ha adoptado, la sílaba tónica aparece impresa en negritas).

1. ■ Ciertas palabras italianas están acentuadas en la última sílaba, se les denomina **parole tronche** [pa**ro**le **tron**ke] *palabras agudas:* **città** [chit**ta**] *ciudad;* **lunedì** [lune**di**] *lunes:* **potrò** [po**tro**] *podré.*

2. ■ La mayor parte de las palabras están acentuadas en la penúltima sílaba; son las **parole piane** [**pia**ne] llamadas *graves* o *llanas* en español: **Italia** [**ita**lia]; **ragazzo** [ra**gatt**so] *muchacho.*

3. ■ Muchas otras palabras italianas están acentuadas en la antepenúltima sílaba (**parole sdrucciole** [**sdrut**chole] palabras *esdrújulas:* **macchina** [**mak**kina] *automóvil;* **visita** [**vi**zita] *visita;* **subito** [**su**bito] *enseguida;* **di solito** [di **so**lito] *habitualmente;* **eccetera** [et**che**tera] *etcétera.*

(Ciertas formas verbales pueden estar acentuadas en la sílaba que precede a la antepenúltima: **significano** [si**gni**fikano] *significan;* **abitano** [**abi**tano] *habitan;* en español estas palabras se llaman sobresdrújulas. También se puede presentar ese caso cuando a una voz verbal del imperativo se unen en forma enclítica los pronombres: **diteglielo** [**dit**ellelo] *decídselo.*)

1 Il signore è italiano

A 1 PRESENTACIÓN

- Una de las formas del artículo indefinido singular es **il**.
- El adjetivo concuerda en género (másculino, femenino) y número (singular, plural) con el sustantivo cuando ambos se relacionan.
- La mayor parte de las palabras de género masculino terminan en **-o** o en **-e**, cuando están en singular.
- El verbo **è** equivale en español a los verbos *ser* o *estar.*

il ragazzo	[ra**gat**tso]	*el muchacho, el chico*
il signore	[si**ño**re]	*el señor*
il nome	[**no**me]	*el nombre*
il cognome	[ko**ño**me]	*el apellido*
il padre	[**pa**dre]	*el padre*
italiano	[ita**lia**no]	*italiano*
americano	[ameri**ka**no]	*americano*
Rossi	[**ro**ssi]	*Rossi (nombre propio)*
Sandro	[**san**dro]	*Sandro, Alejandro*

A 2 • • APLICACIÓN

1. **Il signore è italiano.**
2. **Il cognome è Rossi.**
3. **Il signor Rossi è italiano.**
4. **Il ragazzo è italiano.**
5. **Il nome è Sandro.**
6. **Sandro è italiano.**
7. **Il padre è americano.**

1 El señor es italiano

A 3 OBSERVACIONES

Pronunciación

• En italiano, todas las letras (salvo la h) tienen sonido propio. Se pronuncian como en español, salvo en los casos que se indicarán más adelante.
Las consonantes dobles refuerzan y prolongan el sonido de las simples: Ej.: **sete** con una **t** significa sed, **sette** con dos **t** significa siete. De allí la necesidad de establecer claramente la diferencia para ser comprendido por un italiano.

• Todas las palabras tienen un acento (en la transcripción fonética que se presenta entre corchetes la sílaba acentuada aparece en negrita para ayudarle a pronunciar correctamente).
La mayor parte de las palabras están acentuadas en la penúltima sílaba. En las primeras lecciones, usted encontrará únicamente palabras que pertenecen a esta categoría.

• La **z** de **ragazzo** se pronuncia como *ts* en mosca *tse-tsé.* Debe oírse claramente la doble z.
La **gn** de **signore** se pronuncia como *ñ* en la palabra niño.

Gramática

• Delante de **signore** debe emplearse el artículo **il.**
Además, la vocal final de **signore** desaparece delante de los nombres, los apellidos y los títulos:
il signor Rossi *el señor Rossi.*

• Recuerde: **nome** *nombre,* y **cognome** *apellido.*

A 4 TRADUCCIÓN

1. El señor es italiano.
2. El apellido es Rossi.
3. El señor Rossi es italiano.
4. El muchacho es italiano.
5. El nombre es Sandro.
6. Sandro es italiano.
7. El padre es americano.

1 La signora è italiana

B 1 PRESENTACIÓN

• El artículo definido femenino singular es **la**, corresponde al español *la:* **la ragazza** *la muchacha*, **la madre** *la madre.*
El artículo **la** cambia la **a** por un apóstrofo cuando la palabra siguiente comienza con vocal.
Ej.: **l'Italiana** *la italiana.*

• Los adjetivos que en su forma masculina singular terminan en **-o**, la cambian por la **-a** en su forma femenina singular.

italian-**o**	italian-**a**	*italiano*	*italiana*
american-**o**	american-**a**	*americano*	*americana*
tedesc-**o**	tedesc-**a**	*alemán*	*alemana*
russ-**o**	russ-**a**	*ruso*	*rusa*
brasilian-**o**	brasilian-**a**	*brasileño*	*brasileña*

Ejemplos de concordancia:

il signor**e** italian**o**	**la** señor**a** italian**a**
il ragazz**o** american**o**	**la** ragazz**a** american**a**

la ragazza	[ra**gat**tsa]	*la muchacha*
la signora	[si**ño**ra]	*la señora*
la signorina	[siño**ri**na]	*la señorita*
la madre	[**ma**dre]	*la madre*
Sandra	[**san**dra]	*Sandra*
Firenze	[fi**ren**tse]	*Florencia*
veneziano, -a	[vene**tsia**no]	*veneciano, -a*
fiorentino, -a	[fioren**ti**no]	*florentino, -a*
bello, -a	[**bel**lo]	*bello,-a/lindo,-a/hermoso,-a*

B 2 • • APLICACIÓN

1. **La signora è italiana.**
2. **Il nome è Sandra.**
3. **La madre è veneziana.**
4. **La signora Rossi è veneziana.**
5. **Sandra è fiorentina.**
6. **Firenze è bella.**

B 3 OBSERVACIONES

■ Pronunciación

• En italiano, la consonante doble **ll** se pronuncia como la **l** en español, pero su sonido se alarga. Recuerde que las consonantes dobles refuerzan y prolongan el sonido de las simples (ver A3).
Ej.: lo sporte**llo** - la ventanilla
sore**lla** - hermana.

• Acento. Una vocal o una sílaba acentuada tiene dos características que la diferencian de la vocal o de la sílaba átona o no acentuada:
1. Su emisión es más intensa.
2. Su emisión es más larga.
El acento nunca va escrito, salvo en las palabras acentuadas en la última sílaba, como veremos más adelante.

■ Gramática

• Delante de **signora** y **signorina**, debemos colocar el correspondiente artículo femenino:

la signora Rossi	*la señora Rossi*
la signorina Sandra	*la señorita Sandra*

• La mayor parte de las palabras femeninas terminan con la vocal **-a** en el singular:

il signore	→	**la signora**
il ragazzo	→	**la ragazza**

B 4 TRADUCCIÓN

1. La señora es italiana.
2. El nombre es Sandra.
3. La madre es veneciana.
4. La señora Rossi es veneciana.
5. Sandra es florentina.
6. Florencia es hermosa.

1 Ejercicios

C 1 EJERCICIOS

A. Practique leyendo las siguientes palabras:
Il ragazzo, il signor Rossi, veneziano, la ragazza, fiorentino, bello.

B. Completar:
1. Il . . . . è Rossi.
2. Il . . . . è Sandra.
3. . . . . signora è veneziana.
4. Il . . . . Rossi è italiano.
5. Il nome . . . . Sandro.

C. [• •] Traducir:
1. La señora es florentina.
2. El señor Rossi es italiano.
3. Sandro es italiano.
4. El padre es veneciano.
5. La madre es americana.
6. Sandra es bella.

D. Pasar al género contrario:
1. La ragazza è fiorentina.
2. Il padre è veneziano.
3. La signora è napoletana.

C 2 VOCABULARIO

Arrivederci	[arrive**der**chi]	*hasta luego*
buon giorno	[buon **yor**no]	*buenos días*
buona sera	[buona **se**ra]	*buenas tardes*
buona notte	[buona **not**te]	*buenas noches*
ciao	[**cha**o]	*hola, hasta luego*

¿Sabe usted que **ciao** *deriva* de **schiavo**, *esclavo*, *servidor*, que a su vez se deriva de **slavo**, *eslavo?* En efecto, parece que en la Edad Media los germanos y los venecianos redujeron a numerosos eslavos a la esclavitud. Se decía entonces **sono vostro schiavo**, *soy su servidor*, al despedirse o al encontrar a alguna persona. Más tarde se dijo sólo **vostro schiavo**, *vuestro servidor*, y aún se simplificó más hasta la forma **schiavo**, *servidor*, que se transformó en **ciao** con la ayuda de la pronunciación veneciana después de una lenta y prolongada evolución.

C 3 HOJA DE RESPUESTAS

A. Cuide la pronunciación de las consonantes dobles (zz, ss, ll).

B. Completar:
1. Il cognome è Rossi.
2. Il nome è Sandra.
3. La signora è veneziana.
4. Il signor Rossi è italiano.
5. Il nome è Sandro.

C. [• •] **Traducir:**
1. La signora è fiorentina.
2. Il signor Rossi è italiano.
3. Sandro è italiano
4. Il padre è veneziano.
5. La madre è americana.
6. Sandra è bella.

D. Pasar al género contrario:
1. Il ragazzo è fiorentino.
2. La madre è veneziana.
3. Il signore è napoletano.

C 4 OBSERVACIONES

■ La **c** de **arrivederci** y **ciao** se pronuncia [ch] como en *choza*.
—La **g** de **giorno** se pronuncia [ye] como en *yema*.
■ ¡Ponga atención en los contrastes con el español!
—Pronuncie correctamente las palabras **fiorentino**, **veneziano** (no se deje influir por las palabras en español correspondientes).
—No olvide el artículo delante de **signore**, **signora**, **signorina (il signor Rossi, la signora Rossi, la signorina Sandra).**
■ **Ragazzo**, **ragazza** significan respectivamente *muchacho, chico, muchacha, chica*. En el habla juvenil designan también a aquel o aquella por quién se siente un gran afecto, y a la persona con quien se sale, se va al cine, a bailar, etc.; pero sin que se trate necesariamente de un novio o una novia.
■ El apellido **Rossi,** que podría corresponder al español *Rojo*, es uno de los más comunes en Italia, aunque sean muy pocos los italianos pelirrojos.

2 E' un giorno feriale

A 1 PRESENTACIÓN

- **Un** es una de las formas del artículo indefinido masculino singular.
- Los adjetivos que terminan en la vocal **-e** en singular, son masculinos y femeninos a la vez. Se dirá pues:

il ragazzo frances**-e**	*el muchacho francés*
la ragazza frances**-e**	*la chica francesa*

un viaggiatore	[viadya**to**re]	*un viajero*
un turista	[tu**ris**ta]	*un turista*
un giorno	[**yor**no]	*un día*
un uomo	[**uo**mo]	*un hombre*
un treno	[**tre**no]	*un tren*
un amico	[**ami**ko]	*un amigo*
Settebello	[sette**bel**lo]	
francese	[fran**che**ze]	*francés, francesa*
fedele	[fe**de**le]	*fiel*
elegante	[ele**gan**te]	*elegante*
veloce	[ve**lo**che]	*veloz*
feriale	[fe**ria**le]	*laborable*
oggi	[**od**yi]	*hoy*

A 2 • • APLICACIÓN

1. **Il signor Rossi è un uomo.**
2. **E' un uomo elegante.**
3. **Il viaggiatore è un turista.**
4. **E' un turista francese.**
5. **Sandro è un amico.**
6. **E' un amico fedele.**
7. **Il Settebello è un treno.**
8. **E' un treno veloce.**
9. **Oggi è feriale.**
10. **E' un giorno feriale.**

2 Es un día laboral

A 3 OBSERVACIONES

Pronunciación

• Pronunciar correctamente: set-te**bel**-lo, **og**-gi, viag-**g**iatore.
En **bello** la **ll** no se pronuncia como en *llave* en español, por el contrario, es una doble **l** que refuerza y prolonga el sonido de la **l** simple [*bel-lo*].
Pronunciar bien la **b** labial de **bello** (que en italiano contrasta claramente con la v dental: **bello, vita**.
En la **francese** la **s** suena como un zumbido (zzz! = Transcripción fonética [z]), como la **s** de la palabra *desde*.
Todas las palabras de esta lección, como las de la lección anterior, se acentúan sobre la penúltima sílaba: ve**lo**ce, viaggia**to**re; fran**ce**se, fe**ria**le; la sílaba acentuada debe pronunciarse con mayor intensidad, y hay que detenerse en ella más que en las otras sílabas (ver lección 1, B3, pfo. 2).

Gramática

• Se usa **un** delante de:
— todos los sustantivos masculinos que comienzan con *vocal* **(un uomo, un autunno)**;
— la mayor parte de los sustantivos masculinos que comienzan por una *consonante* **(un turista, un giorno)**.

• No confundir **feriale** y **festivo**. El primero significa *laborable* y el segundo significa *feriado.*

• Al comienzo de la frase **è** se escribe **E'**.

A 4 TRADUCCIÓN

1. El señor Rossi es un hombre.
2. Es un hombre elegante.
3. El viajero es un turista.
4. Es un turista francés.
5. Sandro es un amigo.
6. Es un amigo fiel.
7. El "Settebello" es un tren.
8. Es un tren veloz.
9. Hoy es (un día) laborable.
10. Es un día laborable.

2 E' una donna elegante

B 1 PRESENTACIÓN

• **Una** es el artículo indefinido femenino singular: **una donna, una ragazza**.
El artículo **una** cambia la **a** por apóstrofo, cada vez que la palabra siguiente comienza con vocal: **un' amica**.

• Recuerde: los adjetivos que terminan en vocal **-e** en singular, tienen la misma forma para el masculino y el femenino.

una donna	[**don**na]	*una mujer*
una regione	[ra**yo**ne]	*una región*
un' amica	[a**mi**ka]	*una amiga*
Fabbri	[**fab**bri]	
Giovanna	[yo**va**nna]	*Juana*
la Lombardia	[lombar**dia**]	*Lombardía*
industriale	[industri**a**le]	*industrial*
inglese	[in**gle**ze]	*inglés, inglesa*
milanese	[mila**ne**ze]	*milanés, milanesa*
settentrionale	[settentrio**na**le]	*septentrional, del norte*
felice	[fe**li**che]	*feliz*
gentile	[gen**ti**le]	*amable, gentil, cortés*

B 2 • • APLICACIÓN

1. **La signora Fabbri è milanese.**
2. **E' una donna elegante.**
3. **Giovanna è felice.**
4. **E' una ragazza gentile.**
5. **E' una turista inglese.**
6. **E' un' amica.**
7. **La Lombardia è una regione settentrionale.**
8. **E' una regione industriale.**

B 3 OBSERVACIONES

■ Pronunciación

• Pronuncie correctamente las consonantes dobles: **don**-na.
La **s** de **turista** debe pronunciarse como la **s** de Sara.

• El acento contrasta una sílaba en relación con las otras, por medio de:
— su intensidad,
— su duración.

■ Gramática

• **Turista** es a la vez masculino y femenino: **un turista, una turista**.

• Los adjetivos como **francese, inglese, gentile,** etc., tienen la misma terminación en masculino y en femenino.

un ragazz**o** frances**e**
una ragazz**a** frances**e**

Por el contrario, los adjetivos como **italiano, bello,** etc., tienen dos terminaciones: una para el masculino y otra para el femenino.

un ragazz**o** italian**o**
una ragazz**a** italian**a**

B 4 TRADUCCIÓN

1. La señora Fabbri es milanesa.
2. Es una mujer elegante.
3. Juana es feliz.
4. Es una chica amable.
5. Es una turista inglesa.
6. Es una amiga.
7. Lombardía es una región septentrional.
8. Es una región industrial.

2 Ejercicios

C 1 EJERCICIOS

A. Repita las siguientes palabras:

Giovanna, donna, Fabbri, regione, Lombardia.

B. [• •] **Traducir:**

1. Lombardía es una región septentrional.
2. Es una región industrial.
3. Juana es una amiga.
4. Es una hermosa turista inglesa.

C. Pasar al masculino:

1. Un' amica fiorentina.
2. Una turista inglese.
3. La signora è bella e elegante.
4. E' una donna felice.

C 2 VOCABULARIO

— **L'inverno** genera **invernale** *el invierno; invernal, de invierno.*
— **La primavera** genera **primaverile** *la primavera; primaveral, de primavera.*
— **L'estate** genera **estivo** *el verano; estival, de verano.*
— **L'autunno** genera **autunnale** *el otoño; otoñal, de otoño.*

• **Giorno feriale** [**yor**no fe**ria**le] *día laborable*
Giorno festivo [**yor**no fes**ti**vo] *día de fiesta, feriado*

→ No confundir **feriale**, *laborable* con **festivo**, *feriado.*
Para evitar los efectos irrisorios de una posible contradicción, note lo siguiente:
a) en época de los romanos la *feria* era un día durante el cual, el trabajo estaba prohibido por la religión. De allí el significado actual de la palabra castellana *feriado;*
b) en la liturgia católica, *feria* significa *día de la semana*, por lo tanto, *día de trabajo, día laborable.* De allí, el significado actual de la palabra italiana *feriale.*

2 Ejercicios

C 3 HOJA DE RESPUESTAS

A. Pronunciar correctamente todas las letras.

B. [• •] **Traducir:**

1. La Lombardia è una regione settentrionale.
2. E' una regione industriale.
3. Giovanna è un' amica.
4. E' una bella turista inglese.

C. Pasar al masculino:

1. Un amico fiorentino (atención: no se usa apóstrofo en el masculino).
2. Un turista inglese.
3. Il signore è bello e elegante.
4. E' un uomo felice.

C 4 OBSERVACIONES

• Hay analogías en el empleo de **il** y **un**, excepto para las palabras que comienzan con vocal.
Se dirá pues: **un** / **il** } giorno, ragazzo

Pero se dirá: **un** uomo/**l'**uomo (ver lección 9).

• Atención: recuerde que, al pronunciar, las consonantes dobles siempre deben oírse claramente reforzadas; no debe oírse *autuno*, sino **autun-no**.

• Atención: recuerde que en italiano, **l'estate** (el verano) es femenino: **l'estate è** stata calda *el verano ha sido caluroso.*

• **Settebello** es el nombre de un tren rápido que efectúa el recorrido Roma-Milán-Roma y está formado por siete vagones de primera clase internacional. Originalmente el **setebello** era el nombre del siete de oros o de diamantes. Es la carta que todo jugador desea poseer, ya que vale un punto en el juego de la **scopa** (escoba), en el que se utilizan las cartas napolitanas o españolas. Es una especie de triunfo.

3 C'è molta gente

A 1 PRESENTACIÓN

- **C'è** significa *hay*. Se usa cuando el sujeto es singular.
- **Gente** es un sustantivo colectivo que tiene forma femenina y singular.
- **Molto**, **poco** significan en español *mucho, poco;* son adjetivos y, por lo tanto, deben concordar en género y número.

poco	[**po**ko]	*poco*
molto	[**mol**to]	*mucho*
rapido	[**ra**pido]	*rápido*
privato	[pri**va**to]	*privado*
Milano	[mi**la**no]	*Milán*
Torino	[to**ri**no]	*Turín*
la gente	[**yen**te]	*la gente*
la benzina	[ben**dzi**na]	*la gasolina*
la macchina	[**mak**kina]	*el auto*
la strada	[**stra**da]	*la ruta*
l'autostrada	[auto**stra**da]	*la autopista*
la Ferrari	[fer**ra**ri]	*Ferrari*
tra	[tra]	*entre*

A 2 • • APLICACIÓN

1. **C'è poca gente: è un giorno festivo.**
2. **C'è molta gente: è un giorno feriale.**
3. **C'è poca benzina.**
4. **C'è una macchina veloce. E' una Ferrari.**
5. **C'è un treno per Milano. E' il Settebello.**
6. **E' un treno rapido.**
7. **C'è un' autostrada tra Milano e Torino.**
8. **E' un' autostrada privata.**

Hay mucha gente

A 3 OBSERVACIONES

■ Pronunciación

• La **z** de **benzina** se pronuncia [dz]: anteponiendo una **d** a la **z** de **francese**, (ver lección 2, A3 pfo. 1 pág. 21). Se dice que es una consonante sonora. **Mac**china y **ra**pido son las dos primeras palabras esdrújulas del vocabulario de estas lecciones. Ponga atención en la doble consonante de la palabra macchina [**mak**kina].

■ Gramática

• Atención: **c'è** = hay; pero **è** = es.
No confundir las dos estructuras siguientes:

c'è un libro interessante *hay un libro interesante*
è un libro interessante *es un libro interesante*

• En italiano hay dos grupos de adjetivos:
a) Primer grupo: En el singular, cada adjetivo tiene terminación **-o** para el masculino y **-a** para el femenino.

italian**-o** *italiano* italian**-a** *italiana*

La concordancia se realiza fácilmente:

il ragazz**o** italian**o** **il** padr**e** italian**o**
la ragazz**a** italian**a** **la** madr**e** italian**a**

b) Segundo grupo: En el singular, cada adjetivo, tanto en masculino como en femenino termina en **-e**.
La concordancia se realiza fácilmente, pero puede parecernos extraña:

il ragazz**o** france**se** **il** padr**e** france**se**
la ragazz**a** france**se** **la** madr**e** france**se**

• Veamos los siguientes ejemplos, donde los adjetivos italianos **molto** y **poco**, que pertenecen al mismo grupo que **italiano** y **fiorentino**, concuerdan con los sustantivos respectivos:

c'è poca benzina *hay poca gasolina*
c'è poco tempo *hay poco tiempo*
c'è molta gente *hay mucha gente*

A 4 TRADUCCIÓN

1. Hay poca gente: es un día feriado.
2. Hay mucha gente: es un día laborable.
3. Hay poca gasolina.
4. Hay un auto veloz. Es un Ferrari.
5. Hay un tren para Milán. Es el Settebello.
6. Es un tren rápido.
7. Hay una autopista entre Milán y Turín.
8. Es una autopista privada.

3 Ci sono molte macchine

B 1 PRESENTACIÓN

• *Hay* = **ci sono**, si el sujeto está en plural.
El plural del artículo **il** es **i**, el plural de **la** es **le**.

• El plural es siempre **-i**, salvo para las palabras femeninas que en singular terminan en **-a**, y en plural terminen en **-e**.

	il ragazz**o**	**il** ragazz**i**	**la** madr**e**	**le** madr**i**
pero	**la** ragazz**a**	**le** ragazz**e**	bell**a**	bell**e**

• **Specialità** *especialidad* está acentuada en la última sílaba. Es invariable en el plural: **la specialità, le specialità**.

il cappuccino	[kappu**chi**no]	*el capuchino*
la specialità	[spechali**ta**]	*la especialidad*
autonomo	[au**to**nomo]	*autónomo*
giapponese	[yappo**neze**]	*japonés, japonesa*
buono	[**buo**no]	*sabroso, rico*
Italia	[i**ta**lia]	*Italia*
in	[in]	*en*

B 2 • • APLICACIÓN

1. **Ci sono molti turisti.**
2. **Sono turisti francesi.**
3. **Ci sono molte turiste.**
4. **Sono turiste inglesi.**
5. **Ci sono molte macchine.**
6. **Sono macchine italiane e giapponesi.**
7. **Ci sono molte regioni in Italia.**
8. **Sono regioni autonome.**
9. **I cappuccini sono buoni.**
10. **Sono una specialità italiana.**

B 3 OBSERVACIONES

■ Pronunciación

• Pronunciar claramente las consonantes dobles de **cap-puc-cino** [transcripción fonética: kappu**chi**no].

■ Gramática

• Las formas italianas **c'è** o **ci sono** corresponden al verbo conjugado *hay*, según se trate de un sujeto en singular o plural:

hay un auto italiano	**c'è una macchina italiana**
hay autos italianos	**ci sono macchine italiane**

• *Es* = **è**; *es una especialidad italiana* **è una specialità italiana**
son = **sono**; *son regiones autónomas* **sono regioni autonome**

• El plural de los artículos indefinidos coincide con el de un grupo de artículos llamados "partitivos".

Como plural de **un** se emplea el partitivo **dei/degli**
Como plural de **uno** se emplea el partitivo **degli**
Como plural de **una** se emplea el partitivo **delle**

Ej.:	**un** turista	**un** italiano	**dei** turisti	**degli** italiana
	uno straniero	**degli** straniero		
	una vacanza	**un'**estate	**delle** vacanze	**delle** estati

• El plural de **è** es **sono**.
El plural de los sustantivos y adjetivos termina en **-i**, excepto para las palabras singulares en **-a** que hacen su plural en **-e**.

il ragazz**o** è italian**o**	**i** ragazz**i** sono italian**i**
il turist**a** è napoletan**o**	**i** turist**i** sono napoletan**i**
il padr**e** è ingles**e**	**i** padr**i** sono ingles**i**
l'estat**e** è bell**a**	**le** estat**i** sono bell**e**
la turist**a** è napolatan**a**	**le** turist**e** sono napoletan**e**
la ragazz**a** è ingles**e**	**le** ragazz**e** sono ingles**i**

B 4 TRADUCCIÓN

1. Hay muchos turistas.
2. Son turistas franceses.
3. Hay muchas turistas.
4. Son turistas inglesas.
5. Hay muchos autos.
6. Son autos italianos y japoneses.
7. En Italia hay muchas regiones.
8. Son regiones autónomas.
9. Los capuchinos son sabrosos.
10. Son una especialidad italiana.

3 Ejercicios

C 1 EJERCICIOS

A. Leer:

autonomo, macchina, rapido, una stazione, delizioso, la ragazza, la benzina.

B. Traducir:

1. En Italia hay muchos autos franceses.
2. Las especialidades italianas son sabrosas.
3. Son chicas amables.
4. Hay mucha gente amable.

C. [• •] **Convertir al plural:**

1. C'è una turista: è una turista francese.
2. C'è una grande macchina; è una macchina inglese.

D. [• •] **Traducir:**

1. Ci sono pochi turisti: sono giapponesi.
2. Ci sono molte regioni in Italia: sono regioni autonome.

C 2 VOCABULARIO

L'aranciata	[aran**cha**ta]	*la naranjada*
la birra	[**bir**ra]	*la cerveza*
il latte	[**lat**te]	*la leche*
la cioccolata	[chokko**la**ta]	*el chocolate (que se bebe)*
il cioccolato	[chokko**la**to]	*el chocolate (que se come)*
caldo	[**kal**do]	*caliente*
freddo	[**fred**do]	*frío*

Il cappuccino: es una bebida caliente preparada con café cargado y cortado con leche. Su color recuerda el del hábito de los monjes capuchinos, de allí su nombre.

• **Barzelletta** *chiste*

— **Qual è il colmo per una suora?** *(¿Cuál es el colmo de una monja?)*

— **Far colazione a letto con un cappuccino.** *(Desayunar en la cama con un "capuchino".)*

La palabra **cappuccino** muestra aquí su doble significado de bebida y de monje.

Ejercicios

C 3 HOJA DE RESPUESTAS

A. Ponga atención en la acentuación y la pronunciación de la **z** y de las consonantes dobles.

B. Traducir:

1. Ci sono molte macchine francesi in Italia.
2. Le specialità italiane sono buone.
3. Sono ragazze gentili.
4. C'è molta gente gentile.

C. [• •] **Convertir al plural:**

1. Ci sono turiste: sono turiste francesi.
2. Ci sono grandi macchine: sono macchine inglesi.

D. [• •] **Traducir:**

1. Hay pocos turistas: son japoneses.
2. En Italia hay muchas regiones: son regiones autónomas.

C 4 OBSERVACIONES

● La concordancia de los adjetivos depende del grupo al que pertenecen.

1er. Grupo	2o. Grupo
italiano	francese
americano	inglese
fiorentino	giapponese
veneziano	gentile
napoletano	elegante
festivo	feriale
bello	felice

Tanto el femenino como el masculino tienen distintas terminaciones en singular y en plural.

Una terminación en singular y otra en plural para ambos géneros.

Sing.	**è un ragazzo italiano**	**è un ragazzo francese**
	è una ragazza italiana	**è una ragazza francese**
Plur.	**sono ragazzi italiani**	**sono ragazzi francesi**
	sono ragazze italiane	**sono ragazze francesi**

● Las palabras acentuadas en la última sílaba llevan tilde: **la specialità.**

4 Questi turisti sono in vacanza?

A 1 PRESENTACIÓN

• En italiano la estructura de la frase interrogativa es similar a la del español; el orden de las palabras es en general el mismo que en la frase afirmativa.

¿Cómo se distingue una afirmación de una interrogación?

a) En la lengua escrita, por el signo de interrogación (que en italiano se coloca únicamente al final de la frase).

— **sono treni veloci e moderni** (frase afirmativa) *son trenes veloces y modernos.*

— **sono treni veloci e moderni?** (frase interrogativa) *¿Son trenes veloces y modernos?*

b) En la lengua hablada, por la forma de pronunciar las frases (ver A3).

En italiano se utiliza el verbo **essere** (*ser o estar*) i turisti sono... en lugar del verbo en español *estar.* Ello debido a que el verbo italiano **stare** se reserva para usos muy determinados.

Ej.:	**I turisti sono in Italia.**	*Los turistas están en Italia.*
	Il viaggiatore è stanco.	*El viajero está cansado.*

questo	[**koue**sto]	*este*
tedesco	[te**de**sko]	*alemán*
straniero	[stra**nie**ro]	*extranjero*
essere in vacanza	[**esse**re in va**kan**tsa]	*estar de vacaciones*
spagnolo	[spa**ño**lo]	*español*
anche	[**an**ke]	*también*
o	[o]	*o*

A 2 • • APLICACIÓN

1. — **Questi turisti sono italiani o stranieri?**
2. — **Sono stranieri.**
3. — **Sono in vacanza?**
4. — **Sì, sono in vacanza.**
5. — **Sono tedeschi?**
6. — **Sì, sono tedeschi.**
7. — **Anche questi viaggiatori sono stranieri?**
8. **Sono spagnoli?**
9. — **Sì, sono spagnoli.**

¿Estos turistas están de vacaciones?

A 3 OBSERVACIONES

■ Pronunciación

• La entonación es el único medio para caracterizar una frase interrogativa en la lengua hablada y, en consecuencia, para distinguirla de una frase afirmativa. Ej.:
a) **sono spagnoli:** frase afirmativa.
Cada palabra tiene su acento. La entonación de la frase es uniforme.
b) **Sono spagnoli?:** frase interrogativa.
Cada palabra tiene su acento. La entonación de la frase es ascendente.

■ Gramática

• **Questo** (determinativo demostrativo) corresponde en español a *este*. Cuando se utiliza este demostrativo se prescinde del artículo. Así podrá decirse:
Questo turista, o bien **il turista**, o **un turista**.

• Al igual que en español, el pronombre personal del sujeto puede obviarse:

Sono tedeschi?	*¿Son (ellos) alemanes?*
Sì, sono tedeschi.	*Sí, son alemanes.*

• Conjunciones: **e** = *y* **o** = *o*.

• Adverbios: **Sì** = *Sí*
Anche = *también* —Se coloca siempre delante del sustantivo:
Anche il turista = *el turista también*.

• **Essere in vacanza** = *estar de vacaciones* (note que, además del empleo del verbo **essere**, en italiano el sustantivo **vacanza** está en singular y lo precede la preposición **in**).

A 4 TRADUCCIÓN

1. — ¿Estos turistas son italianos o extranjeros?
2. — Son extranjeros.
3. — ¿Están de vacaciones?
4. — Sí, están de vacaciones.
5. — ¿Son alemanes?
6. — Sí, son alemanes.
7. — ¿Estos viajeros también son extranjeros?
8. ¿Son españoles?
9. — Sí, son españoles.

4 Non sono fiorentine

B 1 PRESENTACIÓN

• La forma negativa de una frase afirmativa se obtiene anteponiendo el adverbio de negación **non** al verbo.
a) Frase afirmativa: **S**(ujeto) + **V**(erbo) + **C**(omplemento)
b) Frase negativa: **S** + **non** + **V** + **C**

Ej.:	**Sandro è un ragazzo.**	*Sandro es un muchacho.*
	Giovanna non è messicana.	*Juana no es mexicana.*

• **No** indica la respuesta negativa. Es el opuesto de **sì** (ver B3).

la studentessa	[stouden**te**ssa]	*la estudiante*
bolognese	[bolo**ñe**ze]	*boloñés, boloñesa, de Bolonia*
neanche	[ne**an**ke]	*tampoco, ni siquiera, ni aun*
né... né...	[**ne**... **ne**...]	*ni... ni...*
messicano	[messi**ka**no]	*mexicano*
cileno	[chi**le**no]	*chileno*

B 2 • • APLICACIÓN

1. — Queste signorine sono in vacanza?
2. — No, non sono in vacanza.
3. — Sono studentesse?
4. — No, non sono neanche studentesse.
5. — Sono bolognesi o fiorentine?
6. — Non sono bolognesi.
7. Non sono neanche fiorentine.
8. Non sono né bolognesi, né fiorentine.
9. Sono milanesi.

B 3 OBSERVACIONES

Gramática

- No confundir:

Non (*no + verbo*)	**né... né...**	*ni...ni...*
No *no*	**neanche**	*tampoco*

a) **non** es el adverbio de negación que se antepone al verbo de una frase negativa:
Ej.: **E' italiano? Non è italiano, è messicano.**

b) **no** se usa para responder negativamente:
Ej.: **E' italiano? No.**
El simple **no** reemplaza aquí a la frase negativa **non è italiano**. Se pueden, sin embargo, encontrar las dos formas en una frase como la siguiente:
— **E' italiano? No, non è italiano.**

c) **né... né...** es una doble negación en la frase negativa.
Ej.: **Non è né romano né milanese.**
No es ni romano ni milanés.
Se podría decir lo mismo mediante dos frases negativas:
Ej.: **Non è romano. Non è milanese.**

d) **neanche** se usa en una segunda frase negativa y acentúa la negación de la primera.
Ej.: **Sandro non è cileno.**
Alejandro no es chileno.
Neanche Pietro è cileno.
Pedro tampoco es chileno.

B 4 TRADUCCIÓN

1. — ¿Estas señoritas están de vacaciones?
2. — No, no están de vacaciones.
3. — ¿Son estudiantes?
4. — No, no son tampoco estudiantes.
5. — ¿Son boloñesas o florentinas?
6. — No son boloñesas.
7. No son tampoco florentinas.
8. No son boloñesas ni florentinas.
9. Son milanesas.

4 Ejercicios

C 1 EJERCICIOS

A. Traducir:

1. Queste studentesse sono inglesi o italiane?
2. Questi stranieri non sono tedeschi; non sono neanche inglesi.
3. Queste turiste non sono né francesi né italiane.
4. E' bello questo treno? Sì, è anche rapido.
5. Non c'è un treno per Torino? Sì, ci sono treni per Torino e anche per Bologna.

B. Ubicar según corresponda: anche, neanche, **y traducir:**

1. Sì . . . . . questo treno è veloce.
2. . . . . il Palatino è veloce.
3. Questa studentessa non è inglese; non è . . . . . tedesca; è cilena.

C 2 VOCABULARIO

Settentrionale	[settentrio**na**le]	*septentrional, del norte*
centrale	[chen**tra**le]	*central, del centro*
meridionale	[meridio**na**le]	*meridional, del sur*
sviluppato	[zvilup**pa**to]	*desarrollado*
sottosviluppato	[sottozvilup**pa**to]	*subdesarrollado*
ricco	[ri**kk**o]	*rico*
povero	[**po**vero]	*pobre*

Le regioni italiane sono autonome.
Las regiones italianas son autónomas.
Ci sono venti regioni.
Hay veinte regiones.
Le regioni settentrionali non sono povere, sono ricche.
Las regiones del norte no son pobres, son ricas.
Le regioni centrali e meridionali sono meno sviluppate. Non sono sottosviluppate.
Las regiones del centro y del sur son menos desarrolladas. No son subdesarrolladas.

Ejercicios

C 3 HOJA DE RESPUESTAS

A. Traducir:

1. ¿Estas estudiantes son inglesas o italianas?
2. Estos extranjeros no son alemanes; no son tampoco ingleses.
3. Estas turistas no son ni francesas ni italianas.
4. ¿Es lindo este tren? Sí, también es rápido.
5. ¿No hay un tren para Turín? Sí, hay trenes para Turín y también para Bolonia.

B. Ubicar según corresponda: anche, neanche, **y traducir:**

1. **Sì, anche questo treno è veloce.**
   Sí, también este tren es veloz.
2. **Anche il Palatino è veloce.**
   También el Palatino es veloz.
3. **Questa studentessa non è inglese; non è neanche tedesca; è cilena.**
   Esta estudiante no es inglesa; tampoco es alemana; es chilena.

C 4 OBSERVACIONES

- La respuesta afirmativa es **sì.**

- La respuesta negativa es **no.**

- No confundir **anche** con **neanche.** La primera se emplea en las frases afirmativas, la segunda en las frases negativas.

a) **Sandro è studente.**	*Alejandro es estudiante.*
Anche Pietro è studente.	*Pedro también es estudiante.*
b) **Sandro non è cileno.**	*Alejandro no es chileno.*
Neanche Pietro è cileno.	*Pedro tampoco es chileno.*

Recuerde que **anche** y **neanche** se colocan antes del sustantivo, en la mayor parte de los casos.

- El femenino de **studente** *estudiante* es **studentessa**, y el de **professore** *profesor* es **professoressa.**

5 Sei libera stasera?

A1 PRESENTACIÓN

• Presente del indicativo del verbo **essere**, *ser*, en singular:

io	**sono**	*yo*	*soy*
tu	**sei**	*tú*	*eres*
lui, esso / **lei, essa**	**è**	*él* / *ella*	*es*

• El pronombre personal sujeto (**io, tu, lui, esso, lei, essa**) puede omitirse, como en español.

Ej.: **Sono italiano** *Soy italiano*

ingegnere	[inye**ñe**re]	*ingeniero*
Graziella	[gra**tsiel**la]	*Graciela*
Bologna	[bo**lo**ña]	*Bolonia*
fortunato	[fortu**na**to]	*afortunado, dichoso*
siciliano	[sichi**lia**no]	*siciliano*
libero	[**li**bero]	*libre*
scusa	[**skou**za]	*disculpa, perdón, discúlpame*
allora	[al**lo**ra]	*entonces*
stasera	[sta**se**ra]	*esta noche*

A2 [• •] APLICACIÓN

1. **Sandro — Sei in vacanza?**
2. **Graziella — Sì, sono in vacanza; e tu?**
3. **Sandro — Anch'io sono in vacanza.**
4. **Graziella — Sei studente?**
5. **Sandro — No, sono ingegnere. E tu, sei studentessa?**
6. **Graziella — Sì, io sono studentessa.**
7. **Sandro — Scusa, sei libera stasera?**
8. **Graziella — Sì, sono libera.**
9. **Sandro — Allora, a stasera. Ciao!**
10. **Graziella — Arrivederci!**

A 3 OBSERVACIONES

■ Gramática

• Una **frase enfática** es aquella en la que se insiste sobre uno de sus elementos para darle énfasis.
Dicho énfasis consiste en dar mayor intensidad a la expresión. Si el énfasis recae sobre un pronombre personal (**io, tu,** etc.), éste no puede omitirse.

Ej.: **E tu, sei italiano?** *Y tú, ¿eres italiano?*
E lui, è italiano? *Y él, ¿es italiano?*

• **Esso, lui** son pronombres personales masculinos de tercera persona singular.
Essa, lei son pronombres personales femeninos de tercera persona singular.

• **Scusa** = discúlpame (imperativo, segunda persona singular). El sujeto es **tu**. Se dirá **scusa** cuando se tutea al interlocutor.

A 4 TRADUCCIÓN

1. Sandro — ¿Estás de vacaciones?
2. Graciela — Sí, estoy de vacaciones; ¿y tú?
3. Sandro — Yo también estoy de vacaciones.
4. Graciela — ¿Eres estudiante?
5. Sandro — No, soy ingeniero. Y tú, ¿eres estudiante?
6. Graciela — Sí, soy estudiante.
7. Sandro — Perdón, ¿estás libre esta noche?
8. Graciela — Sí, estoy libre.
9. Sandro — Bueno, entonces hasta la noche. Adiós.
10. Graciela — Hasta luego.

5 Siete contenti di visitare Roma?

B 1 PRESENTACIÓN

- Presente del indicativo del verbo **essere**, *ser*, en plural:

noi siamo		*nosotros*	*somos*
voi siete		*vosotros*	*sois*
essi, loro	**sono**	*ellos*	*son*
esse, loro		*ellas, ustedes*	

- **Molto** (adverbio) = *muy, mucho* (para **molto** adjetivo, ver lección 3 y en particular A3).

il bambino	[bam**bi**no]	*el niño*
un albergo	[al**ber**go]	*un hotel*
la moglie	[**mo**lie]	*la esposa, la mujer*
la fine settimana	[**fi**ne setti**ma**na]	*el fin de semana*
stanco	[**stan**ko]	*cansado*
contento	[kon**ten**to]	*contento*
quanto	[**kuan**to]	*cuánto*
adesso	[a**des**so]	*ahora*
qui	[**kui**]	*aquí, acá*
di	[**di**]	*de*
ma	[**ma**]	*pero, sino, mas*
tre	[**tre**]	*tres*
essere in tre	[**es**sere in tre]	*ser tres*
visitare	[vizi**ta**re]	*visitar*
Roma	[**ro**ma]	*Roma*

B 2 • • APLICACIÓN

(La sera in albergo.)

1. — Buona sera, signora e signori.
2. — Buona sera.
3. — Quanti siete?
4. — Siamo in tre.
5. Mia moglie, il bambino ed io.
6. — Per quanto tempo siete qui?
7. — Siamo qui per la fine settimana.
8. — Siete contenti di visitare Roma?
9. — Sì, molto. Siamo felici. Ma adesso siamo stanchi.

B 3 OBSERVACIONES

Pronunciación

- La **c** se pronuncia [**ch**] como en *choza* delante de las vocales **e, i.**

La **c** se pronuncia [**k**] como en *cama* delante de las vocales **a, o, u.**
La **c** se pronuncia [**k**] como en *cama* cuando es seguido por una **h.**

Ej.:			
	stan**co**	[**stan**ko]	(masculino singular)
	stan**chi**	[**stan**ki]	(masculino plural)
	stan**che**	[**stan**ke]	(femenino plural)
	feli**ce**	[fe**li**che]	(masculino y femenino sing.)
	feli**ci**	[fe**li**chi]	(masculino y femenino plural)

Gramática

- **Loro** es pronombre de la tercera persona plural. Se usa tanto en el género masculino como en el femenino. Se emplea sobre todo en las formas enfáticas, para insistir.

Ej.: **Loro**, sono stanchi; **io,** non sono stanco.
Ellos sí están cansados, yo no lo estoy.

B 4 TRADUCCIÓN

(Por la noche en el hotel.)

1. — Buenas noches, señoras y señores.
2. — Buenas noches.
3. — ¿Cuántos son ustedes?
4. — Somos tres.
5. Mi mujer, el niño y yo.
6. — ¿Por cuánto tiempo están aquí?
7. — Estamos durante el fin de semana.
8. — ¿Están ustedes contentos de visitar Roma?
9. — Sí, mucho. Estamos felices, pero ahora estamos cansados.

5 Ejercicios

C 1 EJERCICIOS

A. Traducir:

1. Mio marito è a Bologna per poco tempo.
2. Tu sei fiorentino o bolognese?
3. Scusa, sei libero stasera? Allora, ciao! A stasera!
4. Voi siete qui per le vacanze?

B. Traducir:

1. Yo soy estudiante, ¿y tú?
2. Mi hermano no está aquí; no está de vacaciones.
3. Graciela es florentina; ¡qué afortunada!

C 2 VOCABULARIO

uno	[**uno**]	*uno*
due	[**due**]	*dos*
tre	[**tre**]	*tres*
quattro	[**koua**ttro]	*cuatro*
cinque	[**chin**kue]	*cinco*
sei	[**sei**]	*seis*
sette	[**set**te]	*siete*
otto	[**ot**to]	*ocho*
nove	[**no**ve]	*nueve*
dieci	[**die**chi]	*diez*
undici	[**oun**dichi]	*once*
dodici	[**do**dichi]	*doce*
tredici	[**tre**dichi]	*trece*
quattordici	[kuat**tor**dichi]	*catorce*
quindici	[**kouin**dichi]	*quince*
sedici	[**se**dichi]	*dieciséis*
diciassette	[dichas**set**te]	*diecisiete*
diciotto	[di**chot**to]	*dieciocho*
diciannove	[dichan**no**ve]	*diecinueve*
venti	[**ven**ti]	*veinte*

C 3 HOJA DE RESPUESTAS

A. Traducir:

1. Mi marido está en Bolonia por poco tiempo.
2. ¿Eres florentino o boloñés?
3. Disculpa, ¿estás libre esta noche? Bueno, ¡adiós! Hasta esta noche.
4. ¿Ustedes están aquí de vacaciones?

B. Traducir:

1. Io sono studente, e tu?
2. Mio fratello non è qui; non è in vacanza.
3. Graziella è fiorentina; è fortunata!

C 4 [• •] OBSERVACIONES Y VOCABULARIO (continuación)

• Los grafemas **c, g** y **sc** tienen:
— delante de las vocales **a, o, u** = un sonido duro, gutural [ka, ga, ska]: **stanca, agosto, scusa.**
— delante de las vocales **e, i** = un sonido dulce, palatal [che], [she]; **felice, gente, scelta** (ver lección B, A3).
— delante de las vocales **e, i**, precedidas por la letra **h** = un sonido duro, gutural [ke, gue, ske]: **stanchi, aghi, schiavo.**

• No confundir:

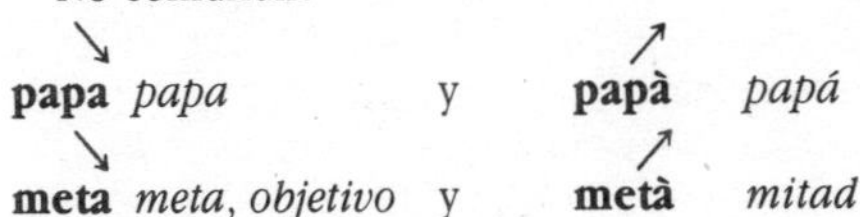

papa *papa* y **papà** *papá*

meta *meta, objetivo* y **metà** *mitad*

Al igual que en español, muchas palabras tienen significados diferentes según su sílaba acentuada.

• **Che giorno è oggi?** [ke **yor**no e **od**yi] *¿qué día es hoy?*

	lunedì	[lune**di**]	*lunes*
	martedì	[marte**di**]	*martes*
	mercoledì	[mercole**di**]	*miércoles*
• **Oggi è**	**giovedì**	[yove**di**]	*jueves*
	venerdì	[vener**di**]	*viernes*
	sabato	[**sa**bato]	*sábado*
	domenica	[do**me**nika]	*domingo*

6 Scusi, ha un documento (di riconoscimento)?

A 1 PRESENTACIÓN

- Presente de indicativo del verbo auxiliar **avere**, *tener*, en singular:

io		**ho**	*yo*		*tengo*
tu		**hai**	*tú*		*tienes*
lui, esso / **lei, essa**	**Lei**	**ha**	*él* / *ella*	*usted*	*tiene*

Cuando este verbo se usa como auxiliar, corresponde en español al verbo *haber.*

- **Lei** es el pronombre sujeto de registro formal o de cortesía. Se escribe con **L** mayúscula. Corresponde al español *usted.*

Ej.: **Lei è italiano?** *¿Es usted italiano?*

Lei se utiliza con el verbo en tercera persona del singular, del mismo modo que *usted* en español.

l'aeroporto	*el aeropuerto*
Leonardo da Vinci	*Leonardo da Vinci*
il documento (di riconoscimento)	*el documento de identidad*
il passaporto	*el pasaporte*
il doganiere	*el vista de aduana*
la patente	*el permiso de conducir*
l'origine [**ori**yine]	*el origen*
il passeggero	*el pasajero*
i pesos [**pe**zos], **la lira, il dollaro**	*los pesos, la lira, el dólar*
scusi	*disculpe, perdón*
per favore	*por favor*
eppure	*y sin embargo*
ma	*pero, mas, sino*

A 2 [• •] APLICACIÓN

(Aeroporto Leonardo da Vinci, Roma: un doganiere, un passeggero.)

1. — **Scusi, ha un documento di riconoscimento?**
2. — **Sì, ho il passaporto e la patente.**
3. — **Il passaporto, per favore... Ma Lei è italiano¡**
4. — **No, non sono italiano, sono messicano.**
5. — **Eppure ha un cognome italiano!**
6. — **Sono di origine italiana.**
7. — **Ha molti pesos?**
8. — **No, ho pochi pesos.**
9. — **Quante lire ha?**
10. — **Non ho molte lire.**

A 3 OBSERVACIONES

Gramática

- **Lei** es el pronombre sujeto de registro formal o de cortesía; corresponde a usted. Su uso es muy común en italiano (ver B3 y C3).

- No confundir **Lei** y **lei.**

El pronombre **Lei** (con **L** mayúscula) es el pronombre de registro formal que se emplea tanto para dirigirse a un hombre como a una mujer.

Por el contrario, el pronombre **lei** (con **l** minúscula) es pronombre sujeto femenino, que puede emplearse para reemplazar un sustantivo referido a persona del género femenino.

Lei è italiano	*Usted es italiano*	(**Lei** es aquí la persona a
Lei è italiana	*Usted es italiana*	la que uno se dirige, sea hombre o mujer.)
lei è italiana	*ella es italiana*	(**lei** es aquí una persona diferente de aquella con quien se habla.)
• **Scusi**	*Disculpe (usted)*	(se emplea con pronombre de registro formal.)

- No confundir el género de **l'origine;** en italiano es un sustantivo de género femenino y en español es un sustantivo de género masculino.

Ej.: **Sono di origine italiana.** *Soy de origen italiano.*

A 4 TRADUCCIÓN

(Aeropuerto Leonardo da Vinci en Roma: un vista de aduana, un pasajero.)

1. — Disculpe, ¿tiene usted un documento de identidad?
2. — Sí; tengo el pasaporte y el permiso de conducir.
3. — El pasaporte, por favor... ¡Pero usted es italiano!
4. — No, no soy italiano, soy mexicano.
5. — ¡Y sin embargo, tiene apellido italiano!
6. — Soy de origen italiano.
7. — ¿Tiene muchos pesos?
8. — No, tengo pocos pesos.
9. — ¿Cuantas liras tiene?
10. — No tengo muchas liras.

6 Scusate, c'è un posto libero?

B 1 PRESENTACIÓN

■ Presente del indicativo del verbo **avere** en plural:

noi	**abbiamo**	*nosotros*	*tenemos*
voi	**avete**	*usted*	*tiene*
essi		*ustedes*	*tienen*
loro Loro / **esse**	**hanno**	*ellos* / *ellas*	*tienen*

• **Perché**: *¿Por qué? y porque.*

la riduzione	*el descuento*
il controllore	*el inspector*
il posto	*el boleto*
il biglietto	*el lugar*
avere diritto	*tener derecho*
grave	*grave*
prenotato	*reservado*
qui	*aquí, acá*
essere in pensione	*estar jubilado*
essere pensionato	*ser jubilado*
anziano	*anciano*
trenta per cento	*treinta por ciento*

B 2 [• •] APLICACIÓN

(Una signora anziana e un controllore.)

1. — **Scusate, c'è un posto libero?**
2. — **Sì, signora, qui.**
3. — **Quanti posti ci sono?**
4. — **Ci sono due posti non prenotati.**
5. — **Lei è il controllore?**
6. — **Sì, signora. Perché?**
7. — **Non ho il biglietto.**
8. — **Non è grave. E' in pensione?**
9. — **Sì, sono pensionata.**
10. — **Allora ha diritto a una riduzione.**
11. — **Quanto?**
12. — **Trenta per cento.**

B 3 OBSERVACIONES

Pronunciación

• Preste atención a la pronunciación de las consonantes dobles, la doble **b** labial de **abbiamo** y la doble **n** de **hanno**, a fin de evitar confusiones.

Gramática

• El plural de **Lei**, pronombre de registro formal, es **Loro**. Entre **Loro** y **loro** existen las mismas diferencias que entre **Lei** y **lei,** con el agregado que **loro** es a la vez masculino y femenino como el correspondiente pronombre **Loro** de registro formal.

• El pronombre **tu** expresa familiaridad, amistad, proximidad, intimidad, igualdad entre los interlocutores.
El pronombre **voi** es ante todo el plural de **tu**. A veces puede usarse igual que **Lei,** pronombre de registro formal (cartas comerciales, zonas rurales, algunas personas ancianas; ver C4).
Entiéndase que el uso de **Lei** es mucho más frecuente que el de **voi**.
Use por lo tanto el par **tu—Lei** atendiendo al tipo de registro que corresponda usar con su interlocutor, en función de todo lo explicado.

• **Perché** se usa en italiano tanto para preguntar como para responder.

—**Perché non sei contento?**	*¿Por qué no estás contento?*
—**Perché non ho il biglietto.**	*Porque no tengo el boleto.*

B 4 TRADUCCIÓN

(Una señora anciana y un inspector.)

1. — Disculpe, ¿hay algún lugar libre?
2. — Sí, señora, aquí.
3. — ¿Cuántos lugares hay?
4. — Hay dos lugares no reservados.
5. — ¿Usted es el inspector?
6. — Sí, señora. ¿Por qué?
7. — No tengo boleto.
8. — No es grave. ¿Usted es jubilada?
9. — Sí, soy jubilada.
10. — Entonces tiene derecho a un descuento.
11. — ¿De cuánto?
12. — Del treinta por ciento.

6 Ejercicios

C 1 EJERCICIOS

A. [• •] **Traducir**:

1. Este apellido es de origen italiano. Este nombre también.
2. A propósito, ¿cuántos dólares tiene usted?
3. ¿Por qué tengo derecho a un descuento?
4. Porque usted es jubilado. Tiene derecho a un buen descuento.
5. Este anciano tiene un lugar reservado.

B. Traducir:

1. Lei ha la patente? — Sì. Ecco.
2. Scusi, c'è una banca? — Là, dopo l'uscita.
3. Dove sono i biglietti?
4. Perché non hai i biglietti.
5. Qui, c'è un posto prenotato.

C. Cambiar de persona: tu → Lei o Lei → tu

1. Lei ha un documento?
2. Hai diritto a una riduzione.
3. Scusi, Lei ha denaro italiano?
4. Quante lire hai?

C 2 VOCABULARIO

● 1. La **lira** (abreviatura LIT): es la unidad monetaria italiana.
Al igual que tantas monedas de otros países, su tipo de cambio varía.
Puede considerarse que, aproximadamente:

1.000 LIT = 0,715 U$ y 1 U$ = 1.400 LIT

Para convertir dólares en liras y viceversa proceda así:
a) de U$ a LIT: Si usted tiene 10 U$, ¿cuántas liras puede obtener?

20.000 LIT× 0,715 U$/1.000 LIT = 14,30 U$.

● 2. Vocabulario monetario:

biglietto, banconota	*billete*
spiccioli, spacci, monetina	*cambio, monedas sueltas*
soldi, denaro, danaro	*dinero*

C 3 HOJA DE RESPUESTAS

A. [• •] **Traducir:**

1. Questo cognome è di origine italiana. Anche questo nome.
2. A proposito, quanti dollari ha?
3. Perché ho diritto a una riduzione?
4. Perché Lei è in pensione (pensionato). Lei ha diritto a una bella riduzione.
5. Questo anziano ha un posto prenotato.

B. Traducir:

1. ¿Tiene usted su permiso de conducir? — Sí, aquí está.
2. Disculpe, ¿hay un Banco? — Allá, después de la salida.
3. ¿Dónde están los boletos?
4. ¿Por qué no tienes los boletos?
5. Aquí, hay un lugar reservado.

C. Cambiar de persona: tu → Lei, Lei → tu

1. Tu hai un documento?
2. Ha diritto a una riduzione.
3. Scusa, tu hai denaro italiano?
4. Quante lire ha?

C 4 OBSERVACIONES

■ Empleo de **voi** y de **lei**:

• **Lei** es el pronombre de registro formal más común. Su empleo se remota al s. XV y se impuso bajo la influencia española. Durante el régimen fascista (1922-1943), se le consideró una forma no "viril" (**Lei** fue originalmente un pronombre personal femenino) e indigna de ser empleada por descendientes de los romanos. La forma recomendada era "voi".

• **Voi** se usa todavía:
— en las zonas rurales del centro y del sur de Italia,
— en la correspondencia comercial y administrativa,
— por algunas personas de edad avanzada.

7 Quanti ne abbiamo aggi?

A 1 PRESENTACIÓN

- He aquí algunas expresiones temporales:

quanti anni hai?	*¿Cuántos años tienes?*
quanti ne abbiamo oggi?	*¿Qué fecha es hoy?*
in che mese siamo?	*¿En qué mes estamos?*

il compleanno	*el cumpleaños*
un anno	*un año*
il mese	*el mes*
febbraio	*febrero*
aprile	*abril*
mio	*mi*
dunque	*pues, entonces*
quasi	*casi*
meno	*menos*

A 2 [• •] APLICACIÓN

1. — Quanti anni hai?
2. — Ho sedici anni e dieci mesi.
3. — Dunque hai quasi diciassette anni.
4. — Sì. Quanti ne abbiamo oggi?
5. — Ne abbiamo tredici.
6. — In che mese siamo?
7. — Adesso siamo in febbraio.
8. — Il quattordici aprile è il mio compleanno.
9. Dunque oggi ho diciassette anni meno due mesi.

7 ¿Qué fecha es hoy?

A 3 OBSERVACIONES

■ Gramática

• El **ne** de la expresión **quanti ne abbiamo oggi** es un pronombre que hace referencia a algo de lo que se habló con anticipación o que se da por entendido; en este caso se trata de la palabra **giorni** *(días)*. La traducción literal sería: *¿Cuántos días tenemos hoy?*, que en español es reemplazada por la expresión: *¿Qué fecha es hoy?*

• El adjetivo posesivo **mio** debe ser precedido por un artículo en casi todos los casos (ver lección 17, A3).

• **Quanto?** es adjetivo o pronombre interrogativo. En español corresponde a:
¿Cuánto? y respeta la concordancia de los adjetivos del primer grupo (**bello, buono,** etc.).

Ej.:	**quanti anni hai?**	*¿Cuántos años tienes?*
		¿Qué edad tienes?
	quante persone ci sono?	*¿Cuantas personas hay?*
		(ver lección 10, A3)

• **Che?** es un adjetivo interrogativo invariable (ver B3).

A 4 TRADUCCIÓN

1. — ¿Qué edad tienes?
2. — Tengo dieciséis años y diez meses.
3. — Tienes entonces casi diecisiete años.
4. — Sí. ¿Qué fecha es hoy?
5. — Hoy es trece.
6. — ¿En qué mes estamos?
7. — Estamos en febrero.
8. — El catorce de abril es mi cumpleaños.
9. Por lo tanto, hoy tengo diecisiete años menos dos meses.

7 Scusi, che ore sono?

B 1 PRESENTACIÓN

- He aquí otra expresión temporal.

che ora è? **che ore sono?**	*¿qué hora es?*

la banca	*el banco*
il pomeriggio	*la tarde*
Via Dante, 5	*calle Dante, número 5*
aperto	*abierto*
grazie mille	*muchas gracias*
a sinistra	*a la izquierda*
certamente	*ciertamente*
fino a	*hasta*
dove	*donde*
dov'è?	*¿dónde está?, ¿dónde se encuentra?, ¿dónde queda?*
qui vicino	*cerca de aquí*
lontano	*lejos*
lì	*allí*
il passante	*el transeúnte*

B 2 [• •] APLICACIÓN

1. **Turista — Scusi, che ore sono?**
2. **Passante — Sono le dieci meno un quarto.**
3. **Turista — La banca è aperta oggi?**
4. **Passante — Certamente, signore.**
5. **Turista — Fino a che ora è aperta?**
6. **Passante — Fino a mezzogiorno.**
7. **Turista — E il pomeriggio?**
8. **Passante — Fino alle diciassette.**
9. **Turista — Dov'è? E' lontana?**
10. **Passante — No, è qui vicino. E' in via Dante, 5, lì, a sinistra.**
11. **Turista — Grazie mille.**

B 3 OBSERVACIONES

■ Gramática

• **Che?** es un adjetivo interrogativo invariable. Es equivalente a **quale?** (¿cuál?).

Ej.:	**che giorno é oggi?**	*¿que día es hoy?*
	che ora è?	*¿qué hora es?*

Che? se emplea más amenudo que **quale?** como adjetivo.

• Hay dos expresiones para preguntar la hora.
a) **che ora é?**
b) **che ore sono?**
Para responder, se usa siempre el artículo y el verbo en plural, salvo para indicar que es la una, el medio día o la media noche, porque en italiano la palabra **ora** o su plural **ore** se da por entendida.

Ej.:	**sono le (ore) cinque**	*son las cinco*
	è l'(ora) una	*es la una*

• En las direcciones, al igual que en español, el número se escribe después del nombre de la calle, pero en italiano el número se separa del nombre con una coma:

Ej.:	**Via Dante, 5**	*(calle) Dante número 5*
	Corso Magenta, 14	*avenida Magenta número 14*

Atención: el *banco* (institución de crédito) es femenino en italiano: **la banca.**
No obstante, la *banca* de la escuela es de género masculino: **il banco.**

B 4 TRADUCCIÓN

1. Turista — Disculpe, ¿qué hora es?
2. Transeúnte — Son cuarto para las diez.
3. Turista — ¿El banco está abierto hoy?
4. Transeúnte — Así es, señor.
5. Turista — ¿Hasta qué hora está abierto?
6. Transeúnte — Hasta, mediodía.
7. Turista — ¿Y en la tarde?
8. Transeúnte — Hasta las cinco.
9. Turista — ¿Dónde queda? ¿Está lejos?
10. Transeúnte — No, está cerca de aquí, en Dante número 5, allí, a la izquierda.
11. Turista — Muchas gracias.

7 Ejercicios

C 1 EJERCICIOS

A. [• •] **Traducir:**

1. — ¿Cuántos años tienes?
2. — Tengo diecisiete años.
3. — ¿Qué fecha es hoy?
4. — Hoy es dieciséis; entonces el banco está abierto.

B. Formular la pregunta correspondiente:

1. Sono le tredici.
2. La banca è qui vicino, a destra.
3. No, non è lontana.
4. E' aperta fino alle dodici.
5. Oggi ne abbiamo tre.

C 2 VOCABULARIO

■ **Le ore**	*las horas*
che ora è? **che ore sono?**	*¿Que hora es?*
è l'una	*es la una*
è mezzogiorno	*es mediodía*
è mezzanotte	*es medianoche*

sono le due	**meno un quarto**	*menos cuarto o cuarto para las dos*
	meno dieci	*menos diez o diez para las dos*
	e dieci	*son las dos y diez*
	e un quarto	*y cuarto*
	e mezzo	*y media*

C 3 HOJA DE RESPUESTAS

A. • • **Traducir:**

1. Quanti anni hai?
2. Ho diciassette anni.
3. Quanti ne abbiamo?
4. Ne abbiamo sedici; dunque la banca è aperta.

B. Formular la pregunta correspondiente:

1. Che ore sono?
2. Dov'è la banca?
3. E' lontana?
4. Fino a che ora è aperta?
5. Quanti ne abbiano oggi?

C 4 OBSERVACIONES

■ **Che ora è? Che ore sono?**

● Se puede emplear cualquiera de las dos fórmulas para preguntar *¿qué hora es?* Para responder, el artículo y el verbo se usan siempre en plural:

sono el tre *son las tres.*

excepto si es la una, mediodía o medianoche:

e' l'una *es la una.*

● En italiano, al igual que en español, se sobrentiende siempre la palabra *hora* cuando acompaña el valor numérico de la misma:

sono le (ore) tre *son las tres* (horas).
è l'(ora) una *es la una.*

● Para indicar *media hora*, se emplea la forma **e mezzo**, pero en algunas regiones se prefiere la forma **e mezza.**

■ Este hecho confirma que una lengua no es un sistema fijo o definido en el espacio y en el tiempo, sino que evoluciona constantemente, y el italiano no escapa a esta ley. Más aún, a causa de las diferencias geográficas, socio-económicas y culturales del país, apenas suavizadas por una unidad política relativamente reciente (1861), se encuentran diferencias en el uso del idioma italiano entre una región y otra.

8 Lo sciopero è finito

A 1 PRESENTACIÓN

- **Lo** es otra forma del artículo definido masculino singular.

lo sportello	*la ventanilla*
lo studente	*el estudiante*
lo sciopero	*la huelga*
lo zero	*el cero*
l'ufficio postale	*la oficina de correos*
la posta	*el correo*
il telegramma	*el telegrama*
finito	*terminado*
nazionale	*nacional*
a destra	*a la derecha*
per la strada	*en la calle, por la calle*

A 2 [• •] APLICACIÓN

(Per la strada: un turista inglese e un passante.)

1. **Turista — Scusi, dov'è l'ufficio postale?**
2. **Passante — La posta è lì, a destra.**
3. **Turista — Lo sportello "telegrammi" è aperto oggi?**
4. **Passante — Certamente, signore.**
5. **Turista — Ma non c'è lo sciopero nazionale?**
6. **Passante — Lo sciopero è finito.**
7. **Passante — Lo sportello è aperto fino a mezzogiorno.**
8. **Turista — Grazie mille.**

8 La huelga ha terminado

A 3 OBSERVACIONES

Pronunciación

Sciopero

Las consonantes **sc** delante de las vocales **e**, **i** tienen sonido palatal suave [shh! = sh] parecido al que se produce en español cuando se pide silencio: **scelta [shel**ta]. Por lo tanto, para conservar el mismo sonido delante de las vocales **a**, **o**, **u**, como en **sciopero**, en italiano entre el grupo **sc** y la vocal **o**, debe intercalarse siempre la vocal **i.**

Gramática

- El artículo **lo** se usa delante de las palabras que empiezan:

1. con **s** seguida de una consonante:

lo sportello	*la ventanilla*
lo studente	*el estudiante*
lo sciopero	*la huelga*

2. con **z**:

lo zio	*el tío*
lo zucchero [**tsuk**kero]	*el azúcar*

3. con vocal, pero en este caso la **o** del artículo se suprime y esto se indica con el apóstrofo:

l'ufficio postale	*la oficina de correos*
l'indirizzo (masc.)	*la dirección*

4. con **gn** o **ps**:

lo gnomo	*el gnomo*
lo psicologo [psi**ko**logo]	*el psicólogo*

- El plural de **lo** es **gli**:

lo sportello	*la ventanilla*
gli sportelli	*las ventanillas*

A 4 TRADUCCIÓN

(En la calle: un turista inglés y un transeúnte.)

1. Turista — Disculpe, ¿dónde está la oficina de correos?
2. Transeúnte — El correo está allí, a la derecha.
3. Turista — ¿La ventanilla para telegramas está abierta hoy?
4. Transeúnte — Así es, señor.
5. Turista — ¿Pero no hay huelga general?
6. Transeúnte — La huelga ha terminado.
7. Transeúnte — La ventanilla está abierta hasta el mediodía.
8. Turista — Muchas gracias.

8 E' in vigore l'orario estivo

B 1 PRESENTACIÓN

• En el artículo **lo** se suprime la vocal **o** y se pone un apóstrofo cuando la palabra siguiente comienza con vocal:

l'ufficio postale	*la oficina de correos*
l'impiegato	*el empleado*
l'orario estivo	*el horario de verano*
chiuso	*cerrado*
che sbadato!	*¡qué distraído!*
caro	*querido, estimado*
essere in sciopero	*estar en huelga*
in vigore	*en vigor, vigente*
esattamente	*exactamente*
ma come!	*¡pero cómo!*
allora	*entonces*
già	*ya*
oh!	*¡oh!*
neanche	*ni siquiera, tampoco*

A 2 [• •] APLICACIÓN

(Ufficio postale: un impiegato, un turista.)

1. Turista — Perché l'ufficio postale è chiuso? Che ore sono?
2. Impiegato — Che ora è? Sono le dodici e cinque.
3. Turista — Ma come, sono le undici e dieci! Siete in sciopero?
4. Impiegato — No, non siamo in sciopero, ma lo sportello è aperto fino a mezzogiorno.
5. Turista — E allora? Non sono neanche le undici e un quarto!
6. Impiegato — Caro signore, è già mezzogiorno.
7. Impiegato — Sono esattamente le dodici e sette.
8. Impiegato — In Italia è in vigore l'orario estivo.
9. Turista — Oh! Che sbadato!

B 3 OBSERVACIONES

■ Gramática

• No olvide poner el artículo y el verbo en plural cuando indique la hora:

Ej.:	**sono le tre meno dieci**	*son diez para las tres*
	sono le due e un cuarto	*son las dos y cuarto*
	sono le venti e trenta	*son las ocho treinta*
	sono le dodici e dieci	*son las doce y diez*

El verbo y el artículo van en singular en los siguientes casos:

è l'una	*es la una*
è mezzanotte	*es medianoche*
è mezzogiorno	*es mediodía*

Pero en estos tres casos también se puede decir:

sono le tredici
sono le ventiquattro
sono le dodici

■ Atención

• ¿Sabe usted que, desde un punto de vista geográfico, entre los husos horarios de Roma y Buenos Aires hay una diferencia de cuatro horas? Pero en la práctica esto puede variar, ya que ambas ciudades acostumbran adelantar el reloj una hora (hora legal) durante el verano, porque, como se encuentran en hemisferios opuestos, hay una diferencia de seis meses entre el verano de Roma y el de Buenos Aires (Roma se encuentra en el hemisferio norte y Buenos Aires en el sur).

B 4 TRADUCCIÓN

(Oficina del correo: un empleado, un turista.)

1. Turista — ¿Por qué está cerrado el correo? ¿Qué hora es?
2. Empleado — ¿Qué hora es? Son las doce y cinco.
3. Turista — ¡Pero cómo! Son las once y diez ¿Están en huelga?
4. Empleado — No, no estamos de huelga, pero se atiende hasta mediodía.
5. Turista — ¿Y entonces? ¡No son siquiera las once y cuarto!
6. Empleado — Estimado señor, ya es mediodía.
7. Empleado — Son exactamente las doce y siete.
8. Empleado — En Italia rige el horario de verano.
9. Turista — ¡Oh! ¡Qué distraído!

8 Ejercicios

C 1 EJERCICIOS

A. Responder a la pregunta: Che ora è? Che ore sono?:

— 04:05; 05:10; 01:15;
— diez menos cuarto; ocho menos siete.

B. Traducir:

1. ¿Dónde está la ventanilla de "Telegramas", por favor?
2. Las ventanillas no están abiertas hoy.
3. ¿Y por qué?
4. Porque los empleados están en huelga.

C. Traducir:

1. Scusi qui non c'è un impiegato?
2. Perché questo sportello è chiuso?
3. Perché oggi c'è lo sciopero.
4. C'è un ufficio postale in questa strada, per favore?
5. Sì, signore.
6. E' lontano?

C 2 INFORMACIONES PRÁCTICAS

■ He aquí cómo se escribe habitualmente una dirección:
Gentile Signor Fabbri o **Gent.ma Signora Fabbri**
Via Dante, 5
35100 PADOVA

■ **Gent.ma** es la abreviatura de **gentiLISsima,** que traducida literalmente quiere decir *amabilísima*. Existen tambien otros adjetivos que denotan cortesía que pueden anteponerse al nombre del destinario.

• Si la correspondencia se dirige a una firma o empresa, la fórmula que se antepone es **Spett**., abreviatura de **spetTAbile**, cuyo significado es *respetable*.

• En el reverso del sobre **(la busta)** se coloca la dirección del remitente precedida por la expresión: **Mitt.** (**mittente** *remitente*).

• En el ángulo superior derecho del anverso, se adhiere **il francobollo da... lire** *(la estampilla de... liras)*.

C 3 HOJA DE RESPUESTAS

A. Responder a la pregunta: Che ora è? Che ore sono?:

— sono le quattro e cinque; sono le cinque e dieci; è l'una e un quarto;
— sono le dieci meno un quarto; sono le otto meno sette.

B. Traducir:

1. Dov'è lo sportello "telegrammi", per favore?
2. Gli sportelli non sono aperti oggi.
3. E perché?
4. Perché gli impiegati sono in sciopero.

C. Traducir:

1. Disculpe, ¿no hay un empleado aquí?
2. ¿Por qué está cerrada esta ventanilla?
3. Porque hoy hay huelga.
4. Por favor, ¿hay una oficina de correos en esta calle?
5. Sí señor.
6. ¿Queda lejos?

C 4 VOCABULARIO

● Si debe soportar el mal funcionamiento del servicio postal o de cualquier otro, usted podrá siempre:

1. Quejarse:
— **Povero me!** *¡Pobre de mí!* **Mamma mia!** *¡Mi madre!* **Dio mio!** *¡Dios mío!* **Che barba! Uffa!** *¡Ufa, qué problema!*
2. Resignarse:
— **Pazienza!** *Paciencia, ¡qué le vamos a hacer!*
3. Lamentarlo:
— **Peccato!** *¡Que lástima!*
4. Sorprenderse:
— **Possibile?** *¿Será posible?* **E' incredibile!** *¡Es increíble!* **Davvero?** *¿De verdad?*

9 E' uno Stato indipendente

A 1 PRESENTACIÓN

• **Uno** es la otra forma del artículo indefinido masculino singular. Se emplea delante de palabras que comienzan con **s** + consonante, con **z**, con **ps**, con **gn**.

Ej.:

uno Stato	*un Estado*	**uno Svizzero** [**zvit**sero]	*un suizo*
uno zio	*un tío*	**uno psicologo**	*un psicólogo*
uno gnomo	[ñomo]		*un gnomo*

la lingua	*la lengua*	**appunto**	*justamente*
il Vaticano	*el Vaticano*	**qui**	*aquí*
la guardia	*el guardia*	**indipendente**	*independiente*
il museo	*el museo*	**ancora**	*todavía, aún, de nuevo*
il negozio	*el negocio*	**domani**	*mañana*
l'Ascensione	*la Ascención*	**dopodomani**	*pasado mañana*
più	*más*	**nossignore**	*no, señor*

A 2 [• •] APLICACIÓN

(Vaticano: una guardia svizzera e un turista svizzero di lingua italiana.)

1. **Turista — Scusi, perché i musei sono chiusi? Non sono aperti tutti i giorni feriali?**
2. **Guardia — Che giorno è oggi?**
3. **Turista — Oggi è giovedì. E' un giorno feriale.**
4. **Guardia — Nossignore, oggi è un giorno festivo.**
5. **Turista — Ma a Roma tutti i negozi sono aperti. Anche i musei sono aperti.**
6. **Guardia — Oggi è l'Ascensione.**
7. **Turista — Ma in Italia l'Ascensione non è più un giorno festivo.**
8. **Guardia — Appunto: qui non siamo in Italia. Il Vaticano è uno Stato indipendente. Qui l'Ascensione è ancora un giorno festivo.**
9. **Turista — E domani?**
10. **Guardia — Domani, venerdì, e dopodomani, sabato, i musei sono aperti!**
11. **Turista — Grazie e scusi!**

9 Es un Estado independiente

A 3 OBSERVACIONES

Gramática

• **Uno** se emplea en los mismos casos que el artículo **lo** (ver lección 8, A1 y A3), excepto delante de palabras que comienzan con vocal.

Ej.: **uno studente** *un estudiante*
pero **un Italiano** *un italiano*

Vocabulario

• **Feriale** significa *día laborable.*
Festivo significa *día de fiesta o feriado* (ver lecciones 2 A3 y 2 C2).

Atención

• En Italia, luego de un acuerdo entre el Estado italiano y el Vaticano, la fiesta de la Ascención se celebra el domingo siguiente de su ocurrencia real (¡eso no implica un feriado menos!).

A 4 TRADUCCIÓN

(En el Vaticano: un guardia suizo y un turista suizo de lengua italiana.)

1. Turista — Disculpe, ¿por qué están cerrados los museos? ¿No están abiertos todos los días laborales?
2. Guardia — ¿Qué día es hoy?
3. Turista — Hoy es jueves. Es un día laborable.
4. Guardia — No, señor, hoy es feriado.
5. Turista — Pero en Roma todos los negocios están abiertos. También los museos están abiertos.
6. Guardia — Hoy es la fiesta de la Ascensión.
7. Turista — Pero en Italia la Ascensión ya no es un día feriado.
8. Guardia — Justamente: aquí no estamos en Italia. El Vaticano es un Estado independiente. Aquí el día de la Ascensión es todavía feriado.
9. Turista — ¿Y mañana?
10. Guardia — ¡Mañana, viernes, y pasado mañana, sábado, los museos están abiertos!
11. Turista — ¡Gracias y disculpe!

9 Gli spaghetti sono al dente?

B 1 PRESENTACIÓN

- El plural de **lo** es **gli**.

gli spaghetti	*los espaguetis (de* **uno spago:** *cordel fino)*
gli gnocchi	*los ñoquis*
lo spezzatino	*el estofado*
il caffè	*el café*
il conto	*la cuenta, la adición*
la ricevuta fiscale	*la factura (ver C4)*
straordinario	*extraordinario*
pronto	*listo*
al dente	*a punto*
sempre	*siempre*
subito [**sub**ito]	*enseguida, inmediatamente*
sissignore	*sí, señor*
ecco	*he aquí*
scampi	*langostas*

B 2 [• •] APLICACIÓN

1. — Gli spaghetti sono al dente?
2. — Sisignore, sono sempre al dente.
3. — Anche gli gnocchi?
4. — Gli gnocchi non sono gli spaghetti.
5. — Sono questi gli scampi fritti?
6. — Questo è lo spezzatino. Gli scampi fritti non sono ancora pronti... Ecco il caffè.
7. — C'è lo zucchero?
8. — No.
9. — Il conto, per favore, ed anche la ricevuta fiscale.
10. — Subito, signore. Ecco.
11. — Grazie.
12. — Gli Italiani sono straordinari.

B 3 OBSERVACIONES

OBSERVACIONES

- El artículo definido: resumen de las diversas formas.

	singular	plural
masculino	**Il turista** **Lo sportello** **L'Italiano**	**I turisti** **Gli** { **sportelli** / **Italiani**
femenino	**La** { **turista** / **specialità** **L'Italiana**	**Le** { **turiste** / **specialità** / **Italiane**

- **Lo** se emplea delante de las palabras masculinas que comienzan con:

— **s** seguida de consonante: **lo studente, gli studenti**
— **z: lo zero, gli zeri**
— **ps: lo psicologo, gli psicologi**
— **gn: lo gnocco, gli gnocchi**
— una vocal, pero en este caso el artículo pierde la **o** y se escribe **l'**: **l'impiegato, gli impiegati.**

- En todos los otros casos, en el masculino se emplea **il: il conto, il signore, il turista.**

- **La** se emplea delante de palabras femeninas: **la ragazza, la studentessa.**

B 4 TRADUCCIÓN

1. — ¿Están a punto los espaguetis?
2. — Sí, señor, siempre están a punto.
3. — ¿Los ñoquis también?
4. — Los ñoquis no son los espaguetis.
5. — ¿Son éstas las langostas fritas?
6. — Éste es el estofado. Las langostas fritas todavía no están listas... Aquí está el café.
7. — ¿Tiene azúcar?
8. — No.
9. — La cuenta, por favor, y también la factura.
10. — Enseguida, señor. Aquí están.
11. — ¡Los italianos son extraordinarios!

9 Ejercicios

C 1 [• •] EJERCICIOS

A. Convertir al plural:

1. Lo Stato indipendente.
2. Lo scampo non è fritto.
3. L'Italiano è straordinario.
4. Lo studente è pronto.

B. Responder a las preguntas:

1. Perché i musei sono chiusi oggi?
2. Perché in Vaticano sono aperti e non a Roma?
3. Come sono gli spaghetti?
4. E' pronto lo spezzatino?

C. Traducir:

1. ¿Tiene azúcar?
2. Un café, por favor, y la cuenta.
3. Enseguida, señor.
4. Aquí está el café.

C 2 VOCABULARIO

■ **Cosa mangiare?** *¿Qué comer?*

l'antipasto	*fiambres*	**il contorno**	*la guarnición*
il primo (piatto)	*primer plato*	**il panino**	*el panecillo*
il secondo	*segundo plato, plato fuerte*	**il panino imbottito**	*el sandwich (el panecillo relleno)*
la pastasciutta	*la pasta (escurrida)*	**la frutta**	*la fruta*
la bistecca	*el bistec*	**il dolce**	*la torta*
l'arrosto	*el asado*	**la frutta e il dolce**	*el postre*
il pesce	*el pescado*		

• A los italianos les encantan los cuentos graciosos. Y cuando son difíciles de creer, agregan al final con expresión picaresca: **Se non é vero, è ben trovato** *(Si no es verdad, merecería serlo)*. Por ejemplo, se cuenta que una vez, en la estación central de ferrocarril de Milán, un vendedor de bebidas y de diarios, de tanto repetir: **"panini imbottiti! giornali illustrati!"** *(sandwiches, y revistas)*, se confundió y gritó: **"Panini illustrati! giornali imbiottiti!"**

9 Ejercicios

C 3 [• •] HOJA DE RESPUESTAS

A. Convertir al plural:

1. Gli Stati indipendenti.
2. Gli scampi non sono fritti.
3. Gli Italiani sono straordinari.
4. Gli studenti sono pronti.

B. Responder a las preguntas:

1. Perché oggi è un giorno festivo.
2. Perché il Vaticano è uno Stato indipendente.
3. Sono sempre al dente*.
4. Sissignore, è pronto (o: Nossignore, non è pronto).

C. Traducir:

1. Cè lo zucchero?
2. Un caffè, per favore, e il conto.
3. Subito, signore.
4. Ecco il caffè.

*En Italia las pastas se sirven menos cocidas (al dente) que en México.

C 4 USOS CULTURALES

• No confundir **una pasta** *(una pastita)* con **il dolce** *(la torta)* y **la pasta**, que elaborada de cien maneras diferentes en Italia, según la costumbre de cada región, corresponde a nuestras *pastas* o *fideos.* He aquí los nombres de algunos tipos de fideos italianos: **gli spaghetti** (con forma de cordeles finos, que es lo que aquella denominación expresa), **le tagliatelle** (en forma de largas cintas), **la fettuccine** (que son más angostas), **i ravioli** (rellenos con carne), **i tortellini** (enroscados en sí mismos), **gli gnocchi**, etc.

• **La ricevuta fiscale** es la factura que el titular del establecimiento debe entregar al cliente y que éste debe presentar ante las autoridades fiscales cuando le sea requerida; sin ella deberá pagar una multa. Esta disposición pretende combatir el fraude fiscal y la evasión de impuestos.

10 Quante sono le regioni italiane?

A 1 PRESENTACIÓN

• **Quanto** es un adjetivo o pronombre interrogativo. Equivale en español a *cuánto.*

novanta	*noventa*
novantatré	*noventa y tres*
novantacinque	*noventa y cinco*
Pierino	*Pedrito*
la Sicilia [sic**hi**lia]	*Sicilia*
la Sardegna [sar**de**ña]	*Cerdeña*
maestro	*maestro*
somaro	*asno, burro*

A 2 • • APLICACIÓN

(Il maestro e Pierino.)

1. **Maestro — Quanti sono i giorni feriali?**
2. **Pierino — I giorni feriali sono sei.**
3. **Maestro — Quante sono le stagioni?**
4. **Pierino — Le stagioni sono quattro.**
5. **Maestro — Quante sono le regioni italiane?**
6. **Pierino — Le regioni italiane sono venti.**
7. **Maestro — E le province italiane, quante sono?**
8. **Pierino — Sono... novanta... novantatré...**
9. **Maestro — No, Pierino, sono novantacinque.**
10. **Pierino — Ah! sì, con la Sicilia e la Sardegna!**
11. **Maestro — Somaro! La Sicilia e la Sardegna non sono province, sono regioni.**

A 3 OBSERVACIONES

Gramática

• **Quanto** es diferente de **quale** (ver B3) y define la cantidad. Concuerda como los adjetivos del primer grupo (**italiano, romano**, etc.) (ver 7 A3).

Ej.: **quanti sono i comuni italiani?** *¿cuántas son las municipalidades italianas?*
quante sono le regioni italiane? *¿cuántas son las regiones italianas?*

• **Comune** en italiano es masculino: **il comune di Roma**. La municipalidad de Roma.

Atención

• **I comuni italiani** corresponden aproximadamente a los municipios mexicanos. **Le province italiane** son jurisdicciones intermedias de tipo administrativo y judicial y corresponden aproximadamente a los estados en México. **Le regioni italiane** son jurisdicciones sin correspondencia exacta en México; son entidades histórico-políticas existentes desde antes de la unidad política italiana (1861).
En Italia, los municipios o **comuni** son llamados también **enti locali.** Todos son autónomos. En Italia, se cuentan 20 regiones, 99 provincias, y alrededor de 8 000 municipios.

A 4 TRADUCCIÓN

(El maestro y Pedrito.)

1. Maestro — ¿Cuántos son los días laborables?
2. Pedrito — Los días laborables son seis.
3. Maestro — ¿Cuántas estaciones hay?
4. Pedrito — Hay cuatro estaciones.
5. Maestro — ¿Cuántas regiones hay en Italia?
6. Pedrito — Hay veinte.
7. Maestro — ¿Y las provincias italianas cuántas son?
8. Pedrito — Son... noventa... noventa y tres.
9. Maestro — No, Pedrito, son noventa y cinco.
10. Pedrito — ¡Ah! sí, con Sicilia y Cerdeña.
11. Maestro — ¡Burro! Sicilia y Cerdeña no son provincias, son regiones.

10 Qual è la capitale d'Italia?

B 1 PRESENTACIÓN

- **Quale** difiere de **quanto** y define la calidad (ver A1).
- **Città** (ciudad) no cambia en plural: **la città, le città.**

la capitale	*la capital*
l'abitante	*el habitante*
il lago (Maggiore, di Garda)	*el lago (Mayor, de Garda)*
la città	*la ciudad*
un milione	*un millón*
maggiore	*mayor, más grande*
lungo	*largo*
bravo!	*muy bien*
Ventimiglia	*Ventimiglia (veinte millas)*
evidente	*evidente*
somaro	*asno, burro*

B 2 • • APLICACIÓN

(Il maestro e Pierino.)

1. **Maestro — Pierino, qual è la capitale d'Italia?**
2. **Pierino — Roma, signor maestro.**
3. **Maestro — Quali sono le città con un milione di abitanti?**
4. **Pierino — Roma, Milano, Napoli, Torino.**
5. **Maestro — Bravo, Pierino. Qual è la città più lunga?**
6. **Pierino — La città più lunga? Ventimiglia, è evidente!**
7. **Maestro — Qual è il lago maggiore?**
8. **Pierino — Signor maestro, è evidente! Il lago Maggiore!**
9. **Maestro — No, Pierino. Il lago maggiore è il lago di Garda. Sei un somaro!**

10 ¿Cuál es la capital de Italia?

B 3 OBSERVACIONES

■ Gramática

• **Quale** define la calidad. **Quanto** define la cantidad.

Ej.: **quante sono le stagioni?** *¿cuántas estaciones hay?*
quali sono? *¿cuáles son?*

Quale concuerda como un adjetivo del segundo grupo (**milanese, francese**, etc.).

Ej.: **quali sono i mesi estivi?** *¿cuáles son los meses del verano?*

Note que **quale** tiene una sola desinencia para el masculino y el femenino, ya sea que esté en singular (**quale**) o en plural (**quali**).

• **Las palabras agudas** (acentuadas sobre la última sílaba) no cambian en plural:

Ej.: **la città** *la ciudad* **le città** *las ciudades*
la libertà *la libertad* **le libertà** *las libertades*

Estas palabras antiguamente tenían la desinencia del plural:
la liberta**te** le liberta**ti**

pero habiendo desaparecido la última sílaba, desaparecieron también las desinencias del singular y del plural.

• **Bravo** *bueno* es un adjetivo calificativo que debe respetar las concordancias de género y número.

bravo *para un hombre* **brava** *para una mujer*
bravi *en el plural masculino* **brave** *en el plural femenino*

B 4 TRADUCCIÓN

(El maestro y Pedrito.)

1. Maestro — Pedrito, ¿cuál es la capital de Italia?
2. Pedrito — Roma, señor maestro.
3. Maestro — ¿Cuáles son las ciudades con un millón de habitantes?
4. Pedrito — Roma, Milán, Nápoles y Turín.
5. Maestro — Muy bien, Pedrito. ¿Cuál es la ciudad más larga?
6. Pedrito — ¿La ciudad más larga? Ventimiglia (veinte millas) evidentemente.
7. Maestro — ¿Cuál es el lago más grande?
8. Pedrito — ¡Señor maestro, es evidente! ¡El lago Mayor!
9. Maestro — No, Pedrito, el lago más grande es el lago de Garda. ¡Eres un burro!

10 Ejercicios

C 1 EJERCICIOS

A. Formular las preguntas correspondientes:

1. Ci sono venti regioni in Italia.
2. No, la Sicilia non è una provincia.
3. Si, è una regione.
4. I giorni feriali sono sei.
5. No, le province italiane sono novantacinque.

B. Completar:

1. Domenica, ..., ..., mercoledì, giovedì, ..., ...
2. Il lago maggiore è ...
3. La Sardegna non è ... ma ...
4. L'Ascencione è un giorno ...

C 2 [• •] VOCABULARIO

■ He aquí algunas palabras importantes que pueden ayudarle si algo ocurre durante su viaje por Italia:

aiuto! aiuto!	*¡auxilio! ¡socorro!*
al ladro! al ladro!	*¡al ladrón, al ladrón!*

Pero más a menudo deberá usted felicitarse por la gentileza de sus interlocutores italianos. Para agradecerles, usted dirá:

grazie	*gracias*
grazie mille	*mil gracias*
grazie infinite	*muchísimas gracias*

Y, para despedirse, ante un próximo **appuntamento** *cita*:

a domani	*hasta mañana*
a più tardi	*hasta luego*
a presto	*hasta pronto*
a stasera	*hasta esta noche*

10 Ejercicios

C 3 HOJA DE RESPUESTAS

A. Formular las respuestas correspondientes:

1. Quante regioni ci sono in Italia?
2. La Sicilia è una provincia?
3. E' una regione?
4. Quanti sono i giorni feriali?
5. Sono novantatré le province italiane?

B. Completar:

1. ..., lunedì, martedì ..., venerdì, sabato.
2. Il lago maggiore è il lago di Garda.
3. La Sardegna non è una provincia, ma una regione.
4. L'Ascensione è un giorno feriale.

C 4 USOS CULTURALES

• **Targhe automobilistiche** *(Matrículas automovilísticas)*

En Italia (**le provinche**), la matrícula de los automóviles (**la targa**) indica la jurisdicción en la que fue registrado el vehículo mediante dos letras del nombre de la jurisdicción. La única excepción a este código es la provincia de Roma, cuyo nombre figura completo. Estas letras están siempre seguidas por otra letra que indica el número de millones de vehículos matriculados.

Ej.: **MI A 135780** significa que este vehículo está matriculado en Milán y que es el 1 135 780 registrado en esta jurisdicción.

11 Che cos'è questo palazzo?

A 1 PRESENTACIÓN

• *¿Qué?* puede traducirse al italiano bajo tres formas:

Che cosa...?
Che...?
Cosa...

■ **Cosa** puede cambiar la **a** por un apóstrofo delante de una vocal: **Cos'è...?**
Se pueden emplear con el mismo valor cualquiera de estas tres formas.

la mano	*la mano*
la guida [güi**i**da]	*la guía*
il palazzo [pala**t**so]	*el edificio, el palacio, el inmueble*
Palazzo Chigi	*Palacio Chigi*
dentro	*adentro*
il governo	*el gobierno*
la bandiera	*la bandera*
il colore	*el color*
verde	*verde*
bianco	*blanco*
rosso	*rojo*

A 2 [• •] APLICACIÓN

(A Roma.)

1. — **Che hai in mano?**
2. — **E' una guida.**
3. — **Che cos'è? Una guida di Roma?**
4. — **Sì, è una guida di Roma.**
5. **E' in italiano.**
6. — **Che cos'è questo palazzo?**
7. — **E' Palazzo Chigi.**
8. — **Che c'è dentro?**
9. — **C'è il governo.**
10. — **Cos'è questa bandiera?**
11. — **E' la bandiera italiana.**
12. **Ha tre colori: verde, bianco, rosso.**

¿Qué es este edificio?

A 3 OBSERVACIONES

Pronunciación

• La doble **z** de **palazzo** se pronuncia como en mosca *tse-tsé.* **Chigi** se pronuncia [**ki**yi], con la [**k**] de casa y la [**y**] de yema.

Gramática

• **Che cosa?, che?, cosa?** se usan para referirse a cosas, mientras que **chi?** se usa para personas (ver B1).

• En italiano, **guida** es siempre femenino, sea que se trate del libro *(la guía)* o del hombre que ejerce dicho oficio *(el guía).*

Ej.: **Ho una guida de Roma.** *Tengo una guía de Roma.*
Chi è la guida? *¿Quién es el guía?*

Al igual que en español, el sustantivo **colore** es masculino, como todos los sustantivos que en italiano terminan en **-ore.**

Ej.: **il dolore** *el dolor*
il sapore *el sabor*

• A partir de esta lección, los vocablos nuevos se presentarán generalmente en las secciones Al y Bl, siguiendo el orden de su aparición en los textos.

A 4 TRADUCCIÓN

(*En Roma.*)

1. — ¿Qué tienes en la mano?
2. — Es una guía.
3. — ¿Qué es? ¿Una guía de Roma?
4. — Sí, es una guía de Roma.
5. Está en italiano.
6. — ¿Qué es este edificio?
7. — Es el Palacio Chigi.
8. — ¿Qué hay adentro?
9. — Está el gobierno.
10. — ¿Qué bandera es ésta?
11. — Es la bandera italiana.
12. Tiene tres colores: verde, blanco y rojo.

11 Chi è questo personaggio?

B 1 PRESENTACIÓN

• El pronombre interrogativo *¿quién?* se traduce **chi?** Se refiere a las personas, a diferencia de **che cosa?** = *¿qué?*

• **Qui** = *aquí* (cerca de la persona que habla).

• **Là** = *allá* (lejos de la persona que habla).

vicino a	*cerca de*
Palazzo Farsene	*Palacio Farnesio*
la fame	*el hambre*
la sete	*la sed*
avere fame, sete	*tener hambre, sed*
l'osteria	*la hostería, taberna*
dietro	*detrás*
il monumento	*el monumento*
il personaggio	*el personaje*
ehi!, là	*¡he!*
oh!	*¡ho!*
Giovanna	*Juana*
il filosofo [filozofo]	*el filósofo*

B 2 [• •] APLICACIÓN

(Vicino a Palazzo Farnese.)

1. — Che ore sono?
2. — E' mezzogiorno.
3. — Hai fame?
4. — Sì, ho fame e sete.
5. — C'è un'osteria qui vicino?
6. — Sì, c'è un'osteria dietro il monumento.
7. — Chi è questo personaggio?
8. — E' Giordano Bruno.
9. — Ma chi è Giordano Bruno?
10. — E' un filosofo italiano.
11. Ehi! Che hai? Che c'è?
12. — Chi c'è là?
13. — Oh! E' Giovanna!
14. — Giovanna! Giovanna!

¿Quién es este personaje?

B 3 OBSERVACIONES

■ Gramática

¿Quién? = **chi?**
No confundir:

¿Quién? = **chi?**	**chi è ques personaggio?**	*¿Quién es este personaje?*
aquí = **qui**	**qui vicino c'è un'osteria.**	*Cerca de aquí hay una hostería.*

● Los pronombres demostrativos: **questo** es pronombre con función de adjetivo y sustantivo a la vez. Para **quello** ver lección 19 B1.

Singular	**questo** **questa**	*este* *esta*	*éste* *ésta*
Plural	**questi** **queste**	*estos* *estas*	*éstos* *éstas*

■ Nota: **Giordano Bruno** fue un filosófo dominico, acusado de herejía en 1600 por el tribunal de la Santa Inquisición. Se le condenó a morir en la hoguera en Roma el mismo año.

B 4 TRADUCCIÓN

(*Cerca del Palacio Farnesio.*)

1. — ¿Qué hora es?
2. — Es mediodía.
3. — ¿Tienes hambre?
4. — Sí, tengo hambre y sed.
5. — ¿Hay una hostería aquí cerca?
6. — Sí, hay una hostería detrás del monumento.
7. — ¿Quién es este personaje?
8. — Es Giordano Bruno
9. — ¿Pero quién es Giordano Bruno?
10. — Es un filósofo italiano.
11. ¡Eh! ¿Qué te pasa? ¿Qué sucede?
12. — ¿Quién está allá?
13. — ¡Oh! es Juana.
14. — ¡Juana, Juana!

11 Ejercicios

C 1 EJERCICIOS

A. Introducir en los espacios las voces e, è, **o** c'è **según corresponda:**

1. Questa bandiera ... italiana ... questa è la bandiera francese.
2. Che cosa ... dentro ... che cosa ... dietro?
3. Chi ... Giovanna?
4. Che cos' ... questa bandiera? ... quella?
5. Che ... qui vicino?

B. [• •] **Traducir:**

1. ¿Qué sucede? ¿Qué es?
2. ¿Qué tienes en la mano? — La guía de Roma.
3. ¿Es una guía en italiano?
4. No, esta guía está en español.

C. Responder:

1. La bandiera italiana ha tre colori. Quali sono?
2. Hai fame?
3. Chi è Giordano Bruno?
4. C'è un' osteria qui vicino?

D. Formular las preguntas que correspondan a las siguientes respuestas:

1. E' la guìda de Roma.
2. E' Palazzo Chigi.
3. Dentro il palazzo c'è il governo.
4. E' un filosofo italiano.

C 2 VOCABULARIO

■ Osteria, trattoria...

• **Osteria** significa *pequeño restaurante* y a veces es sinónimo de **trattoria**, *restaurante* o *comedor* típico de Italia. El **ristorante** es a menudo caro; la **rosticceria**, literalmente *rosticería*, se parece más a la *cervecería*. Se puede comer allí a toda hora; la **tabola calda**, literalmente *mesa caliente*, se parece mucho al "*snack-bar*" o también a la "*fast-food*".

• Recordemos que **osteria** viene del latín *bostem*, que significa *enemigo, extranjero*. La evolución del significado ha dado lugar a la palabra *huésped*, persona extraña recibida o alojada en la casa, y también persona que recibe o aloja a los extraños.

• Refrán: **Fare i conti senza l'oste** (literalmente: *hacer la cuenta sin el patrón*); actuar sin tener en cuenta el parecer o la opinión de la otra parte.

Ejercicios

C 3 HOJA DE RESPUESTAS

A. Introducir en los espacios las voces e, è **o** c'è **según corresponda:**

1. Questa bandiera **è** italiana **e** questa è la bandiera francese.
2. Che cosa **c'è** dentro **e** che cosa **c'è** dietro?
3. Chi **è** Giovanna?
4. Che cos'**è** questa bandiera? **E** quella?
5. Che **c'è** qui vicino?

B. [• •] Traducir:

1. Che c'è? Che cos'è?
2. Che hai in mano? — La guida di Roma.
3. E' una guida in italiano?
4. No, questa guida è in spagnolo.

C. Responder:

1. Rosso, bianco, verde.
2. Sì, ho fame.
3. E' un filosofo italiano.
4. Sì, c'è un' osteria.

D. Formular las preguntas que correspondan a las siguientes respuestas:

1. Che cos'è questa guida?
2. Che cos'è questo palazzo?
3. Che cosa c'è dentro?
4. Chi è Giordano Bruno?

C 4 OBSERVACIONES

• Resumen de las formas interrogativas:

a) **Quanti** (sono i giorni feriali)?
b) **Quali** (sono i giorni feriali)?
c) **Che ora è? Che ore sono?**
d) **Che Giorno è oggi?**
e) **Che cos'** / **Cos'** / **Che** } **è?**
f) **Chi è?**

Estas formas interrogativas corresponden a las llamadas interrogaciones parciales, es decir, donde se interroga sobre un elemento de la frase. La interrogación total, por el contrario, se refiere a la frase entera, y la respuesta es entonces **sì** o **no**.

• El **Palazzo Chigi** es la sede del gobierno italiano desde 1901. El **Palazzo Farnese** es una de las obras maestras de la arquitectura renacentista, fue diseñado por Antonio Sangallo y por Miguel Ángel. En la actualidad, es sede de la Embajada Francesa en Roma.

12 Dov'è via del Risorgimento?

A 1 PRESENTACIÓN

- Las preposiciones **di** y **a** se unen a los artículos definidos:

di + il = **del**	a + il = **al**
di + i = **dei**	a + i = **ai**
di + lo = **dello**	a + lo = **allo**
di + gli = **degli**	a + gli = **agli**

E' necesario avere moneta spicciola (spiccioli)	*es necesario tener cambio o monedas sueltas*
il vigile [vidjile]	*el agente de policía*
di fronte	*enfrente*
la fermata (obbigatoria)	*la parada (obligatoria)*
l'autobus	*el autobús*
l'angolo [angolo]	*la esquina*
l'informazione	*la información*
il prezzo della corsa	*el precio del viaje*
caro	*caro*
fare il biglietto	*sacar el billete*
a proposito [propozito]	*a propósito*
preferibile	*preferible, mejor*
fare il portoghese	*hacerse el listo, colarse*

A 2 [• •] APLICACIÓN

(Un turista e un vigile.)

1. **Turista — Scusi, dov'è via del Risorgimento?**
2. **Vigile — Qui è Piazza Garibaldi. Via del Risorgimento è lì, di fronte, dopo Piazza Cavour.**
3. **T. — Sono stanco. C'è una fermata dell'autobus qui vicino?**
4. **V. —Sì, signore, all'angolo di Viale Mazzini e di Piazza Garibaldi, c'è la fermata obbligatoria del 12.**
5. **T.— Grazie. Un'altra informazione, per favore: quante'è il prezzo della corsa?**
6. **V.— Oh, non è caro. A proposito: ha spiccioli?**
7. **T.— Non molti.**
8. **V.— Per fare il bliglietto è necessario avere moneta spicciola.**
9. **E' preferibile non fare il portoghese.**

A 3 OBSERVACIONES

Gramática

• Mientras que en español las únicas contracciones posibles se obtienen de la unión de las preposiciones *a* y *de* con el artículo definido *el*, en italiano las preposiciones equivalentes **a** y **di** (entre otras) se unen a todos los artículos definidos.

Ej.: **Lui é il direttore della galleria.** *Él es el director de la galería.*
L'arte italiana degli anni ottanta. *El arte italiano de los años 80.*
E' un ammiratore dell'arte italiana. *Es un admirador del arte italiano.*

Vocabulario

• **Fare il portoghese** (traducción literal: *hacerse el portugués*) significa *hacerse el listo* o *colarse*. El origen de la expresión se explica así: hace ya mucho tiempo, la Embajada de Portugal en Roma había invitado a todos los portugueses de la ciudad a una función de **bel canto** en honor de su soberano. El renombre de los cantantes que debían participar en la fiesta era tal que muchos romanos concurrieron y, para que los dejaran pasar, afirmaron: **Sono Portoghese**. El subterfugio tuvo tal éxito que la embajada fue literalmente invadida y una buena cantidad de portugueses auténticos ya no pudo entrar.

A 4 TRADUCCIÓN

(Un turista y un agente de policía.)

1. Turista — Disculpe, ¿dónde queda la calle Risorgimento?
2. Agente — Esto es la Plaza Garibaldi. La calle Risorgimento está allí enfrente, después de Plaza Cavour.
3. Turista — Estoy cansado. ¿Hay una parada de autobús cerca de aquí?
4. Agente — Sí, señor, en la esquina de avenida Mazzini y Plaza Garibaldi está la parada obligatoria del 12.
5. Turista — Gracias. Otra información, por favor. ¿Cuánto cuesta el billete?
6. Agente — No es caro. A propósito, ¿tiene cambio?
7. Turista — No mucho.
8. Agente — Para comprar el billete es necesario tener cambio.
9. Es mejor no colarse.

12 Di chi è questo quadro?

B 1 PRESENTACIÓN

Fra un quarto d'ora = *dentro de un cuarto de hora*
di chi è questo quadro? = *¿de quién es este cuadro?*
davanti a = *delante de, en*

prossimo (adj.) [**pros**simo] *próximo*
circa *alrededor de*
dare uno sguardo *dar una mirada*
la galleria *la galería*
l'arte (fem.) *el arte*
moderno *moderno*
il pittore *el pintor*
preferito *preferido*
il direttore *el director*
pieno *lleno*
la salita *la subida*

B 2 [• •] APLICACIÓN

(Davanti alla fermata dell'autobus.)

1. — **A che ora è la prossima corsa?**
2. — **Fra un quarto d'ora, alle undici e dieci circa.**
3. — **Allora c'è tempo per dare uno sguardo ai quadri della galleria.**
4. — **Uno sguardo rapido. E' una galleria d'arte moderna.**
5. — **Di chi è questo cuadro?**
6. — **E' di Guttuso.**
7. — **E' un pittore fiorentino?**
8. — **No è un pittore siciliano.**
9. — **E questo di chi è?**
10. — **E' di De Chirico.**
11. — **Ah sì, è vero. E' il pittore preferito del direttore.**
12. — **Ah, ecco l'autobus. E' pieno. C'è molta gente.**
13. — **La salita è dietro.**

B 3 OBSERVACIONES

■ Gramática

• Para indicar posesión o quién es el autor de una obra, se emplea la preposición:

Ej.: **di chi è questo quadro?** *¿de quién es este cuadro?*
é' di Sandro *es de Sandro*

• Note el empleo de la preposición **a** en las siguientes expresiones:

davanti a *delante de*
vicino a *cerca de*
accanto a *al lado de*
di fronte a *enfrente de*

■ Vocabulario

• **Arte** es femenino: **l'arte italiana** *el arte italiano.*

■ Nota

• **Guttuso** y **De Chirico** son dos grandes pintores contemporáneos. El primero nació en Sicilia y recibió influencia de Picasso. El segundo nació en Grecia, de padres italianos. Fue el creador de la llamada pintura metafísica.

B 4 TRADUCCIÓN

(*En la parada del autobús.*)

1. — ¿A qué hora pasa el próximo autobús?
2. — Dentro de un cuarto de hora, alrededor de las once y diez.
3. — Entonces tengo tiempo de echar una mirada a los cuadros de la galería.
4. — Una mirada rápida. Es una galería de arte moderno.
5. — ¿De quién es este cuadro?
6. — Es de Guttuso.
7. — ¿Es un pintor florentino?
8. — No, es un pintor siciliano.
9. — ¿Y éste de quién es?
10. — Es de De Chirico.
11. — ¡Ah sí, es verdad! Es el pintor preferido del director.
12. — ¡Ah! Aquí está el autobús. Está lleno. Hay mucha gente.
13. — Se sube por atrás.

12 Ejercicios

C 1 EJERCICIOS

A. [• •] **Traducir:**

1. ¿Dónde queda la parada del autobús?
2. Aquí cerca.
3. ¿Dentro de cuánto tiempo pasa un autobús?
4. Dentro de un cuarto de hora más o menos.
5. ¿Hay que tener cambio?
6. Sí, así es, es mejor no colarse.

B. Responder a las preguntas:

1. Che cosa è necessario per prendere l'autobus?
2. E per fare il biglietto?
3. Che cosa c'è in una gallería?
4. Chi sono Guttuso e De Chirico?

C 2 VOCABULARIO

Il vocabolario della strada *El vocabulario de la calle*

la piazza *la plaza*
il viale, il corso *la avenida*
i giardini pubblici *el parque, los jardines públicos*
la via, il vicolo [**vi**colo] *la calle, el callejón*
la fermata obbligatoria *la parada obligatoria*
vietato calpestare le aiuole *prohibido pisar los canteros*

12 Ejercicios

C 3 HOJA DE RESPUESTAS

A. [• •] **Traducir:**

1. Dov'è la fermata dell'autobus?
2. Qui vicino.
3. Fra quanto tempo c'è un autobus?
4. Fra un quarto d'ora circa.
5. E' necessario avere spiccioli?
6. Sì, certamente: è preferibile non fare il portoghese.

B. Responder a las preguntas:

1. E' necessario fare il biglietto.
2. Avere spiccioli.
3. Ci sono quadri.
4. Sono due pittori italiani moderni.

C 4 OBSERVACIONES

Atención a los posibles contrastes en el uso de las preposiciones:

• **All'** angolo di Viale Mazzini.	***En*** *la esquina de la avenida Mazzini.*
• C'è molta gente **davanti alla** fermata dell'autobus.	*Hay mucha gente* ***en*** *la parada del autobús.*
• La fermata è **vicino alla piazza**.	*La parada está cerca* ***de*** *la plaza.*
• C'è un autobus **davanti alla** macchina.	*Hay un autobús delante* ***del*** *automóvil.*

13 Dove abiti?

A 1 PRESENTACIÓN

- Las tres conjugaciones italianas:

1ª	**Parl-are**		*(hablar)*
2ª	**Prend-ere**	[prendere]	*(tomar)*
3ª	**Part-ire**		*(partir)*

- Las formas del **presente de indicativo** en singular:

1.	**Parl-o**	**Prend-o**	**Part-o**
2.	**Parl-i**	**Prend-i**	**Part-i**
3.	**Parl-a**	**Prend-e**	**Part-e**

il gelato	*el helado*	**il centro**	*el centro*
la bibita	*la bebida*	**la periferia**	*los alrededores*
il cameriere	*el camarero*	**il Colosseo**	*el Coliseo*
desiderare	*desear*	**lavorare**	*trabajar*
invece	*en cambio*	**la metropolitana**	*el metro*
la pasta	*el pastel*	**andare**	*ir*
alla crema	*con crema*	**costare**	*costar*
abitare	*habitar, vivir*	**portare**	*traer, llevar*

A 2 • • APLICACIÓN

(Al bar.)

1. **Sandro — Che cosa prendi? Un gelato o una bibita?**
2. **Graziella — Prendo un gelato, grazie!**
3. **Sandro — Cameriere!**
4. **Cameriere — Desidera?**
5. **Sandro — La signorina prende un gelato; io, invece, prendo una pasta alla crema.**
6. **Cameriere — Bene, signore.**
7. **Sandro — Dove abiti? In centro o in periferia?**
8. **Graziella — Abito vicino al Colosseo e lavoro all' E.U.R.**
9. **Sandro — Prendi la metropolitana o l'autobus per andare in ufficio?**
10. **Graziella — Prendo la metropolitana.**
11. **Cameriere — Ecco il gelato per la signorina e la pasta per il signore.**
12. **Sandro — Grazie. Quanto costa?**
13. **Cameriere — Porto subito il conto.**

A 3 OBSERVACIONES

■ Pronunciación

• La acentuación del infinitivo en la primera y tercera conjugación cae siempre en la penúltima sílaba:
PerLAre, desideRAre, abiTAre, parTIre, dorMIre

• El infinitivo de la segunda conjugación puede acentuarse:
— tanto en la penúltima sílaba: **teMEre** *(temer)*, **teNEre** *(tener)*, **saPEre** *(saber)*, **veDEre** *(ver);*
— como en la antepenúltima sílaba: **PRENdere, LEGgere**.

• Pronunciar: [de**si**dera] (A2), [**a**biti] (A2), [**a**bito] (A2), [**bi**bita], [peri**fe**ria], [kolos**se**o] (A1).

• El E.U.R. es un barrio moderno a tres kilómetros de Roma. Fue concebido para realizar la Exposición Universal de Roma (de allí la sigla E.U.R.), en 1942. Sin embargo, con el inicio de la Segunda Guerra Mundial no fue posible que la exposición se llevara a cabo.

A 4 TRADUCCIÓN

(En el bar.)

1. Sandro — ¿Qué tomas? ¿Un helado o una bebida?
2. Graciela — Un helado, gracias.
3. Sandro — Camarero.
4. Camarero — ¿Qué desea, señor?
5. Sandro — La señorita toma un helado; yo, en cambio, un pastel con crema.
6. Camarero — Está bien, señor.
7. Sandro — ¿Dónde vives? ¿En el centro o en los suburbios?
8. Graciela — Vivo cerca del Coliseo y trabajo en el E.U.R.
9. Sandro — ¿Tomas el metro o el autobús para ir a la oficina?
10. Graciela — Tomo el metro.
11. Camarero — Aquí está el helado de la señorita y el pastel para el señor.
12. Sandro — Gracias. ¿Cuánto es?
13. Camarero — Enseguida traigo la cuenta.

13 Molte radio libere trasmettono in dialetto

B 1 PRESENTACIÓN

- **El presente del indicativo en plural:**

1. **Parl-iamo**	**Prend-iamo**	**Part-iamo**
2. **Parl-ate**	**Prend-ete**	**Part-ite**
3. **Parl-ano**	**Prend-ono**	**Part-ono**

- **qualche volta** — *algunas veces, a veces*
  alcune volte — *algunas veces, a veces*
  alcuni (pronombre) — *algunos*
  molti (pronombre) — *muchos*

il cliente	*el cliente*	**la radio libera**	*la radio privada*
tutti	*todos*	**trasmettere**	*transmitir*
il dialetto	*el dialecto*	**scrivere**	*escribir*
agosto	*agosto*	**capire**	*comprender*
eppure	*sin embargo*	**difficile**	*difícil*
la porta	*la puerta*	**esagerare**	*exagerar*
fra amici	*entre amigos*		

B 2 • • APLICACIÓN

1. **Sandro — Lavorano molto in questo bar.**
2. **Graziella — Sì, ci sono molti clienti.**
3. **Sandro — Ma non tutti parlano italiano.**
4. **Graziella — Ci sono molti turisti stranieri.**
5. **Sandro — Sì, molti parlano francese, inglese o tedesco. Ma alcuni parlano anche el dialetto romano.**
6. **Graziella — Ma i Romani partono in vacanza in agosto.**
7. **Sandro — Eppure i clienti vicino alla porta parlano il dialetto romano.**
8. **Graziella — E tu, parli il dialetto?**
9. **Sandro — Fra amici lo parliamo qualche volta. Molte radio libere trasmettono anche in dialetto. Molti scrivono anche in dialetto.**
10. **Graziella — Per i turisti è difficile capire gli Italiani.**
11. **Sandro — Esageri, Graziella! Gli Italiani non parlano sempre in dialetto.**

B 3 OBSERVACIONES

Pronunciación

- **El acento de PARlano, PRENdono, PARtono** cae en la misma sílaba que en la primera persona del singular.
Primera persona singular: **PARlo, PRENdo, PARto**
Tercera persona plural: **PARlano, PRENdono, PARtono**

- Pronunciar: [s**kri**vere] (A1), [e**za**yeri] (B2), [traz**me**ttere] (B1), [la**vo**rano] (B2), [**a**bito] (C3), [**li**bera] (B1), [dif**fi**chele] (B1).

Gramática

Después de **qualche**, se usa siempre el singular.

Ej.: **Prendo qualche libro** *Tomo algunos libros.*

Se puede expresar la misma idea usando el adjetivo **alcuno**, que debe concordar en género y número con el sustantivo que afecta.

Ej.: **Prendo alcune sedie** *Tomo algunas sillas.*
Parlo alcuni dialetti *Hablo algunos dialectos.*

B 4 TRADUCCIÓN

1. Sandro — En este bar trabajan mucho.
2. Graciela — Sí, hay muchos clientes.
3. Sandro — Pero no todos hablan italiano.
4. Graciela — Hay muchos turistas extranjeros.
5. Sandro — Sí, muchos hablan francés, inglés o alemán. Pero algunos hablan también el dialecto romano.
6. Graciela — Pero los romanos se van de vacaciones en agosto.
7. Sandro — Sin embargo, esos clientes que están cerca de la puerta hablan el dialecto romano.
8. Graciela — Y tú, ¿hablas el dialecto?
9. Sandro — Entre amigos, algunas veces lo hablamos. Muchas radios privadas trasmiten también en dialecto. Muchos escriben también en dialecto.
10. Graciela — Para los turistas es difícil comprender a los italianos.
11. Sandro — ¡Exageras, Graciela! Los italianos no hablamos siempre en dialecto.

13 Ejercicios

C 1 EJERCICIOS

A. Traducir:

1. Vivo cerca del Coliseo.
2. No tomo el metro.
3. Trabajo y leo mucho.
4. Salgo de vacaciones.

B. Traducir:

1. Pochi turisti parlano tedesco, ma molti Italiani parlano francese.
2. Per uno straniero è difficile parlare bene in dialetto.
3. E' importante sapere parlare una lingua straniera.
4. E' difficile capire gli Italiani?
5. Qualche turista parla italiano.

C. Redactar de diferente forma:

1. Qualche argentino parla il dialetto romano.
2. C'è qualche radio libera che trasmette in dialetto.
3. Alcuni turisti parlano francese.

C 2 INFORMACIÓN CULTURAL

■ Italia es el país europeo donde se habla la mayor cantidad de dialectos y donde es más fuerte la persistencia de los mismos frente al idioma oficial. Aún en nuestros días, el dialecto es un factor de identidad de las regiones. Incluso los italianos más cultos, que dominan perfectamente el idioma nacional, emplean por lo común el dialecto de su provincia natal. En el campo literario, los dialectos han desempeñado un papel importante. Por ejemplo, Carlo Goldini, dramaturgo del siglo XVIII, escribió obras en italiano, en francés y también en dialecto veneciano. El empleo del dialecto no impide al público internacional acudir a la representación de las obras maestras del "Moliére" italiano. Todavía hoy, de norte a sur, se escriben en dialecto varias piezas de teatro, poemas, relatos y guiones de películas, medio de expresión privilegiado de una Italia que posee cien rostros.

C 3 HOJA DE RESPUESTAS

A. Traducir:

1. Abito vicino al Colosseo.
2. Non prendo la metropolitana.
3. Lavoro e leggo molto.
4. Parto in vacanza.

B. Traducir:

1. Pocos turistas hablan alemán, pero muchos italianos hablan francés.
2. Para un extranjero, es difícil hablar bien en dialecto.
3. Es importante saber hablar una lengua extranjera.
4. ¿Es difícil comprender a los italianos?
5. Algunos turistas hablan italiano.

C. Redactar de diferentes formas:

1. Alcuni argentini parlano il dialetto romano.
2. Ci sono alcune radio libere che trasmettono in dialetto.
3. Qualche turista parla francese.

C 4 • • VOCABULARIO

• Come salutare per iniziare un contatto:	• *Cómo saludar para iniciar un diálogo:*
— **Buon giorno, signore.**	— *Buenos días, señor.*
— **Buona sera, signora.**	— *Buenas tardes, señora.*
— **Buona notte, signorina.**	— *Buenas noches, señorita.*
— **Ciao, Graziella!**	— *¡Hola, Graciela!*
• Come congedarsi:	• *Cómo despedirse:*
— **ArrivederLa (1)** o **Arrivederci signore, signora, signorina.**	— *Hasta luego, señor, señora, señorita.*
— **Ciao, Sandro!**	— *¡Nos vemos, Sandro!*
• Qualche augurio:	• *Algunas maneras de felicitar:*
— **Auguri!**	— *¡Felicidades!*
— **Buone vacanze!**	— *¡Felices vacaciones!*
— **Buon anno!**	— *¡Feliz año nuevo!*
— **Buon Natale!**	— *¡Feliz Navidad!*

(1) Arrivederl**La** supone el empleo del pronombre usted (v. 16 A3).
—Arrivederl**La** = Literalmente hasta volver a verlo a usted.
—Arrivederci = Literalmente hasta volver a vernos.
En italiano, el pronombre **La/ci** se coloca después del verbo en infinitivo.

14 Come si chiama il regista?

A 1 PRESENTACIÓN

- La conjugación de los **verbos reflexivos** es la siguiente:

(io)	**mi**	chiamo	*me llamo*
(tu)	**ti**	chiami	*te llamas*
(lei, esso)	**si**	chiama	*se llama*
(noi)	**ci**	chiamiamo	*nos llamamos*
(voi)	**vi**	chiamate	*os llamáis*
(loro, essi)	**si**	chiamano	*se llaman*

- Chiamar**si** = llamarse
- **tenga** (sujeto tácito **Lei**) = *¡Sírvase! ¡Tenga! ¡Aquí está!*

il chiosco	*el quiosco*	**i ricordi d' infanzia**	*los recuerdos de infancia*
la pagina	*la página*	**il regista**	*el director*
lo spettacolo	*el espectáculo*	**ricordarsi**	*recordarse*
il cinema	*el cine*	**ultimo**	*último*
significare	*significar*	**d'accordo**	*de acuerdo*
infatti	*en efecto*		
il film	*la película*		

A 2 [• •] APLICACIÓN

(Davanti al chiosco.)

A. 1. — Il "Corriere della Sera", per favore.
2. — Tenga!

B. 1. Sandro — Vediamo la pagina degli spettacoli. Ah, ecco: al cinema "Aurora", c'è "Amarcord".
2. Graziella — Che significa "Amarcord"?
3. Sandro — Significa: "io mi ricordo". Infatti, è un film di ricordi d' infanzia.
4. Graziella — Come si chiama il regista?
5. Sandro — Il regista è Fellini.
6. Graziella — Ah! sì, adesso mi ricordo.
7. Sandro — Ti ricordi come si chiama l'ultimo film di Fellini?
8. Graziella — No, non mi ricordo.
9. Sandro — Allora, andiamo a vedere "Amarcord"!
10. Graziella — D'accordo.

14 ¿Cómo se llama el director?

A 3 OBSERVACIONES

Pronunciación

• En la pronunciación, los pronombres reflexivos: **mi, ti, si, ci, vi, si,** deben unirse perfectamente al verbo que preceden.
Son pronombres átonos, es decir, no tienen acento propio. Pronuncie **michiamo** [mi**kia**mo], **tichiami** [ti**kia**mi], etc., como si se tratara de una sola palabra. Nótese que en el habla el acento también cae en la sílaba habitual.

• Pronunciar: [si**ñ**ifica] (A2), [**pa**yina], [spet**ta**kolo], [**chi**nema], [re**yi**sta] (A1).

Grámatica

• En el infinitivo, el pronombre reflexivo se coloca después del verbo. En este caso la vocal final desaparece y se tienen las siguientes formas:

chiamarmi	*llamarme*	**chiamarci**	*llamarnos*
chiamarti	*llamarte*	**chiamarvi**	*llamaros*
chiamarsi	*llamarse*	**chiamarsi**	*llamarse*

• Después de un verbo de movimiento como **andare**, se antepone la preposición **a** delante del verbo en infinitivo que sigue:
Ej.: **Andiamo** a **vedere "Amarcord"**: *Vamos a ver "Amarcord".*

A 4 TRADUCCIÓN

(Ante el quiosco de periódicos.)

A. 1. — El "Corriere della Sera", por favor.
2. — ¡Tome!

B. 1. Sandro — Veamos la página de espectáculos. ¡Ah, aquí está!, en el cine "Aurora" dan "Amarcord".
2. Graciela — ¿Qué significa "Amarcord"?
3. Sandro — Significa: "Yo me acuerdo". Es una película sobre recuerdos de infancia.
4. Graciela — ¿Cómo se llama el director?
5. Sandro — El director es Fellini.
6. Graciela — ¡Ah, sí! ahora me acuerdo.
7. Sandro — ¿Recuerdas cómo se llama la última película de Fellini?
8. Graciela — No, no me acuerdo.
9. Sandro — ¡Entonces, vamos a ver "Amarcord"!
10. Graciela — De acuerdo.

14 Perché tutta questa gente se ne va?

B 1 PRESENTACIÓN

• **Ne** = *de allí, de allá, de ahí; de eso.*
Ej.: **Che ne pensi?** *¿Qué opinas tú de eso?*

• **Mi, ti, si, ci, vi, si** o la forma adverbial **ci (c'è, ci sono)** delante de otra forma pronominal se transforma en **me, te, se, ce, ve, se**.

Ej.:	**Ci sono posti**	*hay lugares*
	ce ne sono	*los hay* (lugares)

il botteghino	*la taquilla*
il posto	*el lugar, la localidad, la entrada*
lo strapuntino	*rinconcito*
l'inizio [initsio]	*el comienzo*
pensare	*pensar*
sedersi	*sentarse*
esaurito	*completo, agotado*
piuttosto	*más bien, mejor*

B 2 • • APLICACIÓN

(Davanti al botteghino del cinema "Aurora".)

A. 1. — Scusi, perché tutta questa gente se ne va?
2. — Perché non ci sono più posti.
3. — Non ce ne sono più? Neanche due strapuntini?
4. — Tutto esaurito.

B. 1. Sandro — Allora, ce ne andiamo? Che ne pensi?
2. Graziella — Io non me ne vado.
3. Sandro — Allora, andiamo a sederci davanti al bar.
4. Graziella — D'accordo. Aspettiamo l'inizio del prossimo spettacolo.

B 3 OBSERVACIONES

Gramática

- El infinitivo de *irse* es **andarsene** [an**dar**sene].

Desear irse, por lo tanto, en el presente de indicativo se dirá:

Ej.: desidero	[de**si**dero]	**andarmene**	[an**dar**mene]
desideri	[de**si**deri]	**andartene**	[an**dar**tene]
desidera	[de**si**dera]	**andarsene**	[an**dar**sene]
desideriamo	[de**si**deriamo]	**andarcene**	[an**dar**chene]
desiderate	[de**si**derate]	**andarvene**	[an**dar**vene]
desiderano	[de**si**derano]	**andarsene**	[an**dar**sene]

- El presente de indicativo de **andarsene** es:

me ne vado	**ce ne andiamo**
te ne vai	**ve ne andate**
se ne va	**se ne vanno**

Ne: La palabra **ne** se desempeña en **andarsene** como adverbio de lugar. No tiene equivalente exacto en español; puede significar *de allí, de allá, de ahí.*

- **Adesso te ne vai**. *Ahora te vas* (de este lugar).

Ne: También puede tener la función de un pronombre personal demostrativo, aunque tampoco tiene un equivalente exacto en español, pero puede traducirse por *de eso.*

B 4 TRADUCCIÓN

(Frente a la taquilla del cine "Aurora".)

A. 1. — Disculpe, ¿por qué se va toda esta gente?
 2. — Porque ya no hay localidades.
 3. — ¿Ya no hay? ¿Ni siquiera dos "rinconcitos"?
 4. — Está todo agotado.

B. 1. Sandro — En tal caso nos vamos. ¿Qué te parece?
 2. Graciela — Yo no me voy.
 3. Sandro — Entonces vayamos a sentarnos en el bar.
 4. Graciela — De acuerdo. Esperemos el comienzo del próximo espectáculo.

14 Ejercicios

C 1 EJERCICIOS

A. Reemplazar los puntos por los pronombres apropiados:

1. Come ... chiami? ... chiamo Sandro.
2. Non ... ricordo come ... chiama questo film.
3. ... ne vado a vedere questo film: e tu, dove te ... vai?
4. Posti liberi, non ... ... sono più.

B. [• •] **Traducir:**

1. Entonces, vayamos a ver esta película.
2. ¿Cómo se llama el director?
3. Nos vamos a tomar el metro.
4. No hay localidades en el cine "Aurora".

C. Responder:

1. Perché non vai al cinema?
2. Ti ricordi come si chiama questo film?
3. Perché andiamo a vedere questo film?

C 2 USOS CULTURALES

■ **Il cinema.** *El cine*

• **Amarcord** es una película de Federico Fellini que significa: **io mi ricordo** *(me acuerdo);* se trata de una forma dialectal. El título de esta película es un testimonio de la importancia de los dialectos en Italia, no sólo en la vida diaria, sino también en la literatura (ver lección 13, C2), las canciones y en las producciones cinematográficas.

• Algunas de las grandes películas italianas están habladas en dialecto, por ejemplo: **La terra trema** *(La tierra tiembla)* de L. Visconti (1948), **L'albero degli zoccoli** *(El árbol de los zuecos)* de E. Olmi (1978). Muchas otras películas, aunque sus diálogos no se desarrollen exclusivamente en dialecto, muestran las grandes variantes que ofrece el habla italiana. Se puede citar **Roma** de Fellini, **Metello** de Bolognini, **Roma città aperta** *(Roma, ciudad abierta)* de Rossellini, **Ladri di biciclette** *(Ladrones de bicicletas)* de De Sica.

C 3 HOJA DE RESPUESTAS

A. Reemplazar los puntos por los pronombres apropiados:

1. .... ti ... ? Mi ....
2. .... mi .... si ....
3. Me .... : .... ne ....
4. .... ce ne ....

B. [• •] Traducir:

1. Allora, andiamo a vedere questo film.
2. Come si chiama il regista?
3. Ce ne andiamo a prendere la metropolitana.
4. Non ci sono posti al cinema "Aurora".

C. Responder:

1. Perché non ci sono posti.
2. Sì, mi ricordo (no, non mi ricordo).
3. Perché è interessante (bello).

C 4 USOS CULTURALES

■ **I quotidiani.** *Los periódicos*

• Los periódicos italianos son numerosos; sin embargo, sus tirajes son pequeños si se comparan con los de publicaciones de países con un nivel de vida semejante. Cada capital regional posee un diario. Los nombres más conocidos de la prensa son: **La Repubblica**, el diario de mayor difusión en Italia, impreso en Roma; el **Corriere della Sera**, el segundo en importancia impreso en Milán; **La Stampa** de Turín, **Il Giornale Nuovo**, de Milán; **Il Giorno**, de Milán; **La Nazione**, de Florencia; **Il Messaggero** e **Il Tempo**, de Roma; **Il Resto del Carlino**, de Bolonia; **La Gazzetta del Mezzogiorno**, de Bari. Los principales partidos políticos tienen su propio diario, con ediciones regionales bajo un mismo título.

Il Popolo DC: Democrazia Cristiana.

L'Unità PDS: Partito Democratico della Sinistra, nueva sigla del PCI: Partito Comunista Italiano.

L'Avanti PSI: Partito Socialista Italiano.

15 Quando finisce l'ultimo spettacolo?

A 1 PRESENTACIÓN

- La mayor parte de los verbos en **-ire** tales como:

fin -ire	*terminar*
cap -ire	*entender*
prefer -ire	*preferir*, etc.

intercalan el sufijo **-isc** entre la raíz del verbo y la desinencia en la primera, segunda y tercera persona del singular y en la tercera del plural del presente de indicativo:

fin **-isc** -o	fin-iamo
fin **-isc** -i	fin-ite
fin **-isc** -e	fin-**isc**-ono [fi**ni**skono]

quando	*cuándo, ¿a qué hora?*
verso mezzanotte	*alrededor de medianoche, hacia medianoche*
la seduta	*la función*
conoscere [ko**no**shere]	*conocer*
il tema	*el tema*
telefonare	*llamar/hablar por teléfono, telefonear*
la critica	*la crítica*
scoprire	*descubrir*
così	*así, de este modo*
insieme	*junto, juntos*

A 2 [• •] APLICACIÓN

1. **Sandro — Quando finisce l'ultimo spettacolo?**
2. **Graziella — Finisce verso mezzanotte.**
3. **Sandro — Preferisco andare alla seduta delle otto.**
4. **Graziella — Conosci il tema del film?**
5. **Sandro — Un po'. Non leggo mai le critiche. E tu leggi le critiche?**
6. **Graziella — Io preferisco scoprire un film.**
7. **Sandro — A proposito, telefoniamo a Ornella? Così andiamo insieme al cinema.**
8. **Graziella — Vado a telefonare.**

A 3 OBSERVACIONES

■ Pronunciación

• Atención el sonido de **c, g,** y **sc** es suave o palatal delante de las vocales **e**, **i**. Esto significa que la punta de la lengua toca la parte exterior del paladar cuando se pronuncian estos sonidos: [che] como en *cheque*, [ye] como en *yema*, y [shh, ver lección 8, A3] como en "*shock*".

De donde la alternancia de sonidos:

finire:	**finisco**	[fi**ni**sko]
	finisci	[fi**ni**shi]
	finisce	[fi**ni**she]

conoscere [ko**no**shere]

conosco [ko**no**sko]	**conosciamo** [kono**sha**mo]
conosci [ko**no**shi]	**conoscete** [kono**she**te]
conosce [ko**no**she]	**conoscono** [ko**nos**kono]

• **La critica** tiene plural **le critiche**, conservando de este modo el sonido gutural ante la vocal **e** (ver lección 3, B3). En efecto, intercalar una **h** entre **c** y una **g,** a la izquierda, y **e** o **i** a la derecha, permite conservar el sonido gutural.

Ej.:			
	la tasca	*(el bolsillo)*	**le tasche**
	la collega	*(la colega)*	**le colleghe**
	il collega	*(el colega)*	**i colleghi**

A 4 TRADUCCIÓN

1. Sandro — ¿A qué hora termina la última función?
2. Graciela — Termina cerca de la media noche.
3. Sandro — Prefiero ir a la función de las ocho.
4. Graciela — ¿Sabes de qué trata la película?
5. Sandro — Un poco. No leo nunca las críticas. Y tú, ¿lees las críticas?
6. Graciela — Yo prefiero descubrir la película.
7. Sandro — A propósito, ¿llamamos a Ornella? Así vamos juntos al cine.
8. Graciela — Voy a hablar por teléfono.

15 Sbrigati!

B 1 PRESENTACIÓN

• En el imperativo de los verbos de la primera conjugación, la primera y la segunda persona del plural se forman igual que en indicativo:

Presente del indicativo	Imperativo
1. parl **-o**	
2. parl **-i**	2. parl **-a**
3. parl **-a**	3. parl **-i** (usted)
1. parl **-iamo**	1. parl **-iamo**
2. parl **-ate**	2. parl **-ate**
3. parl **-ano**	3. parl **-ino** (ustedes)

En el imperativo, la primera persona del singular (**io**, *yo*), carece de sentido, ya que nadie se ordena a sí mismo.

• **venire** *(venir)*; presente del indicativo: **vengo, vieni, viene, veniamo, venite, vengono** [**ven**gono].

pronto — *hola, listo*
come stai? — *¿cómo estás?*
sentire — *oír*
più forte — *más alto*
va bene, meglio — *está bien, mejor*
ci andiamo — *vamos (allí)*
andiamoci [an**dia**mochi] — *vayamos*
ora; tardi — *ahora, tarde*
prepararsi — *prepararse*
sbrigarsi, sbrigati [s**bri**gati] — *apresurarse, apresúrate*

B 2 [• •] APLICACIÓN

(Al telefono.)

1. **Sandro — Pronto, Ornella?**
2. **Ornella — Pronto! Oh! ciao Sandro, come stai?**
3. **Sandro — Bene; e tu come stai? Mi senti bene? Io non ti sento bene. Parla più forte.**
4. **Ornella — Adesso va bene?**
5. **Sandro — Va meglio. Senti, Ornella: stasera vado al cinema con Graziella. Ci andiamo insieme? Vieni anche tu?**
6. **Ornella — Ma ora è tardi. Dove siete?**
7. **Sandro — Di fronte al cinema "Oriente". Dai, vieni! Andiamoci insieme. Vengo a prenderti.**
8. **Ornella — Allora ti aspetto qui. Mi preparo subito. Sbrigati!**

B 3 OBSERVACIONES

■ Presente de indicativo e imperativo de **ripetere** [ri**pe**tere] *(repetir)*, **partire** y **finire**:

1. ripet **-o**	
2. ripet **-i**	2. ripet **-i**
3. ripet **-e**	
1. ripet **-iamo**	1. ripet **-iamo**
2. ripet **-ete**	2. ripet **-ete**
3. ripet **-ono** [ri**pe**tono]	

1. part **-o**	
2. part **-i**	2. part **-i**
3. part **-e**	
1. part **-iamo**	1. part **-iamo**
2. part **-ite**	2. part **-ite**
3. part **-ono** [**pa**rtono]	

1. fin **-isco**	
2. fin **-isci**	2. fin **-isci**
3. fin **-isce**	
1. fin **-iamo**	1. fin **-iamo**
2. fin **-ite**	2. fin **-ite**
3. fin **-iscono** [fi**nis**kono]	

B 4 TRADUCCIÓN

(Por teléfono.)

1. Sandro — Hola, ¿Ornella?
2. Ornella — ¡Oh! ¡Hola! Qué tal Sandro, ¿cómo estás?
3. Sandro — Bien, y tú, ¿cómo estás? ¿Me oyes bien? Yo no te oigo bien, habla más alto.
4. Ornella — ¿Ahora está bien?
5. Sandro — Está mejor. Oye, Ornella, esta noche voy al cine con Graciela. ¿Vamos juntos? ¿Vienes tú también?
6. Ornella — Pero ya es tarde. ¿Dónde están?
7. Sandro — Frente al cine "Oriente". ¡Anda, ven! Vayamos juntos. Voy a buscarte.
8. Ornella — Entonces te espero aquí. Me preparo enseguida, apresúrate.

15 Ejercicios

C 1 EJERCICIOS

A. [• •] **Traducir:**

1. ¿Vas a llamar por teléfono a Graciela?
2. Sí, y tú, ¿vas a buscar las entradas?
3. No conozco esta película, ¿es interesante?
4. No entiendo bien los argumentos de las películas modernas. ¿Y tú?
5. Yo leo algunas críticas para entender.

B. Pasar del presente de indicativo al imperativo y viceversa, luego traducir:

1. Parli forte.
2. Andiamo al cinema.
3. Aspettiamo Ornella.
4. Tu vieni, Ornella.
5. Sbrigati!
6. Aspetta, Sandro!

C 2 USOS CULTURALES

■ **I settimanali:** *Los semanarios*

• **I settimanali d'informazione generale:** *los semanarios de información general* **Panorama, Epoca, L'Espresso, Famiglia cristiana, Oggi.**

• **I settimanali femminili:** *los semanarios para la mujer* **Grazia, Amica, Annabella, Alba.**

• **I settimanali politici:** *los semanarios políticos* **La Discussione** (DC), **Rinascita** [ri**nas**shita] (PDS, ex PCI) **Mondoperaio** (PSI).

15 Ejercicios

C 3 HOJA DE RESPUESTAS

A. [• •] **Traducir:**

1. Vai a telefonare a Graziella?
2. Sì, e tu vai a prendere i posti.
3. Non conosco questo film: è interessante?
4. Non capisco bene i temi dei film moderni. E tu?
5. Io leggo qualche critica (alcune critiche) per capire.

B. Pasar del presente del indicativo al imperativo y viceversa, luego traducir:

1. Parla forte!	*¡Habla fuerte!*
2. Andiamo al cinema!	*¡Vamos al cine!*
3. Aspettiamo Ornella!	*¡Esperemos a Ornella!*
4. Vieni, Ornella!	*¡Ven, Ornella!*
5. Ti sbrighi.	*Te apresuras.*
6. Aspetti, Sandro.	*Tú esperas, Sandro.*

C 4 INFORMACIONES PRÁCTICAS

Al telefono	*Por teléfono*
1. Chiamare qualcuno al telefono	*1. Llamar a alguien por teléfono*
— l'elenco telefonico	*— la guía telefónica*
— dare un colpo di telefono — fare una telefonata	*— hacer una llamada telefónica*
— il telefono è guasto	*— el teléfono está descompuesto*
2. Como chiamare al telefono	*2. Cómo llamar por teléfono*
— Pronto? Buon giorno, buona sera...	*— ¿Hola? Buenos días, buenas tardes.*
— Pronto? Sono Sandro...	*— ¿Hola? Soy Sandro*
— Pronto? Con chi parlo...?	*— ¿Hola? ¿Con quién hablo?*
3. Come rispondere [ris**pon**dere] **al telefono**	*3. Cómo responder por teléfono*
— Pronto? Sì sono io...	*— ¿Hola? Sí, soy yo ...*
— No, Sandro non c'è...	*— No, Sandro no está.*

16 Non ci vuole molto tempo

A 1 PRESENTACIÓN

■ Presente de indicativo de los verbos **volere** *(querer)* y **potere** *(poder).*

singular	plural	singular	plural
voglio	**vogliamo**	**posso**	**possiamo**
vuoi	**volete**	**puoi**	**potete**
vuole	**vogliono**	**può**	**possono**

- **Ci voule** *se necesita, hacer falta.*
- **Mi piace l'italiano** *me gusta el italiano*
  non mi piace aspettare *no me gusta esperar*
- **Fra dieci minuti** *dentro de diez minutos*

cominciare *comenzar, empesar*
essere di ritorno *estar de vuelta*
lasciare *dejar*
approfittare *aprovechar*
dare un'occhiata *echar un vistazo, dar una mirada*
la notizia [notitsia] *la noticia*

A 2 [• •] APLICACIÓN

1. **Sandro — Ornella è d'acordo. Viene anche lei al cinema con noi. Andiamo a prenderla. Vuoi venire?**
2. **Graziella — Sono stanca. Puoi andare solo, se vuoi. Vi aspetto qui. Il film comincia fra mezz'ora. Venite subito; non mi piace aspettare.**
3. **Sandro — Non ci vuole molto tempo. Ornella abita qui vicino. Fra dieci minuti siamo di ritorno.**
4. **Graziella — Lasciami il giornale, così ne approfitto per leggerlo o dare un'occhiata alle notizie.**

16 No hace falta mucho tiempo

A 3 OBSERVACIONES

■ Tabla de formas átonas (no acentuadas) de los pronombres personales que se colocan delante del verbo

Sujetos	Pronombres átonos				Pronombres acentuados o tónicos
	flexivos	directos	indirectos		
io	**mi**	**mi**	**mi**	Lugar del verbo	*me*
tu	**ti**	**ti**	**ti**		*te*
Lei { **lui, esso** / **lei, essa** }	**si**	**La** { **lo** / **la** }	**Le** { **gli** / **le** }		*Lei* { *lui* / *lei* }
noi	**ci**	**ci**	**ci**		*noi*
voi	**vi**	**vi**	**vi**		*voi*
Loro loro { **essi** / **esse** }	**si**	**li** / **Le le**	**gli**		*Loro loro*

● Esta regla no se respeta con el infinitivo y con el imperativo: los pronombres complementos se colocan detrás del verbo:

lasciа**mi** [**la**shiami] il giornale — deja*me* el diario
ne approfitto per legger**lo** [**le**yerlo] — aprovecho para leer*lo*

● Pronunciar [**vol**liono] (A1), [**pos**sono] (A1)

A 4 TRADUCCIÓN

1. Sandro — Ornella está de acuerdo. Ella tambien viene al cine con nosotros. Vamos a buscarla. ¿Quieres venir?
2. Graciela — Estoy cansada. Puedes ir solo si quieres. Los espero aquí. la pelicula empieza dentro de media hora. Vengan enseguida; no me gusta esperar.
3. Sandro — No se necesita mucho tiempo. Ornella vive aquí cerca. Dentro de diez minutos estamos de vuelta.
4. Graciela — Déjame el periódico, así aprovecho para leerlo y darle un vistazo a las noticias.

16 Non fare il broncio!

B 1 PRESENTACIÓN

■ Presente de indicativo de los vervos **dare** *(dar)*, **sapere** *(saber)* y **fare** *(hacer)*.

1. **dò**	**so**	**faccio**
2. **dai**	**sai**	**fai**
3. **dà**	**sa**	**fa**
1. **diamo**	**sappiamo**	**facciamo**
2. **date**	**sapete**	**fate**
3. **danno**	**sanno**	**fanno**

scusami [**sku**zami]	*discúlpame*
è colpa mia	*es culpa mía*
essere in ritardo	*estar retrasado, llegar tarde*
possibile	*posible*
fare due passi	*dar una vuelta, caminar un poco*
fare una passeggiata	*dar un paseo*
non fa niente	*no es nada, no importa*
dare un film	*dar una película*
consultare il giornale	*cansultar el diario*
essere al cartellone	*estar en cartel*
fare il broncio [**bron**cho]	*enfurruñarse, enojarse*
offrire	*invitar, ofrecer*
caffè Greco	*café, bar Greco*

B 2 [• •] APLICACIÓN

1. **Ornella — Ciao, Graziella, scusami. E' colpa mia se siamo in ritardo.**
2. **Graziella — Non è più possibile andare a vedere "Amarcod".**
3. **Sandro — Possiamo andare a fare due passi. Dai, facciamo una passeggiata. Non fa niente per il film. Lo possiamo vedere domani, se lo danno ancora. Per favore, Graziella, dammi il Corriere.** (Consulta il giornale.) **Quanti ne abbiamo oggi?**
4. **Ornella — Ne abbiamo venticinque.**
5. **Sandro — Allora domani, ventisei agosto, "Amarcod" è ancora al cartellone. Dai, Graziella, non fare il broncio! Vi offro un gelato al caffè Greco.**

B 3 OBSERVACIONES

■ Gramática

• **Dare** y **estare** tienen formas análogas:

dò	**sto**	**diamo**	**stiamo**
dai	**stai**	**date**	**state**
dà	**sta**	**danno**	**stanno**

• El imperativo de **dare** es **da**; **dammi** *(dame).*
Da + **mi** (pronombre personal completo) forma **dammi**, con la duplicación de la consonante inicial del pronombre.

• El imperativo negativo se forma anteponiendo al afirmativo la negación **non**. Exepto en la segunda persona del singular, en el cual la forma del imperativo es remplazada por el infinitivo.

Ej.: **parla** *(habla)* **non parlare** *(no hables)*

No confundir:

	che giorno è oggi?	*¿qué día es hoy?*
y	**quanti ne abbiamo oggi**	*¿qué fecha es hoy?*

La respuesta a la última de las preguntas es:

ne abbiamo 3, 4	*hoy es 3, 4*

• El café (bar) Greco es uno de los cafés más célebres de Roma; Casanova lo citaba ya en sus *Memorias.*

B 4 TRADUCCIÓN

1. Ornella — Hola, Graciela, discúlpame. Llegamos tarde por culpa mía.
2. Graciela — Ya no es posible ir a ver "Amarcod".
3. Sandro — Podemos ir a dar una vuelta. Anda, demos un paseo. No importa la película. La podemos ver mañana, si la dan todavía. Por favor, Graciela, dame el "Corriere" (consulta el periódico). ¿Qué fecha es hoy?
4. Ornella — Es 25.
5. Sandro — Entonces mañana 26 de agosto, "Amarcod" todavía está en cartelera. Vamos, graciela, no te enojes. Las invito a tomar un helado en el café Greco.

16 Ejercicios

C 1 EJERCICIOS

A. Traducir (emplee la forma de cortesía Lei):

1. ¿Quiere venir a buscar a Sandro al cine, en una hora?
2. Pero no quiero ir solo.
3. ¿Hace falta mucho tiempo para ir a la ciudad?
4. Es necesario partir ahora.

B. Cambiar de persona (tu → Lei, Lei → tu); luego traducir:

1. Mi dai il giornale?
2. Puoi venire con me?
3. Che cosa fa stasera?
4. Ti diamo un giornale.
5. Non ti vedo oggi?

C. Traducir en todas las personas:

Sé que puedo hacer como quiera; pero lo hago si puedo, etc.

C 2 VOCABULARIO

■ Expresiones idiomáticas con **volere, potere, dare** y **fare.**

— **volere è potere**	*querer es poder*
— **dare del tu**	*tutear*
— **dare del voi**	*tratar de usted (con la segunda persona del plural) forma de cortesía regional*
— **dare del Lei**	*tratar de usted (con la tercera persona del singular; forma de cortesía)*
— **dare del cretino**	*tratar como a un tonto*
— **chi fa da sé fa per tre**	*ayúdate que yo te ayudaré*
— **l'abito non fa il monaco (1)**	*el hábito no hace al monje*

(1) Pronunciar [**a**bito] y [**mo**nako].
Tenga presente que en italiano abito *y* monaco *son esdrújulas.*

C 3 HOJA DE RESPUESTAS

A. Traducir:

1. Vuole venire a prendere Sandro al cinema, fra un'ora?
2. Ma non voglio andarci solo.
3. Ci vuole molto tempo per andare in città?
4. Bisogna partiere ora.

B. Cambiar de persona (tu → Lei, Lei → tu); luego traducir:

1. Mi dà il giornale?	*¿Me da el periódico?*
2. Può venire con me?	*¿Puede venir conmigo?*
3. Che cosa fai stasera?	*¿Qué haces esta noche?*
4. Le diamo un giornale.	*Le damos un periódico a usted.*
5. Non La vedo oggi?	*¿No la veo hoy?*

C. Traducir en todas las personas:

So che posso fare come voglio; ma lo faccio se lo posso.
Sai che puoi fare come vuoi; ma lo fai se lo puoi.
Lei sa che può fare come vuole; ma lo fa se lo può.
Sappiamo che possiamo fare come vogliamo; ma lo facciamo se lo possiamo.
Sapete che potete fare come volete; ma lo fate se lo potete.
Sanno che possono fare come vogliono; ma lo fanno se lo possono.

C 4 [• •] USOS CULTURALES

He aquí el texto de una célebre canción, en dialecto napolitano, cuya melodía es tarareada en todo el mundo: **'O sole mio!**

• Che bella cosa
'na iurnata 'e sole,
n'aria serena
doppo 'na tempesta!
Pe' ll'aria fresca pare
già 'na festa...
Che bella cosa
'na iurnata 'e sole.
Ma n'atu sole
cchiu bello ohi ne',
'O sole mio, 'o sole mio
sta nfronte a te.

¡Qué cosa más bella
que un día de sol,
un cielo sereno
después de la tormenta!
En el aire fresco
hay una fiesta.
Qué cosa más bella
que un día de sol.
Pero otro sol,
más lindo aún,
mi sol, mi sol,
está frente a ti.

17 E' il giorno del mio compleanno

A 1 PRESENTACIÓN

• Delante de los pronombres posesivos en función adjetiva, se coloca el artículo definido:

Ej.: **il mio amico** *mi amigo*
la tua festa *tu fiesta*
i loro compleanni *sus cumpleaños (de ellos)*

• **Loro** es invariable: hay una sola forma para el masculino, el femenino, el singular y el plural.

Ej.: **il loro amico** *su amigo (de ellos/ellas)*
la loro amica *su amiga (de ellos/ellas)*
i loro amici *sus amigos (de ellos/ellas)*
le loro amiche *sus amigas (de ellos/ellas)*

la mamma *la mamá*
arrivare *llegar, arriba*
la sorella *la hermana*
il fratello *el hermano*
lo zabaione *el* zabaione
il babbo *el papá*
fumare *fumar*
solito [**so**lito] *habitual*
la pipa *la pipa*
assaggiare *gustar, probar*
il dolce [**dol**che] *el dulce, el postre*

A 2 • • APLICACIÓN

1. — Sai che giorno è oggi?
2. — E' il giorno del mio compleanno.
3. — Vengono i tuoi amici stasera?
4. — Sì, mamma, arrivano alle sette.
5. — Allora preparo il tuo dolce preferito.
6. — Certamente. Ma sai che è anche il nostro dolce preferito.
7. — Anche alle tue sorelle e ai tuoi fratelli piace lo zabaione.
8. — Solo il babbo preferisce fumare la sua solita pipa invece di assaggiarlo.

17 Es el día de mi cumpleaños

A 3 OBSERVACIONES

■ Gramática

● Los pronombres posesivos en función adjetiva y sustantiva tienen las mismas formas:

sing.	masc.	**il mio**	**il tuo**	**il suo**	**il nostro**	**il vostro**	**il loro**
	fem.	**la mia**	**la tua**	**la sua**	**la nostra**	**la vostra**	**la loro**
plur.	masc.	**i miei**	**i tuoi**	**i suoi**	**i nostri**	**i vostri**	**i loro**
	fem.	**le mie**	**le tue**	**le sue**	**le nostre**	**le vostre**	**le loro**

● Las preposiciones **con** *con* y **su** *sobre* se unen con los artículos definidos de la siguiente forma:

	il	lo	l'	la	i	gli	le
con	**col**	**collo**	**coll'**	**colla**	**coi**	**cogli**	**colle**
su	**sul**	**sullo**	**sull'**	**sulla**	**sui**	**sugli**	**sulle**

Observe que cuando se usa con la contracción no es obligatoria (ver 18, B3).

A 4 TRADUCCIÓN

1. — ¿Sabes qué día es hoy?
2. — Es el día de mi cumpleaños.
3. — ¿Vienen tus amigos esta noche?
4. — Sí, mamá, llegan a las siete.
5. — Entonces preparo tu postre preferido.
6. — Sí. Pero sabes que también es nuestro postre preferido.
7. — A tus hermanas y a tus hermanos también les gusta el *zabaione.*
8. — Sólo papá prefiere fumar su pipa habitual, en vez de probarlo.

17 Quanti anni ha tuo fratello?

B 1 PRESENTACIÓN

• Empleo del pronombre posesivo en función adjetiva y sustantiva

il tuo regalo	*tu regalo*
il mio onomastico	*el día de mi santo*
il suo compleanno	*su cumpleaños*
ringraziare	*agradecer*
il regalo	*el regalo*
le opere complete	*las obras completas*
l'autore	*el autor*
il teatro; la poesia	*el teatro; la poesía, el poema*
la sorellina	*la hemanita*
il fratellino	*el hermanito*
Silvia	*Silvia*
novembre, giugno	*noviembre, junio*
la commedia	*la comedia*

B 2 [• •] APLICACIÓN

1. **Sandro — Auguri, Graziella.**
2. **Graziella — Grazie, Sandro. Ti ringrazio anche per il tuo regalo: "Le opere complete di Machiavelli".**
3. **Sandro — So che è il tuo autore preferito.**
4. **Graziella — Mio fratello Paolo e mia sorella Claudia preferiscono il teatro. A loro piacciono le commedie di Goldoni e di Eduardo de Filippo.**
5. **Sandro — Il mio caro fratello e la mia sorellina preferiscono le poesie di Trilussa.**
6. **Graziella — Ai miei fratelli e alle mie sorelle non piace la poesia.**
7. **Sandro — Quanti anni ha tuo fratello Pierino?**
8. **Graziella — Il mio fratellino ha tredici anni.**
9. **Sandro — E tua sorella Silvia?**
10. **Graziella — La mia sorellina ha undici anni.**
11. **Sandro — Quand'è il loro onomastico?**
12. **Graziella — Il ventinove giugno per mio fratello e il cinque novembre per mia sorella.**

B 3 OBSERVACIONES

Gramática

• Debe prestar atención al empleo del artículo delante del adjetivo posesivo italiano. Este artículo no se emplea cuando el adjetivo posesivo precede a un nombre de parentesco:

Ej.:	**mio fratello**	*mi hermano*
	tua madre	*tu madre*
	suo nonno	*su abuelo*

Esta regla, a su vez, tiene una excepción. El artículo delante del adjetivo posesivo se vuelve a usar en los casos siguientes:

Ej.:	**il mio caro fratello**	*mi querido hermano (adj. delante del sustantivo)*
	il mio fratellino	*mi hermanito (diminutivo)*
	i miei fratelli	*mis hermanos (sustantivo plural)*
	il loro fratello	*su hermano (de ellos) (***loro** *delante del sustantivo)*

Estos cuatro casos están reunidos en la frase siguiente:
i loro cari fratellini *sus queridos hermanitos (de ellos).*

• **A loro piacciono le comendie:** *A ellos les gustan las comedias.*

B 4 TRADUCCIÓN

1. Sandro — ¡Felicidades, Graciela!
2. Graciela — Gracias, Sandro. Te agradezco también tu regalo: "Las obras completas de Maquiavelo".
3. Sandro — Sé que es tu autor preferido.
4. Graciela — Mi hermano Pablo y mi hermana Claudia prefieren el teatro. A ellos les gustan las comedias de Goldoni y de Eduardo Filippo.
5. Sandro — Mi querido hermanito y mi hermanita prefieren los poemas de Trilussa.
6. Graciela — A mis hermanos y a mis hermanas no les gusta la poesía.
7. Sandro — ¿Cuántos años tiene tu hermano Pedrito?
8. Graciela — Mi hermanito tiene trece años.
9. Sandro — ¿Y tu hemana Silvia?
10. Graciela — Mi hermanita tiene once años.
11. Sandro — ¿Cuándo es el día de su santo?
12. Graciela — El veintinueve de junio es el de mi hermano y el cinco de noviembre es el de mi hermana.

17 Ejercicios

C 1 EJERCICIOS

A. Completar:

1. E' ... tua macchina.
2. Vuole ... suo dolce preferito.
3. ... nostra famiglia è italiana.
4. Ti piace ... mio gelato?

B. Traducir:

1. Quiere su periódico acostumbrado. / Quiere su periódico.
2. Ella siempre hace el mismo postre para el día de tu santo.
3. Mi hermano y mi hermanita llegaron esta noche.
4. ¿A su padre le gusta fumar siempre?
5. ¿Cómo está su mujer?

C. [• •] Traducir en singular y en plural:

1. Mi abuelo es suizo.
2. Señor, ¿cómo se llama su hermana?
3. ¿Todavía no llega tu hermana?
4. Su hermano (de ellos) está aquí.
5. Su hermanita es italiana.

C 2 VOCABULARIO

■ I nomi di parentela *Designación de los parientes*

il padre	*el padre*	**la nuora**	*la nuera*
la madre	*la madre*	**il cognato**	*el cuñado*
il nonno	*el abuelo*	**la cognata**	*la cuñada*
la nonna	*la abuela*	**il nipote**	*el sobrino /el nieto*
lo zio	*el tío*	**la nipote**	*la sobrina /la nieta*
la zia	*la tía*	**il figlio**	*el hijo*
il cugino	*el primo*	**la figlia**	*la hija*
la cugina	*la prima*	**il nipotino**	*el nieto*
il suocero	*el suegro*	**la nipotina**	*la nietecita*
la suocera	*la suegra*	**il marito**	*el marido*
il genero	*el yerno*	**la moglie**	*la esposa*

• **Lo zabione:** crema ottenuta con tuorlo d'uovo frullato con zucchero e diluito con marsala.

El zabaione: crema obtenida con yema de huevo batida con azúcar y diluida con vino tipo marsala.

17 Ejercicios

C 3 HOJA DE RESPUESTAS

A. Completar:

1. E' la tua macchina.
2. Vuole il suo dolce preferito.
3. La nostra famiglia è italiana.
4. Ti piace il mio gelato?

B. Traducir:

1. Vuole il solito giornale.
2. Fa sempre il solito dolce per il tuo onomastico.
3. Mio fratello e la mia sorellina sono arrivati stasera.
4. A Suo padre piace sempre fumare?
5. Come sta Sua moglie?

C. [• •] Traducir en singular y en plural:

1. Mio nonno è svizzero. I miei nonni sono svizzeri.
2. Signore, come si chiama Sua sorella? Signore, come si chiamano le Sue sorelle?
3. Tua sorella non è ancora venuta? Le tue sorelle non sono ancora venute?
4. Il loro fratello è qui. I loro fralleti sono qui.
5. La Sua sorellina è italiana. Le Sua sorelline sono italiane.

C 4 OBSERVACIONES

• *A mi casa / en mi casa, a tu casa /en tu casa*, etc., se traducen: **a casa mia, a casa tua,** etc.

Ej.: **vieni a casa mia, domani** *ven a mi casa mañana*

• **E' colpa mia, è colpa tua**, etc., se traduce:
es mi culpa /es culpa mía, es tu culpa /es culpa tuya, etc.

• **Le diecine** *las decenas*

venti	*veinte*	**sessanta**	*sesenta*
trenta	*treinta*	**settanta**	*setenta*
quaranta	*cuarenta*	**ottanta**	*ochenta*
cinquanta	*cincuenta*	**novanta**	*noventa*

18 Vengono dall'aeroporto Leonardo da Vinci

A 1 PRESENTACIÓN

• La preposición **da** se une con los artículos definidos para dar las formas siguientes:

da + il	*dal*
da + i	*dai*
da + lo	*dallo*

da + gli	*dagli*
da + la	*dalla*
da + le	*dalle*

• **Dallo** y **dalla** se contraen con las palabras que comienzan en vocal:

Ej.: **Vengo dall'aeroporto** — *Vengo del aeropuerto*
Vengo dall'Italia — *Vengo de Italia*

la stazione	*la estación*
la lettera [**let**tera]	*la carta*
la macchina da scrivere [**mak**kina]	*la máquina de escribir*
la macchina da cucire	*la máquina de coser*
l'anfiteatro	*el anfiteatro*
lo stadio	*el estadio*
utile [**u**tile]	*útil*
celebre	*célebre*
diverso	*diferente, diverso, distinto*

A 2 • • APLICACIÓN

1. — **Vengono dalla stazione?**
No, vengono dall'aeroporto "Leonardo da Vinci".
2. — **Che francobollo ci vuole sulla lettera?**
Ci vuole un francobollo da duecento lire.
3. — **La macchina da scrivere è utile.**
Anche la macchina da cucire è molto utile.
4. — **La metropolitana passa dal Colosseo?**
Sì, l'entrata è a cento metri del celebre anfiteatro.
5. — **Le fettuccine sono diverse dalle tagliatelle?**
6. — **Da cuanto sei a Roma?**
Sono qui da due settimane.
7. — **Di dove viene tutta questa gente?**
Viene dallo stadio.

A 3 OBSERVACIONES

■ Gramática

La preposición **da** se emplea

a) para indicar:
— la procedencia (punto de partida): **vengo dalla stazione** *vengo de la estación.*
— el lugar de nacimiento: **Leonardo da Vinci** *Leonardo de Vinci.*
— el tiempo: **da quando sei a Roma** *¿desde cuándo estás en Roma?*
— el valor: **un francobollo da milli lire** *una estampilla de mil liras.*
— la finalidad: **una macchina de cucire** *una máquina de coser.*
— la distancia: **a 100 metri dal Colosseo** *a cien metros del Coliseo.*

b) y en los siguientes casos:
— después de **diverso, differente:**
le fettuccine sono diverse dalle tagliatelle
los tallarines son diferentes de las cintas (hablando de fideos).
— en las expresiones:
andare dal meccanico, dal medico
ir al taller mecánico, ir al médico.

■ **Atención:** Se puede decir **di dove vieni?** y **da dove vieni?** Por el contrario, en la respuesta siempre debe emplearse **da: vengo dallo stadio,** *vengo del estadio.*

A 4 TRADUCCIÓN

1. — ¿Vienen de la estación?
No, vienen del aeropuerto "Leonardo da Vinci".
2. — ¿Qué estampilla se necesita para la carta?
Se necesita una estampilla de doscientas liras.
3. — La máquina de escribir es útil.
También la máquina de coser es muy útil.
4. — ¿El metro pasa por el Coliseo?
Sí, la entrada está a cien metros del anfiteatro.
5. — ¿Los tallarines son diferentes de las cintas?
6. — ¿Desde cuándo estás en Roma?
Estoy aquí desde hace dos semanas. / Desde hace dos semanas.
7. — ¿De dónde viene toda esta gente?
Viene del estadio. / Del estadio.

18 Il tram non passa dal centro della città

B 1 PRESENTACIÓN

• **In** *en* (para las contracciones, ver B3 en la página siguiente).
Atención — no confundir **da** y **di**.
— con la preposición **con** la contracción no es obligatoria.

la sfilata		*el desfile*
la proclamazione della Repubblica		*la proclamación de la República*
la manifestazione		*la manifestación*
partecipare		*participar*
le forze dell'ordine	[**o**rdine]	*las fuerzas del orden*
il carabiniere		*el carabinero, el policía*
i reparti dell'esercito	[e**zer**chito]	*las unidades del ejército*
il carro armato		*el tanque*
l'aereo		*el avión*
passare		*pasar*
la testa		*la cabeza*
lo spettatore		*el espectador*
il cielo	[**che**lo]	*el cielo*
il tram, il taxi		*el tranvía, el taxi*

B 2 [• •] APLICACIÓN

1. — **La sfilata del 2 giugno commemora la proclamazione della Repubblica italiana.**
2. — **Alla manifestazione partecipano le forze dell'ordine e i carabinieri.**
3. — **Ci sono anche reparti dell'esercito, coi carri armati, e del laviazione con gli aerei.**
4. — **Gli aerei passano sulle teste degli spettatori nel centro della città, nell cielo di Roma.**
5. — **Andiamo alla manifestazione?**
6. — **Col taxi o col tram?**
7. — **Oggi il tram non passa dal centro della città. Andiamo col taxi.**

18 El tranvía no pasa por el centro de la ciudad

B 3 OBSERVACIONES

■ Gramática

● Cuadro de contracciones entre preposiciones y artículos:

	il	lo	l'	la	i	gli	le
a	**al**	**allo**	**all'**	**alla**	**ai**	**agli**	**alle**
di	**del**	**dello**	**dell'**	**della**	**dei**	**degli**	**delle**
da	**dal**	**dallo**	**dall'**	**dalla**	**dai**	**dagli**	**dalle**
in	**nel**	**nello**	**nell'**	**nella**	**nei**	**negli**	**nelle**
su	**sul**	**sullo**	**sull'**	**sulla**	**sui**	**sugli**	**sulle**
(1)con	**col**	**collo**	**coll'**	**colla**	**coi**	**cogli**	**colle**

(1) contracción optativa

■ **Di** se usa para indicar:

● un complemento de sustantivo: **la città di Roma** *(la ciudad de Roma).*

● el autor de una obra: **di chi è questo romanzo?** *(¿de quién es esta novela?).*

● la posesión: **di chi è questo libro?** *(¿de quién es este libro?).*

■ Algunos plurales irregulares:

l'uomo	*(el hombre)*	**gli oumini**	*(los hombres)*
l'uovo	*(el huevo)*	**le uova**	*(los huevos)*
il paio	*(el par)*	**le paia**	*(los pares)*
il centinaio	*(la centena)*	**le centinaia**	*(las centenas)*
il bue	*(el buey)*	**i buoi**	*(los bueyes)*

B 4 TRADUCCIÓN

1. — El desfile del 2 de junio conmemora la proclamación de la República italiana.
2. — En la manifestación participan las fuerzas del orden y los policías.
3. — Hay también unidades del ejercito con tanques y de la aviación con aviones.
4. — Las aviones pasan sobre las cabezas de los espectadores, en el centro de la ciudad, en el cielo de Roma.
5. — ¿Vamos a la manifestación?
6. — ¿En taxi o en tranvía?
7. — Hoy el tranvía no pasa por el centro de la ciudad. Vayamos en taxi.

18 Ejercicios

C 1 EJERCICIOS

A. Traducir:

1. ¿De dónde vienes?
2. Vengo de Roma. Llego del aeropuerto "Leonardo da Vinci".
3. El viaje en avión es diferente del viaje en tren.
4. ¿Por qué Leonardo se llama "da Vinci"?
5. ¡Porque nació en Vinci! No está lejos de Florencia.
6. ¿Usted pasó por Florencia?
7. No sé: desde el avión no se ve casi nada.

B. Reemplazar los puntos suspensivos por "di, del..." o **"da, dal...":**

1. ...dove viene?
2. Vengo ... Roma, ... centro ... città.
3. ... più di quarant' anni, il 2 giugno l'Italia commemora la proclamazione ... Repubblica.
4. Un francobollo ... cinquecento lire, per favore.
5. L'entrata ... metropolitana non è lontana ... qui.
6. ... quanto tempo (Lei) è a Roma?
7. La cucina italiana è molto diversa ... quella francese.

C 2 LENGUA Y USOS CULTURALES

■ En Italia los días festivos son:

● Feriados civiles

— 1° de enero	(Año nuevo) (**Capodanno**);
— 25 de abril	(aniversario de la liberación de Italia, 25 de abril de 1945);
— 1° de mayo	(Día del trabajo);
— 2 de junio	(aniversario de la proclamación de la República italiana como resultado del plebiscito del 2 de junio de 1946);
— 4 de noviembre	(aniversario del armisticio de la Primera Guerra Mundial).

Las dos últimas fiestas se celebran el domingo siguiente a la fecha indicada.

● Festividades religiosas

— *6 de enero*	(Epifanía, Día de reyes) (**Epifania**);
— *15 de agosto*	(Asunción) (**Assunzione**);
— *1° de noviembre*	(Día de todos los santos) (**Ognissanti**);
— *8 de diciembre*	(Inmaculada Concepción) (**Immacolata Concezione**);
— *25 de diciembre*	(Navidad) (**Natale**).

Ejercicios

C 3 HOJA DE RESPUESTAS

A. Traducir:

1. Di dove vieni?
2. Vengo da Roma. Arrivo dall'aeroporto "Leonardo da Vinci".
3. Il viaggio in aereo è diverso dal viaggio in treno.
4. Perché Leonardo si schiama "da Vinci"?
5. Perché è nato a Vinci! Non è lontano da Firenze.
6. (Lei) è passato da Firenze?
7. Non so: dall'aereo non si vede quasi nulla.

B. Remplazar los puntos suspensivos por "di, del..." o "da, dall...":

1. Di dove viene?
2. Vengo da Roma, dal centro della città.
3. Da più di quarant' anni, il 2 giugno l'Italia commemora la proclamazione della Repubblica.
4. Un francobollo da cinquecento lire, per favore.
5. L'entrata della metropolitana non è lontana da qui.
6. Da quanto tempo (Lei) è a Roma?
7. La cucina italiana è molto diversa da quella francese.

C 4 [• •] VOCABULARIO

• I mesi dell'anno *Los meses del año*

gennaio	*enero*	**luglio**	*julio*
febbraio	*febrero*	**agosto**	*agosto*
marzo	*marzo*	**settembre**	*septiembre*
aprile	*abril*	**ottobre**	*octubre*
maggio	*mayo*	**novembre**	*noviembre*
giugno	*junio*	**dicembre**	*diciembre*

• Le centinaia *Las centenas*

cento	*cien*	**seicento**	*seiscientos*
duecento	*doscientos*	**settecento**	*setecientos*
trecento	*trescientos*	**ottocento**	*ochocientos*
quattrocento	*cuatrocientos*	**novecento**	*novecientos*
cinquecento	*quinientos*		

19 Non ti sei fermato al rosso!

A 1 PRESENTACIÓN

● Participio pasado de los verbos regulares: **parl-are parl-ato** *(hablado)* **—ripet-ere ripet-uto** *(repetido)* **—part-ire part-ito** *(partido).*

fischiare [fis**kiá**re]	*silvar*
fermarsi al rosso	*detenerse con la luz roja del semáforo*
impossibile	*imposible*
attraversare	*cruzar*
il passaggio pedonale	*el paso peatonal*
mi dispiace	*lo siento*
guardare	*mirar*
il semaforo	*el semáforo*
accettare	*aceptar*
basta!	*basta*
il conducente	*el conductor*
pericoloso	*peligroso*
dimenticare	*olvidar*
mettere la freccia [**me**ttere]	*encender las direccionales*
girare a sinistra	*dar vuelta a la izquierda*
girare a destra	*dar vuelta a la derecha*
chidere scusa [**kie**dere]	*pedir disculpas /pedir perdón*
bisogna	*es necesario / se requiere / hay que*
indicare la direzione	*indicar la dirección*

A 2 [• •] APLICACIÓN

1. — **Il vigile ha fischiato!**
2. — **Perché?**
3. — **Non ti sei fermato al rosso!**
4. — **E' impossibile! Ho attraversato il passaggio pedonale col verde.**
5. — **Mi dispiace, caro. Ho guardato bene il semaforo, io! Non ti sei neanche fermato. Sei spericolato. Perché hai accettato di andare a quell'appuntamento? Te l'ho detto, ieri, di non andarci. Non mi ascolti mai.**
6. — **Basta! Calmati! Ecco il vigile.**
7. — **Buona sera. Lei è un conducente pericoloso. Ha dimenticato di mettere la freccia per girare a sinistra.**
8. — **Chiedo scusa. Ma non c'è nessuno.**
9. — **Anche se non c'è nessuno, bisogna indicare la direzione. Per oggi può andare. Arrivederci.**
10. — **Grazie. E' stato gentile con me. Arrivederci.**

19 ¡No te detuviste en el semáforo!

A 3 OBSERVACIONES

■ Gramática

● El **passato prossimo**, *antepresente*, se forma con el presente de los auxiliares **essere** o **avere**, seguido por el participio pasado.

● El pretérito perfecto de **essere** es:

sono stato	**siamo stati**
sei stato	**siete stati**
è stato	**sono stati**

● Participio pasado de los verbos auxiliares y de algunos verbos irregulares: **essere** *(ser)* **stato**; **avere** *(haber, tener)* **avuto**; **fare** *(hacer)* **fatto**; **dire** *(decir)* **detto**.

● Cuando el verbo se conjuga con el auxiliar **essere**, el participio pasado debe concordar en género y número con el sujeto:
Ej.: **siamo state contente** *estuvimos contentas / hemos estado contentas*

● Con el auxiliar **avere** el participio pasado es invariable como en español; excepto en los casos en que el complemento directo se expresa por medio de un pronombre personal que precede al verbo.
Ej.: l'abbiamo chiama**ta** *le llamamos / le hemos llamado.*
Pero se debe decir: Abbiamo chiamat**o** Maria: *llamamos a María / hemos llamado a María.*

● **Non c'è nessuno** *no hay nadie*

A 4 TRADUCCIÓN

1. — ¡El agente de tránsito silbó!
2. — ¿Por qué?
3. — ¡No te detuviste con la luz roja del semáforo?
4. — ¡Imposible! Cruce el paso peatonal con luz verde.
5. — Lo siento, querido. ¡Yo miré bien el semáforo! Ni siquiera te detuviste. Eres un imprudente. ¿Por qué aceptaste ir a esa cita? Te dije ayer que no fueras. No me escuchas nunca.
6. — ¡Basta, cálmate! ¡Cálmate! Aquí está el agente.
7. — Buenas tardes. Usted es un conductor peligroso. Olvidó encender su direccional para dar vuelta a la izquierda.
8. — Discúlpeme. No había nadie.
9. — Aunque no haya nadie, hay que indicar la dirección. Por esta vez puede irse. Adiós.
10. — Gracias. Ha sido amable conmigo. Hasta luego.

19 La macchina non è stata riparata bene

B 1 PRESENTACIÓN

• La voz pasiva se construye mediante el auxiliar **essere** + el participio pasado del verbo:

Ej.: **la fattura è pagata** *la factura se pagó*
la fattura è stata pagata *la factura ha sido pagada*

• Si es el caso, después de un verbo en voz pasiva, se usa la preposición **da** + el artículo para introducir el complemento agente:

Ej.: **la fattura è pagata dal cliente**
la factura es pagada por el cliente

il colmo	*el colmo*
salato	*salado*
riparare	*reparar*
provare	*probar*
prima di	*antes de*
testualmente	*textualmente*
la fuoriserie	*el modelo especial (de auto)*
una macchina coi fiocchi	*un auto muy bueno/formidable*
l'età	*la edad*
spiritoso	*chistoso, gracioso*
no?	*¿no?*
essere nei guai	*estar en problemas*

B 1 [• •] APLICACIÓN

1. — **Hai spento il motore?**
2. — **No, è il motore che si è spento da solo.**
3. — **Ma non l'hai portata ieri dal meccanico, la macchina?**
4. — **Certo; e questo è il colmo, appunto. Ho pagato una fattura salata e la macchina non è stata riparata bene.**
5. — **E' stata provata dal meccanico prima di prenderla?**
6. — **Mi ha detto testualmente: hai una fuoriseri. E' una macchina coi fiochi per l'età che ha.**
7. — **Spiritoso quel tuo meccanico, no?**
8. — **Spiritoso o non spiritoso, adesso siamo nei guai!**

B 3 OBSERVACIONES

Gramática

• **Quello** es la otra forma del demostrativo (ver 11, B3):

questo meccanico	*este* mecánico
quel meccanico	*aquel* mecánico

• El adjetivo demostrativo se ajusta el sustantivo que precede, conforme lo hace el artículo determinado correspondiente:

il (giorno)	**quel** giorno	*aquel* día
la (ragazza)	**quella** ragazza	*aquella* muchacha
l' (appuntamento)	**quell'**appuntamento	*aquella* cita
lo (spettacolo)	**quello** spettacolo	*aquel* espectáculo
i (giorni)	**quei** giorni	*aquellos* días
le (sedute)	**quelle** sedute	*aquellas* sesiones
gli (strapuntini)	**quegli** strapuntini	*aquellos* asientos plegables
		aquellas butacas

• El participio pasado de **spegnere** *(apagar, detener)* es **spento:**
il motore si è spento da solo *(el motor se detuvo solo).*

• El participio pasado de **mettere** *(poner)* es **messo:**
ha messo la freccia *(ha encendido la direccional).*

B 4 TRADUCCIÓN

1. — ¿Apagaste el motor?
2. — No, el motor se detuvo solo.
3. — ¿Pero no llevaste ayer tu automóvil al mecánico?
4. — Claro, y esto es el colmo. Pagué una cuenta muy alta y no repararon bien el automóvil.
5. — ¿Lo probó el mecánico antes de entregarlo?
6. — Me dijo textualmente: tienes un automóvil formidable. Está en excelentes condiciones para los años que tiene.
7. — Chistoso tu mecánico, ¿no?
8. — ¡Chistoso o no chistoso ahora estamos en problemas!

19 Ejercicios

C 1 EJERCICIOS

A. Emplear la forma correcta del demostrativo quello **en singular y después en plural:**

1. ... spericolato.
2. ... vigile.
3. ... macchina.
4. ... motore.
5. ... appuntamento.

B. Responder (con referencia al diálogo A2):

1. Chi ha fischiato?
2. Perché ha fischiato?
3. Quali sono i colori citati nel dialogo?
4. Perché il conducente è pericoloso?
5. Che cosa gli ha detto il vigile?

C. Traducir y llevar al plural:

1. la repararon / la han reparado.
2. lo detuvieron / lo han detenido.
3. le pagaron / le han pagado.
4. me pagaron (en masculino y femenino) / me han pagado.

C 2 VOCABULARIO

• **Eco-intervista**

1. Domanda: Come va il prezzo della carne, del pesce e del *sale?*

Riposta: *sale... sale... sale...*

2. Domanda: E il mercato dell'*insalata?*

Riposta: *salata... salata...*

3. Domanda: Che ne pensa della *Ti-Vù?*

Riposta: *Uh... Uh... Uh...*

4. Domanda: E dei programmi della *RAI?*

Riposta: *Ahi... Ahi... Ahi...*

Entrevista con el eco

1. Pregunta — ¿Cómo está el precio de la carne, del pescado y de la sal?

Respuesta: Sube... sube... sube...

2. Pregunta— ¿Y el precio de la ensalada?

Respuesta: caro.. caro..

3. Pregunta— ¿Qué piensa la TV?

Respuesta: Eh... eh... eh...

4. Pregunta— ¿Y de los programas de la RAI (la radiotelevisión italiana)?

Respuesta: ¡ay!... ¡ay!... ¡ay!...

Ejercicios

C 3 HOJA DE RESPUESTAS

A. Emplear la forma correcta del demostrativo quello **y pasar al plural:**

1. Quello...; quegli...
2. Quel...; quei...
3. Quella...; quelle...
4. Quel...; quei...
5. Quell'...; quegli...

B. Responder (con referencia al diálogo A2):

1. Ha fischiato il vigile.
2. Perché il conducente non ha messo la freccia.
3. I colori citati sono il rosso e il verde.
4. Perché ha dimenticato di mettere la freccia per girare a sinistra.
5. Gli ha detto che può andare.

C. Traducir y llevar al plural:

1. E' stata riparata; sono state riparate.
2. E' stato fermato; sono stati fermati.
3. E' stato spento; sono stati spenti.
4. Sono stato pagato, sono stata pagata; siamo stati pagati, siamo state pagate.

C 4 VOCABULARIO Y OBSERVACIONES

• Una expresión que debe recordar: **pericolo** [pe**ri**kolo] di...*(peligro de)*. Compárela con **spericolato** *(imprudente porque no mide el peligro)*, y con la indicación que se lee en las ventanillas de los vagones del tren: **è pericoloso sporgersi...** *(es peligroso asomarse)*.

• Si bien todo hispanohablante se siente en un país amigo cuando llega a Italia, se da cuenta en seguida de que el idioma italiano le presenta, si quiere aprenderlo, un número considerable de "falsos amigos". En esta lección se ofrecen algunos ejemplos: **guardare** significa *mirar*. El verbo *guardar* es **serbare** y **custodire** en italiano. **Salire** significa *subir*. El verbo *salir*, corresponde en italiano a **uscire.** Del mismo modo, el sustantivo **salita** significa en español *la subida*, mientras *la salida* es **l'uscita** en italiano.
A los hispanohablantes les parece gracioso que **il burro** sea *la mantequilla*. Por otro lado, uno debe acostumbrarse, a que **largo** sea *ancho*, mientras **lungo** es *largo*.

20 Dove si può pranzare o cenare?

A 1 PRESENTACIÓN

■ *Se* = **si.** **Dove si può pranzare?** *(¿dónde se puede almorzar?)*

- **Quel che** *aquel que, aquello, lo que, ese*
  Quello che *el que, aquel que, lo que, aquello que, aquel, ese*

■ Presente indicativo de **bere** *(beber)*: **bevo, bevi, beve, beviamo, bevete, bevono** [**be**vono].

il pasto		*la comida*
il pranzo		*el almuerzo*
la merenda		*la merienda*
il vino, il bicchiere		*el vino, el vaso*
oppure		*o bien*
la bottiglia		*la botella*
la tazza da caffè		*la taza de café*
bere a piccoli sorsi		*beber a pequeños sorbos*
la mancia	[**man**cha]	*la propina*
pranzare, cenare		*almorzar, cenar*
spendere	[**spen**dere]	*gastar*
la cannuccia	[kan**nu**cha]	*la pajilla*

A 2 • • APLICACIÓN

1. **Come si chiama il pasto che si fa a mezzogiorno?**
   Si chiama pranzo.
2. **A che ora si fa la merenda?**
   Alle cinque.
3. **Come si beve il vino?**
   Si beve col bicchiere.
4. **Come si beve l'aranciata?**
   Come il vino oppure con la cannuccia o alla bottiglia.
5. **Dove si beve il caffè?**
   Il caffè si beve a casa o al bar, in una tazza da caffè.
6. **Come si beve il caffè?**
   Si beve a piccoli sorsi.
7. **Si dà la mancia al bar?**
   Dipende dal bar e dal cliente.
8. **Dove si può pranzare o cenare?**
   Si può pranzare o cenare al ristorante, nelle trattorie o nelle osterie.
9. **Vi si mangia bene?**
   Dipende da quel che si spende!

¿Dónde se puede almorzar o cenar?

A 3 OBSERVACIONES

■ La forma impersonal italiana **si** corresponde en español a la forma impersonal **se**:

Ej.: Qui **si** parla italiano *aquí* se *habla italiano*
Come si chiama il pasto che si fa a mezzogiorno?
¿Cómo se llama la comida que se hace a mediodía?

■ **Vi** y **ci** se emplean indistintamente para expresar *allí, allá, en ese lugar.*

Ej.: —Non posso andar**ci**
—Non posso andar**vi** *(no puedo ir allí / a ese lugar)*

● Después de **dipende** se usa la preposición **da**, que en este caso expresa origen (ver 18, A3).

Nota: En realidad, **vi** y **ci** no tienen un equivalente exacto en español; pero en italiano su uso es obligatorio.

Ej.: **Vi si mangia bene.** *(en ese lugar / allí)* se come bien.

A 4 TRADUCCIÓN

1. ¿Cómo se llama la comida que se hace a mediodía?
   Se llama almuerzo.
2. ¿A qué hora se merienda?
   A las cinco.
3. ¿Cómo se bebe el vino?
   Se bebe en vaso.
4. ¿Cómo se bebe la naranjada?
   Como el vino, o bien con pajilla o en la botella.
5. ¿Dónde se toma el café?
   El café se toma en casa o en una cafetería, en una taza de café.
6. ¿Cómo se bebe el café?
   Se bebe a pequeños sorbos.
7. ¿Se da propina en la cafetería?
   Depende de la cafetería y del cliente.
8. ¿Dónde se puede almorzar o cenar?
   Se puede almorzar o cenar en un restaurante, en posadas u hosterías.
9. ¿Se come bien (allí)?
   Depende de lo que se gaste (de cuanto se gaste).

20 Gli spaghetti si mangiano con la forchetta

B 1 PRESENTACIÓN

• En italiano, al igual que en español, cuando el sujeto está en plural, el verbo también lo está:

Ej.: *se comen los espaguetis* — **si mangiano gli spaghetti**

(↑ *espaguetis*: sujeto en español; ↑ **spaghetti**: sujeto en italiano)

• **Solo** *solo* es adjetivo.
Soltanto *solamente* es adverbio.
Pero **solo** a menudo cumple función de adverbio.

• Participio pasado de **mettere** [**met**tere] *(poner, colocar)*: **messo.**

il coltello		*el cuchillo*
la forchetta	[for**ket**ta]	*el tenedor*
il cucchiaio		*la cuchara*
la posata		*el cubierto*
il cuchiaino		*la cucharita*
il piatto		*el plato*
la pasta al forno		*la pasta al horno (gratín)*
certo		*claro, ciertamente, cierto*

B 2 • • APLICACIÓN

1. **Come si chiamano i coltelli, le forchette, i cucchiai messi insieme?**
   Si chiamano posate.
2. **Dove si mettono le posate?**
   Il cucchiaino si mette davanti al bicchiere; il coltello e il cucchiaio a destra del piatto; la forchetta a sinistra.
3. **Come si mangia la pasta al forno?**
   Con la forchetta e col cucchiaio.
4. **E gli spaghetti? Si mangiano con la forchetta e il cucchiaio?**
   No, gli spaghetti si mangiano con la sola forchetta.
5. **Come! E' impossibile mangiare gli spaghetti soltanto con la forchetta.**
   Non è impossibile. E' difficile, certo; ma in Italia si mangiano così.

B 3 OBSERVACIONES

■ Gramática

• Observe:

si parla italiano	*se* habla italiano
se si parla italiano	*si se* habla italiano
capisco bene	*entiendo bien*

la forma impersonal **si** del italiano corresponde a la forma *se* del español, y la conjunción condicional italiana **se** es equivalente en español a *si*.

• **Ottimo** [**ot**timo] = *muy bueno, buenísimo, exquisito, óptimo.*
Ej.: **Vi si mangiano ottimi spaghetti.**
(en ese lugar) se comen espaguetis exquisitos.

B 4 TRADUCCIÓN

1. ¿Cómo se llaman los cuchillos, los tenedores, las cucharas en conjunto?
   Se llaman cubiertos.
2. ¿Dónde se ponen los cubiertos?
   La cucharita se coloca delante del vaso; el cuchillo y la cuchara a la derecha del plato; el tenedor a la izquierda.
3. ¿Cómo se come la pasta al horno?
   Con el tenedor y la cuchara.
4. ¿Y los espaguetis? ¿Se comen con con el tenedor y la cuchara?
   No, los espaguetis se comen sólo con el tenedor.
5. ¡Qué! Es imposible comer los espaguetis sólo con el tenedor.
   No es imposible. Es difícil, claro; pero en Italia se comen así.

20 Ejercicios

C 1 EJERCICIOS

A. Reemplazar las expresiones personales por *si:*

1. Come mangiano gli spaghetti?
2. Dove possiamo pranzare?
3. Bevi il vino con una cannuccia?
4. Dipende da quel che spendiamo.

B. [• •] Traducir:

1. A mediodía no se toma café.
2. ¿Se come bien en este restaurante?
3. Sí, pero depende.
4. ¿De qué depende?
5. De lo que se gaste.
6. (Allí) se come bien.

C. Según el modelo: *si mangia…, non si mangia…*; llevar a la forma negativa las frases siguientes:

1. Si beve il vino con una cannuccia.
2. Si dà la mancia in tutti i bar.
3. In questa osteria, vi si mangia bene.
4. Si mangiano gli spaghetti col cucchiaio.
5. E' difficile fare cosi.

C 2 USOS CULTURALES

■ **Qualche proverbio**	*Algunos proverbios*
— **Sapere quel che bolle in pentola** [**pen**tola].	*Saber qué hierve en la olla. / Saber qué se trae alguien entre manos.*
— **Cascar dalla padella nella brace.**	*Caer de la sartén al fuego.*
— **Le acque quete rovinano** [ro**vi**nano] **i ponti.**	*Las aguas tranquilas arruinan los puentes. / Las apariencias engañan.*
— **Dal dire al fare c'è di mezzo il mare.**	*Del dicho al hecho está el mar de por medio. / Del dicho al hecho hay mucho trecho.*
— **Mettersi** [**met**tersi] **nei panni di uno.**	*Ponerse en el lugar de otro.*
— **Farsi bello del sol di luglio.**	*Adornarse con el sol de julio. / Hacer caravana con sombrero ajeno.*
— **Tutte le strade portano** [**por**tano] **a Roma.**	*Todos los caminos llevan a Roma.*

Ejercicios

C 3 HOJA DE RESPUESTAS

A. Reemplazar las expresiones personales por *si:*

1. Come si mangiano gli spaghetti?
2. Dove si può pranzare?
3. Si beve il vino con una cannuccia?
4. Dipende da quel che si spende.

B. [• •] Traducir:

1. A mezzogiorno non si beve il caffè.
2. Si mangia bene in questo ristorante?
3. Sì, ma dipendi.
4. Dipende da che cosa?
5. Da quel che si spende.
6. Vi si mangia bene.

C. Llevar a la forma negativa:

1. Non si beve...
2. Non si dà...
3. ... non vi si mangia...
4. Non si mangiano...
5. Non è difficile...

C 4 OBSERVACIONES

■ Preste atención a la concordancia con el sujeto:

— **c'è un libro**	*bay un libro*
ci sono due libri	*bay dos libros*
— **mi piace il cinema**	*me gusta el cine*
mi piacciono gli spaghetti	*me gustan los espaguetis*
— **ci vuole molta esperienza**	*se necesita mucba experiencia*
ci vogliono molti soldi	*se necesita mucbo dinero*
— **si vede il mare**	*se ve el mar*
si vedono le montagne	*se ven las montañas*

■ El empleo frecuente de la forma **si** se encuentra en algunas expresiones singulares. Por ejemplo, en los anuncios clasificados de los periódicos, bajo el rubro "departamentos en alquiler" se puede leer **"affittasi"**[1] o **"affitansi"**. Este término se descompone de la siguiente forma: "**si affitta** un appartamento" (*se alquila un departamento*), "**si affittano** due camere" *(se alquilan dos babitaciones*). **Affitasi y affitansi** no son más que dos formas antiguas (con el **si** impersonal colocado detrás del verbo) que permiten a quienes contratan el anuncio pagar por una palabra y no por dos.

1 Pronunciar: [af-**fit**-tasi] y [af-**fit**-tansi].

21 Roma è più antica di Venezia

A 1 PRESENTACIÓN

■ Gramática

- Observe las diferentes formas del comparativo italiano:

superioridad	**più... di...**	*más... que...*
inferioridad	**meno... di...**	*menos... que...*
igualdad	**così... come...**	*tan... como...*

antico		*antiguo*
Venezia	[Ve**net**sia]	*Venecia*
popolato		*poblado*
Napoli		*Nápoles*
la Toscana		*Toscana*
grande		*grande*
l'Umbria		*Umbría*
Michelangelo	[mike**lan**yelo]	*Miguel Ángel*
famoso		*famoso*
Giotto	[**yot**to]	*Giotto*
esteso		*extenso*
la Francia		*Francia*
la cucina		*la cocina*
rinomato		*renombrado, famoso*
caldo		*cálido, caluroso*

A 1 [• •] APLICACIÓN

1. **Roma è più antica di Venezia.**
2. **Milano è più popolata di Torino.**
3. **Napoli è meno ricca di Milano.**
4. **La Toscana è più grande dell'Umbria.**
5. **Michelangelo è più famoso di Giotto.**
6. **Leonardo da Vinci è (così) celebre come Michelangelo.**
7. **L'Italia è meno estesa della Francia.**
8. **Roma è più calda di Milano.**
9. **La cucina italiana è rinomata come quella francese.**
10. **Le autostrade italiane sono meno care delle autostrade francesi.**

21 Roma es más antigua que Venecia

A 3 OBSERVACIONES

Gramática

- El comparativo se expresa de la siguiente manera:

Pietro è	**più** *más* **meno** *menos*	intelligente	**di** *que*	Paolo
	così *tan*		**come** *como*	

- La comparación se hace entre dos términos (personas o cosas) con relación a una misma cualidad. Los términos comparados pueden ser un sustantivo o un pronombre.
- Para el comparativo de igualdad:

Ej.: **Firenze è così bella come Venezia.**
Florencia es tan bella como Venecia.

en italiano se puede suprimir el primero de los dos términos comparativos:

Ej.: **Firenze è bella come Venezia.**
Florencia es tan bella como Venecia.

A 4 TRADUCCIÓN

1. Roma es más antigua que Venecia.
2. Milán está más poblada que Turín.
3. Nápoles es menos rica que Milán.
4. Toscana es más grande que Umbría.
5. Miguel Ángel es más famoso que Giotto.
6. Leonardo da Vinci es tan célebre como Miguel Ángel.
7. Italia es menos extensa que Francia.
8. Roma es más calurosa que Milán.
9. La cocina italiana es tan renombrada como la francesa.
10. Las autopistas italianas son menos caras que las francesas.

21 E' più facile dire che fare

B 1 PRESENTACIÓN

■ En italiano, los comparativos de superioridad, de igualdad y de inferioridad se expresan, en algunos casos de manera un tanto diferente:

superioridad	**più... che...**	*más... que*
inferioridad	**meno... che...**	*menos... que*
igualdad	**tanto... quanto**	*tan... como*

Ej.: **E' più facile** [**fa**chile] **dire che fare.**
Es más fácil decir que hacer.

Roma è tanto bella quanto ricca.
Roma es tan bella como rica.

il paese	*el país*
la Costituzione	*la Constitución*
attribuire	*atribuir*
la Camera dei deputati	*la Cámara de Diputados*
il potere	*el poder*
il Senato	*el Senado*
la costa (adriatica, tirrena)	*la costa (adriática, tirrena)*

B 2 [• •] APLICACIÓN

1. **E' più facile dire che fare.**
2. **A Roma fa più caldo che a Milano.**
3. **Roma è più antica di Torino.**
4. **In Italia ci sono più monumenti che in Argentina.**
5. **Mi piace andare meno nei paesi freddi che nei paesi caldi.**
6. **Roma è più antica che ricca.**
7. **La Costituzione italiana attribuisce alla Camera dei deputati tanti poteri quanti (ne attribuisce) al Senato.**
8. **La Roma barocca è cosi bella come la Roma antica.**
9. **Vado meno volentieri al cinema che a teatro.**
10. **La costa adriatica è tanto bella quanto lunga.**

B 3 OBSERVACIONES

Gramática

• Se emplea **più... che, meno... che, tanto... quanto** cuando se comparan dos cualidades de una misma persona o de una misma cosa. Se puede decir que los términos que en estos casos se comparan no son ni sustantivos ni pronombres:

Ej.:	**E' più facile dire che fare.** *Es más fácil decir que hacer.*	comparación entre dos verbos
	E' più lungo che largo. *Es más largo que ancho.*	comparación entre dos adjetivos
	E' meglio tardi che mai. *Es mejor tarde que nunca.*	comparación entre dos adverbios

• Se utilizan igualmente **più... che, meno... che** cuando los términos comparados son sustantivos o pronombres y están precedidos por una preposición:

	E' più attento a te che a me. *Te presta más atención a ti que a mí.*	comparación entre dos pronombres

Cuando **tanto... quanto** se emplea con sustantivos, éstos se comportan como adjetivos y por lo tanto deben concordar en género y número:

Ej.: **Ho visitato tante chiese quanti palazzi.**
He visitado tantas iglesias como palacios.

B 4 TRADUCCIÓN

1. Es más fácil decir que hacer.
2. En Roma hace más calor que en Milán.
3. Roma es más antigua que Turín.
4. En Italia hay más monumentos que en Argentina.
5. Me gusta menos ir a los países fríos que a los países cálidos.
6. Roma es más antigua que rica.
7. La Constitución italiana atribuye a la Cámara de Diputados tantos poderes como (le atribuye) al Senado.
8. La Roma del barroco es tan bella como la Roma antigua.
9. Voy con menos gusto al cine que al teatro.
10. La costa adriática es tan bella como larga.

21 Ejercicios

C 1 EJERCICIOS

A. Completar con "di", "del", etc., o "come", "quanto":

1. L'Umb a non è così g nde ... la Toscana.
2. C'è tanta gente in città ... al mare.
3. La Lombardia è più ricca ... Sicilia.
4. La cucina italiana è così buona ... quella francese.

B. Completar con "di" o "che":

1. Si mangiano più spaghetti in Italia ... in Francia.
2. I gelati italiani sono più gustosi ... quelli francesi.
3. Oggi fa più caldo ... ieri.
4. Ci sono più turisti stranieri ... turisti italiani.
5. Venezia è meno popolata ... Torino.
6. In una trattoria si mangiano pasti più tipici ... in un ristorante.

C. Traducir:

1. Muchas ciudades italianas son más antiguas que las ciudades latinoamericanas.
2. Comer bien los espaguetis es mucho menos difícil para un italiano que para un americano.
3. Umbría es menos extensa que Toscana, pero tiene muchas ciudades célebres.

C 2 USOS CULTURALES

■ Roma

● Es la ciudad más poblada de Italia (casi tres millones de habitantes). Contaba con 210 000 habitantes en 1871, cuando fue declarada capital de Italia (Turín lo había sido de 1861 a 1864, y Florencia de 1864 a 1871).

● Son sus emblemas la loba romana, y la antigua sentencia republicana: **S.P.Q.R.** (**Senatus Populusque Romanus:** *el Senado y el pueblo romano*), que cada quien interpreta a su manera. Citamos la más común y a la vez la más decente: "**Sono Pazzi Questi Romani**" (están locos estos romanos).

21 Ejercicios

C 3 HOJA DE RESPUESTAS

A. Completar con "di", "del", etc., o "come", "quanto":

1. ... come ...
2. ... quanta ...
3. ... della ...
4. ... come ...

B. Completar con "di" o "che":

1. ... che ...
2. ... di ...
3. ... che ...
4. ... che ...
5. ... di ...
6. ... che ...

C. Traducir:

1. Molte città italiane sono più antiche delle città latinoamericane.
2. Mangiare bene gli spaghetti è molto meno difficile per un Italiano che per un Americano.
3. L'Umbria è meno estesa della Toscana, ma ha tante città celebri.

C 4 OBSERVACIONES

■ **Las ciudades italianas.** Son muy numerosas y grandes. La industrialización y el éxodo rural han acelerado el fenómeno de urbanización desde 1945.

A continuación se ofrece la lista de las ciudades más importantes, por su población y su evolución en el tiempo:

1770

1. Napoli (352 000 hab.)
2. Roma (158 000 hab.)
3. Palermo (140 000 hab.)
4. Venezia (140 000 hab.)
5. Milano (128 000 hab.)
6. Bologna, Genova, Firenze, Torino (de 70 000 a 80 000

1990

1. Roma (2 916 414 hab.)
2. Milano (1 495 260 hab.)
3. Napoli (1 204 211 hab.)
4. Torino (1 035 565 hab.)
5. Genova (727 427 hab.)
6. Palermo (723 732 hab.)
7. Bologna, Firenze, Catania Bari, Venezia, etc. (de 300 000 a 600 000 hab.)

La población italiana es de aproximadamente 57 500 000 habitantes.

22 A che cosa stai pensando?

A 1 PRESENTACIÓN

- El gerundio:

parl-are	ripet-ere	part-ire
parl-ando	ripet-endo	part-endo

- **Presente del indicativo de dire** *decir*:

dico, dici, dice, diciamo, dite, dicono [**di**kono]

la persona		*la persona*
la radio locale		*la radio local*
la festa popolare		*la fiesta popular*
il tempo		*el tiempo*
la serata		*la velada, la noche*
magnifico	[ma**ñi**fico]	*magnífico*
importante		*importante*
la folla		*la muchedumbre, la multitud*
enorme		*enorme*
dirigersi	[di**ri**yersi]	*dirigirse*
evitare		*evitar*
utile		*útil*

A 2 • • APLICACIÓN

1. — **Dove stanno andando tutte quelle persone?**
2. — **Alla radio locale hanno detto poco fa che c'è una grande festa popolare a Trastevere.**
3. — **Ci andiamo anche noi? Il tempo è bello e la serata è magnifica. Ehi, a che cosa stai pensando? Che cosa stanno dicendo di importante alla radio?**
4. — **Stanno ancora parlando della festa. Senti, senti:**
5. — **"Una folla enorme sta dirigendosi verso Trastevere. E'meglio evitare di andare in macchina."**
6. — **Vedi che ascoltando le radio libere si hanno molte informazioni utili.**

A 3 OBSERVACIONES

Gramática

- El gerundio se emplea:

a) Para indicar una acción que continúa en el tiempo.
La construcción es: **stare** + gerundio.
Ej.: **stanno dicendo** *están diciendo*

b) Para indicar una proposición temporal.
Ej.: **ascoltando (quando si ascolta) la radio, si hanno molte informazioni**
escuchando (cuando se escucha) la radio, se tienen muchas noticias

En el gerundio, las formas reflexivas se unen al verbo (como en el imperativo y en el infinitivo):
→ **dirigendosi** [diri**yen**dosi] *(dirigiéndose)*

- El pasado inmediato que en español se indica mediante la expresión *acabar de decir*, en italiano se expresa por medio de:
hanno detto poco fa, u **ora,** o **adesso;**
o bien **hanno appena detto.**

- **Radio** es invariable, como todas las palabras abreviadas:

la foto (grafia)	**le foto**	*las fotos*
il cinema (tografo)	**i cinema**	*los cines*

- Las formas interrogativas del español:
¿En quién piensas? **A chi pensi?**
¿En qué piensas? **A che cosa pensi?**
con sus respuestas correspondientes:
pienso en **penso a**
en italiano adoptan la preposición **a**.

A 4 TRADUCCIÓN

1. — ¿A dónde van (literalmente: a dónde están yendo) todas esas personas?
2. — Por la radio local acaban de anunciar que en Trastevere hay una gran fiesta popular.
3. — ¿Vamos (allá) también nosotros? El tiempo está lindo y la noche es magnífica. ¡Eh!, ¿en qué estás pensando? ¿Qué información importante están dando por la radio?
4. — Están hablando todavía de la fiesta. Escucha, escucha:
5. — "Una multitud enorme se dirige (se está dirigiendo) hacia Trastevere. Es mejor abstenerse de ir en automóvil."
6. — Ves que escuchando la radio privada se obtienen muchas noticias útiles.

22 Vendi quel bel taxi?

B 1 PRESENTACIÓN

- **Quello, bello, buono** siguen las mismas reglas que **il, lo** (ver B3).
- Los números ordinales:

primo	*primero*	**sesto**	*sexto*
secondo	*segundo*	**settimo** [**set**timo]	*séptimo*
terzo	*tercero*	**ottavo**	*octavo*
quarto	*cuarto*	**nono**	*noveno*
quinto	*quinto*	**decimo** [**de**chimo]	*décimo*

- **Ti ho detto or ora:** *Te acabo de decir.*
(otra forma de expresar el pasado inmediato se encuentra en A3).
- **Te lo dico:** *Te lo digo* (ver lección 14, B1).

andare a piedi *ir a pie*
lo stesso *lo mismo*
altrimenti *de otro modo*

B 2 • • APLICACIÓN

1. — **Vedi quel bel taxi?**
2. — **Perché?**
3. — **Chiamalo!**
4. — **Ma ti ho detto or ora che è meglio andare a piedi. E' la seconda volta che te lo dico. Guarda quanta gente, quante macchine!**
5. — **Prendiamo il tram allora.**
6. — **Ma è lo stesso. Dai, andiamo a piedi e sbrighiamoci! Altrimenti è meglio non pensarci più.**

B 3 OBSERVACIONES

Gramática

- **Questo studente** *este estudiante*
  quello studente *aquel estudiante*

- **quello** *ese, aquel* y los adjetivos **bello** *lindo* y **buono** *bueno* tienen diversas formas que siguen las mismas normas de uso que el artículo definido masculino:

a)	**il**	→	**quel, bel, buon**	
	i	→	**quei, bei, buoni**	
b)	**lo**	→	**quello, bello, buono**	
	gli	→	**quegli, begli, buoni**	
Ej.:	**il** giorno		**buon** giorno	*(buenos días)*
	il ragazzo		**quel** ragazzo	*(ese/aquel muchacho)*
	i ragazzi		**quei bei** ragazzi	*(esos/aquellos, guapos, muchachos)*
	lo studente		**quello** studente	*(ese/aquel estudiante)*
	i begli sguardi		**quei begli sguardi**	*(esas/aquellas hermosas miradas)*

- Los números ordinales (continuación): a partir del once, se suprime la última vocal de los números cardinales y se agrega el sufijo **-esimo:**

Ej.:	**undici** *once*	**undic-** (**i** suprimida),	**undic-esimo** *(sufijo agregado)*
	dodici *doce*	**dodic-** (**i** suprimida),	**dodic-esimo** *(sufijo agregado), etc.*

- Pronunciar: [**kia**malo] (B2), [**un**dichi], [**do**dichi], [undich**ez**imo], [dodich**ez**imo].

B 4 TRADUCCIÓN

1. — ¿Ves ese lindo taxi?
2. — ¿Por qué?
3. — ¡Llámalo!
4. — Pero te acabo de decir que es mejor ir a pie. Es la segunda vez que te lo digo. ¡Mira cuánta gente, cuántos automóviles!
5. — Tomemos el tranvía, entonces.
6. — Pero es lo mismo. ¡Anda!, vayamos a pie y apresurémonos. De lo contrario, es mejor olvidarnos (de eso).

22 Ejercicios

C 1 EJERCICIOS

A. Emplear las formas correctas y traducir:

1. (Quello) treno sta partendo.
2. Andiamo in (quello) scompartimento.
3. Qui ci sono (bello) monumenti.
4. Fa (bello) tempo oggi.
5. Che cosa stai facendo con (quello) tre foto?

B. [• •] Traducir empleando las expresiones idiomáticas correctas:

1. Acaban de decir por la radio que ...
2. Estos turistas vienen de París.
3. Acabo de decirte que Pedro acaba de llegar.
4. ¿De dónde vienes? ¿Qué vienes a hacer aquí?
5. Te lo acabo de decir.

C 2 USOS CULTURALES

Trastevere

• Trastevere [tras**te**vere], que significa "al otro lado del Tíber", es un barrio popular, habitado por pequeños comerciantes, con muchos talleres de artesanos y vendedores ambulantes.
Los "trasteverinos" han tenido siempre mala fama. Sin embargo, a Stendhal le parecía un barrio importante "porque —decía él— allí hay energía". En las noches de verano, los romanos y los turistas se sientan a la mesa en las plazas serenas de Trastevere y disfrutan de sabrosas cenas.
Este barrio ha atraído y atrae aún a numerosos artistas, poetas, pintores y directores de cine (con respecto a éstos, recordamos una de las últimas escenas de la película *Roma* de Fellini, que transcurre justamente en Trastevere).

C 3 HOJA DE RESPUESTAS

A. Emplear las formas correctas y traducir:

1. Quel ... — *Aquel tren está partiendo.*
2. ... quello ... — *Vayamos a aquel compartimiento.*
3. ... bei ... — *Aquí hay hermosos monumentos.*
4. ... bel ... — *Hoy es un lindo día.*
5. ... quelle ... — *¿Qué estás haciendo con esas tres fotos?*

B. [• •] Traducir empleando las expresiones idiomáticas correctas:

1. Hanno appena detto (detto poco fa) alla radio che...
2. Questi turisti vengono da Parigi.
3. Ti ho detto or ora che Pietro è appena arrivato.
4. Di dove vieni? Che cosa vieni a fare qui?
5. Te l'ho detto poco fa (or ora).

C 4 OBSERVACIONES

- Recuerde:

el artículo definido	bello	quello	buono
il	**bel**	**quel**	**buon**
i	**bei**	**quei**	**buoni**
lo	**bello**	**quello**	**buono**
gli	**begli**	**quegli**	**buoni**

- a) *el tren acaba de partir* **il treno è partito** { **ora, or ora** / **adesso, poco fa** }

  b) *el tren está partiendo* **il treno sta partendo**

  c) *el tren está por partir* **il treno parte ora, adesso, fra poco, (sta per partire)**

- **Sbrighiamoci!** [zbri**guia**mochi] **o é meglio non pensarci piú:**
  el **ci** de **sbrighiamoci** significa *nos* (apresurémonos);
  el **ci** de **pensarci** significa *en eso* o *en ello.*

Recuerde que en infinitivo, imperativo y gerundio las formas reflexivas se unen al verbo.

23 E' stata una trasmissione assai movimentata

A 1 PRESENTACIÓN

• He aquí las formas más corrientes del superlativo absoluto:

a) **sono molto contento**
b) **sono assai contento** *estoy muy contento*
c) **sono contentissimo** *estoy contentísimo*

• Presente del indicativo del verbo **dovere** *deber*

devo	**dobbiamo**
devi	**dovete**
deve	**devono** [**de**vono]

• Participio pasivo de **dovere**: **dovuto; vedere** *ver*: **veduto** o **visto**

il dibattito	*el debate*	**essere stufo**	*estar harto*
la televisione	*la televisión*	**la politica**	*la política*
il letto	*la cama*	**criticare**	*criticar*
presto	*temprano*	**il telegiornale**	*el noticiero*
prestissimo	*tempranísimo*	**interessare**	*interesar*
interessante	*interesante*	**sbagliare**	*equivocarse*
il protagonista	*el protagonista*	**nello stesso tempo**	*al mismo tiempo, a la vez*
cortese	*cortés*		
duro	*duro*		
la trasmissione	*la transmisión, el programa*	**il mezzo di comunicazione**	*el medio de comunicación*
movimentato	*movido*		
noioso	*aburrido*	**rarissimamente**	*rara vez*

A 2 [• •] APLICACIÓN

1. — **Hai visto il dibattito alla televisione ieri sera?**
2. — **Macché dibattito! Sono andato a letto prestissimo.**
3. — **E' stato interessantissimo. I due protagonisti sono stati molto cortesi e molto duri nello stesso tempo.**
   E' stata anche una trasmissione assai movimentata.
4. — **Non mi piace *Tribuna politica*. E' molto noiosa.**
5. — **Dipende. Non esagerare. So che sei stufo della politica, ma non per questo devi criticare le trasmissioni politiche.**
6. — **Non guardo neanche il telegiornale.**
7. — **Insomma la T.V. non ti interessa.**
8. — **No, sbagli. So che la televisione è un mezzo di comunicazione utilissimo. Ma la guardo rarissimamente.**

23 Ha sido una transmisión muy movida

A 3 OBSERVACIONES

■ Gramática

• Hay otras maneras de formar el superlativo absoluto; los italianos recurren a ellas a menudo porque les encanta resaltar cada una de sus expresiones.

a) Los adjetivos cortos se pueden repetir:
Ej.: **piano** *(lentamente)* **piano piano** *(lentísimamente).*

b) Pueden emplearse los prefijos **arci-** y **stra-:**
Ej.: **ricco** *(rico)* **arciricco** / **straricco** } *riquísimo*

• El superlativo absoluto de los adverbios se forma a partir del adjetivo:

a) Ej.: 1) el adjetivo **raro** más
2) el superlativo femenino del adjetivo: **rar-issima** *rarísima*, y
3) el sufijo **-mente**
rarissimamente *raramente*

b) Ej.: 1) el adjetivo **rara** más
2) el sufijo **-mente: rara-mente** y
3) anteponiendo **molto, assai:**
molto raramente / **assai raramente** } *raramente* = *rara vez*

• Pronunciar: [-**is**simo], [di**bat**tito].

A 4 TRADUCCIÓN

1. — ¿Viste el debate por televisión anoche?
2. — ¡De qué debate me hablas! Me fui a la cama tempranísimo.
3. — Fue muy interesante. Los dos protagonistas fueron muy corteses y muy duros a la vez. Ha sido también una transmisión muy movida.
4. — No me gusta *Tribuna política*. Es muy aburrida.
5. — Depende. No exageres. Sé que estás harto de la política, pero no por ello debes criticar los programas de política.
6. — No veo siquiera el noticiero.
7. — En fin, la T.V. no te interesa.
8. — No, te equivocas. Sé que la televisión es un medio de comunicación utilísimo, pero la veo rara vez.

23 E' la rete più diffusa

B 1 PRESENTACIÓN

- El superlativo relativo:

è il film più celebre
è il più celebre film } *es la película más famosa*

- **Affato:** — *completamente (en una frase afirmativa)*
  — *en absoluto (en una frase negativa:* **non... affatto***)*

la rete (il canale)	*la cadena (el canal)*
diffuso	*difusión*
invece	*al contrario, en cambio*
il programma	*el programa*
culturale	*cultural*
serio	*serio*
andare in onda	*transmitir, difundir, pasar*
privato	*privado*
la pubblicità	*la publicidad, la propaganda*

B 2 [• •] APLICACIÓN

1. — **Io preferisco la prima rete.
E' la rete più diffusa a più interessante.**
2. — **Io, invece, guardo la terza (rete), dove ci sono programmi culturali più seri e più lunghi.**
3. — **Qualche volta guardo anche la seconda rete dove vanno in onda i film italiani e stranieri più celebri.**
4. — **E le T.V. private, le guardi? Quali sono le migliori?**
5. — **Non mi interessano affatto. Le più serie sono anche quelle che fanno molta pubblicità.**

Es la cadena de mayor difusión

B 3 OBSERVACIONES

Gramática

- El superlativo relativo se forma con **il più** *el más*, **il meno** *el menos*.

Ej.: **è il film più celebre** / **è il più celebre film** } *es la película más famosa*

è la ragazza meno disponibile / **è la meno disponibile** } *es la chica menos disponible*

- Recuerde que **qualche** se emplea siempre en singular:

Ho comprato qualche libro *He comprado algunos libros.*
Ci sono andato qualche volta *He ido algunas veces.*

y que puede reemplazarse por **alcuni, alcune** en plural:

Ho comprato alcuni libri *He comprado algunos libros.*
Ci sono andato alcune volte *He ido algunas veces.*

- **Affatto** refuerza la afirmación o la negación.

Ej.: **Sono punti di vista affatto diversi** *Son puntos de vista completamente diferentes.*
La T.V. non m'interessa affatto *La televisión no me interesa en absoluto.*

B 4 TRADUCCIÓN

1. — Yo prefiero el canal uno.
Es el canal de mayor difusión y el más interesante.
2. — Yo, en cambio, veo el canal tres, donde hay programas culturales más serios y de mayor duración.
3. — Algunas veces veo también el canal dos, donde se transmiten las películas italianas y extranjeras más famosas.
4. — Y los canales privados, ¿los ves? ¿Cuáles son los mejores?
5. — No me interesan en absoluto. Los más serios son también los que pasan mucha publicidad.

23 Ejercicios

C 1 EJERCICIOS

A. Traducir en todas las formas posibles:

1. Estoy muy cansado.
2. Él es muy rico.
3. Es interesantísimo

B. Traducir:

1. No hay muchos programas (que sean) muy interesantes.
2. ¿Hay muchos canales privados en Italia?
3. ¿Cuáles son los canales de mayor difusión?
4. Esta película no me gusta en absoluto. Es bastante aburrida.

C. Traducir:

1. Ti piace questo film? No, è il film più noioso di quest'anno.
2. Non è un libro interessante; non mi piace affatto. Eppure, è il libro più celebre dell'anno!
3. E la terza rete, è assai diffusa? No, è la rete meno diffusa; eppure vanno in onda i programmi più interessanti e più seri.

C 2 VOCABULARIO

■ **Barzelleta**	*Chiste*
— Pronto? Casa Rossi?	*— ¡Hola! ¿Habló a casa de la familia Rossi?*
C'è il signor Rossi?	*¿Está el señor Rossi?*
— No, papà è fuori.	*— No, papá salió.*
— E la mamma?	*— ¿Y tu mamá?*
— Anche la mamma è fuori; sono andati al cinema ed io sono solo in casa con mia sorella.	*— Mamá también salió; fueron al cine y estoy solo en casa con mi hermana.*
— Allora passami tua sorella.	*— Entonces quiero hablar con tu hermana.*
Dopo un lungo silenzio, il bambino torna e dice:	*Después de un largo silencio, el niño regresa y dice:*
— Signore, mi dispiace, ma non posso passarle mia sorella: ho provato a tirarla fuori dalla culla, ma non ci riesco...	*— Señor, lo siento, pero no puedo comunicarlo con mi hermana he tratado de sacarla de la cuna, pero no lo logro...*

Ejercicios

C 3 HOJA DE RESPUESTAS

A. Traducir en todas las formas posibles:

1. Sono molto stanco, assai stanco, stanchissimo.
2. E' molto ricco, assai ricco, ricchissimo, straricco, arciricco.
3. E' molto interessante, assai interessante, interessantissimo.

B. Traducir:

1. Non ci sono molti programmi molto interessanti.
2. Ci sono molte reti private in Italia?
3. Quali sono le reti più ascoltate (diffuse)?
4. Non mi piace affatto questo film. E' abbastanza noioso.

C. Traducir:

1. ¿Te gusta esta película? No, es la más aburrida de este año.
2. El libro no es interesante; no me gusta en absoluto. ¡Sin embargo es el más famoso del año!
3. El canal tres, ¿es muy escuchado? No, es el de menos difusión; sin embargo, se transmiten los programas más interesantes y serios.

C 4 OBSERVACIONES

- Atención: **assai** en otros casos puede significar *bastante* o *suficiente:*

Ej.: **ho già visto assai** *ya vi suficiente*
ho già visto abbastanza *ya vi bastante*

- Recuerde, cuando el superlativo relativo va después del sustantivo que afecta, no es necesario usar el artículo indefinido:

Ej.: **la città, nella quale siamo, è la più grande d'Italia**
la ciudad en la que estamos es la más grande de Italia
siamo nella città più grande d'Italia
estamos en la ciudad más grande de Italia

- En italiano no se admite plural después de **qualche**:

Ej.: **ho visitato qualche museo** *he visto algunos museos*

- La palabra más larga del idioma italiano es **precipitevolissimevolmente**, *empinadísimamente.*

24 Non passerò dal centro

A 1 PRESENTACIÓN

- Futuro imperfecto:

Parl- **are**	Ripet- **are**	Part- **ire**
Parl- **erò** Parl- **erai** Parl- **erà** Parl- **eremo** Parl- **erete** Parl- **eranno**	Ripet- **erò** Ripet- **erai** Ripet- **erà** Ripet- **eremo** Ripet- **erete** Ripet- **eranno**	Part- **irò** Part- **irai** Part- **irà** Part- **iremo** Part- **irete** Part- **iranno**

- Plural de

ingorgo	*embotellamiento*	**ingorghi**
stanco	*cansado*	**stanchi**
stanca	*cansada*	**stanche**

- Atención: **passeremo dal centro**
  pasaremos por el centro

telefonare	*llamar, hablar por teléfono, telefonear*
il treno	*el tren*
trovare	*encontrar*
riposarsi	*descansar*
un momentino	*un momento*
autostrada	*autopista*

A 2 [• •] APLICACIÓN

1. — **Quando telefonerai al dottor Ferrari?**
2. — **Gli telefonerò quando arriveremo a casa.**
3. — **A che ora arriveremo?**
4. — **Non (arriveremo) prima delle otto. Arriveranno prima Gabriella e Piéro col treno.**
5. — **Perché? Troveremo molte macchine?**
6. — **No. Eviterò gli ingorghi. Non passerò dal centro. Ma ci riposeremo un momentino all'ultimo ristorante dell'autostrada. Così non arriveremo molto stanchi.**

A 3 OBSERVACIONES

■ El futuro se forma con:

la raíz del verbo +	la vocal característica del futuro +	r +	las desinencias
parl- **ripet-** **part-**	**-e-** **-e-** **-i-**	**-r-** **-r-** **-r-**	**-ò** **-ò** **-ò**

para los verbos de la primera conjugación, la vocal característica del futuro es la **-e-** y no la **-a-**.

● Las palabras masculinas terminadas en:
-co stanco *cansado*, **-go ingorgo** *embotellamiento*
conservan en general los sonidos duros [k] y [g] en plural. Pero las palabras femeninas terminadas en:
-ca stanca *cansada*, **-ga collega** *colega*
conservan siempre los sonidos duros [k] y [g] cuando van en plural:

stanco	**ingorgo**	**il collega**	**i colleghi**
stanca	**ingorghi**	**la collega**	**le colleghe**
stanchi			
stanche			

El sonido duro en el plural se logra introduciendo ortográficamente una "h" entre las consonantes "c" o "g" y la última vocal, de ese modo se conserva el sonido gutural.
Sin embargo, siempre hay numerosas excepciones:

Ej.:			
	il sindaco [**sin**dako]	*el alcalde/intendente*	**i sindaci**
	il medico	*el médico*	**i medici**
	l' amico	*el amigo*	**gli amici**

A 4 TRADUCCIÓN

1. — ¿Cuándo llamarás por teléfono al doctor Ferrari?
2. — Lo llamaré cuando lleguemos a casa.
3. — ¿A qué hora llegaremos?
4. — No (llegaremos) antes de las ocho. Antes llegarán Gabriela y Pedro en el tren.
5. — ¿Por qué? ¿Encontraremos muchos automóviles?
6. — No. Evitaré los embotellamientos. No pasaré por el centro. Pero descansaremos un momento en el último restaurante de la autopista. De ese modo no llegaremos muy cansados.

24 Se non riuscirò a dormire, leggerò un giallo

B 1 PRESENTACIÓN

- Futuro del verbo **essere**, *ser*:

sarò	**saremo**
sarai	**sarete**
sarà	**saranno**

- **Se non riuscirò a dormire, leggerò un giallo**
  Si no logro dormir, leeré una novela policiaca (ver C4)

il traffico	*el tránsito, el tráfico*
prudente	*prudente*
fare il pieno	*llenar el tanque (el depósito de combustible)*
trovare	*encontrar*
fresca (adj.)	*fresco, descansado*
il disco	*el disco*
benzina	*gasolina*
ascoltare	*escuchar*

B 2 [• •] APLICACIÓN

1. — **Se ci sarà molto traffico, non passeremo dal centro.**
2. — **Se non ci sarà molta benzina, sarà prudente fare il pieno.**
3. — **Se saremo stanchi, ci fermeremo un po'.**
4. — **Telefonerai domani al dottor Ferrari, se arriveremo dopo le otto.**
5. — **Lasceremo fuori la macchina, se troveremo un posto.**
6. — **Se sarò ancora fresca, ascolterò volentiere un disco.**
7. — **E tu ascolterai con me un disco, se non sarai molto stanco?**
8. — **Se non ci saranno programmi interessanti, lo ascolterò volentieri.**
9. — **Se non riuscirò a dormire, leggerò un giallo.**

B 3 OBSERVACIONES

Gramática

- El futuro de **lasciare** es **lasc-e-rò**.

- Observe que en el título de esta lección los dos verbos del italiano están conjugados en futuro:
se non **riuscirò** a dormire, **leggerò** un giallo.
mientras que en español el primer verbo, introducido por *si*, se conjuga en presente:
Si no *logro dormir*, *leeré* una novela policiaca.

- **Volentieri** *con gusto, gustosamente.*

- **Leggere un giallo** *leer una novela policiaca* (ver C4).

- Atención:
Sarà prudente fare il pieno.
Será prudente llenar el tanque.

- No confundir las vocales: **sarà,** *será*

El texto en italiano correspondiente a B2 presenta expresiones idiomáticas que no pueden traducirse literalmente al español. Por lo tanto, B4 ofrece una traducción que representa el sentido general de cada expresión italiana.

B 4 TRADUCCIÓN

1. — Si hay mucho tráfico, no pasaremos por el centro.
2. — Si no hay mucha gasolina, será prudente llenar el tanque.
3. — Si estamos cansados, ¿nos detendremos un momento?
4. — Si llegamos después de las ocho, mañana llamarás por teléfono al doctor Ferrari.
5. — Si encontramos un lugar, estacionaremos el automóvil en la calle.
6. — Si en ese momento todavía tengo ganas, escucharé con gusto un disco.
7. — ¿Y escucharás un disco conmigo si no estás muy cansado?
8. — Si no hay programas interesantes, lo escucharé con gusto.
9. — Si no logro dormir, leeré una novela policiaca.

24 Ejercicios

C 1 EJERCICIOS

A. Sostituire l'infinito tra parentesi con la forma conveniente e tradurre:

1. Se il nostro amico (telefonare), gli dirai che partiremo domani.
2. Se (Lei) non (passare) dal centro, eviterà gli ingorghi.
3. Non arriverò molto stanco, se mi (riposare) prima di partire.
4. Se (Lei) non (essere) stanco, ascolterà questo disco.
5. Non ascolterai la radio, se non (essere) programmi interessanti.
6. Se (Lei) (lasciare) la macchina fuori, la potrà prendere domani.
7. Se non mi (essere) possibile dormire, leggerò un libro.

B. [• •] Tradurre (fare attenzione alle vocali):

1. Lo haré con gusto.
2. Dejarás tu auto.
3. Estamos cansados.
4. Escucharás estos discos.
5. Hay muchos embotellamientos.

C 2 VOCABULARIO

■ I colori e qualche espressione idiomatica
Los colores y algunas expresiones idiomáticas

a)

rosso rojo	**arancione** naranja	**giallo** amarillo	**verde** verde
azzurro azul	**violetto** violeta	**grigio** gris	

b) **farne vedere di tutti i colori** — *hacer las mil y una*
dirne di tutti i colori — *decir de todo*

c) **i colori del semaforo** — *los colores del semáforo*
rosso, giallo, verde — *rojo, amarillo, verde*

d) **passare col giallo** — *pasar con el amarillo*
passare col rosso — *pasar con el rojo*

C 3 HOJA DE RESPUESTAS

A. Reemplazar el infinitivo entre paréntesis por la forma que corresponda y luego traducir:

1. Telefonerà — *Si nuestro amigo habla por teléfono, dile que partiremos mañana.*
2. Passerà—*Si usted no pasa por el centro, evitará los embotellamientos.*
3. Riposerò — *Si descanso antes de partir, no llegaré muy cansado.*
4. Sarà — *Si usted no está cansado, escuchará este disco.*
5. Ci saranno — *Si no hay programas interesantes, no escucharás la radio.*
6. Lascerà — *Si usted deja el auto afuera, podrá retirarlo mañana.*
7. Sarà — *Si no puedo dormir, leeré un libro.*

B. [• •] **Traducir (preste atención a las vocales):**

1. Lo farò volentieri.
2. Lascerai la macchina.
3. Siamo stanchi.
4. Ascolterai questi dischi.
5. Ci sono molti ingorghi.

C 4 VOCABULARIO (continuación)

e)	**libro giallo**	*novela policiaca*
	film giallo	*película policiaca*
	leggere un giallo	*leer una novela policiaca*
	giallo televisivo	*película policiaca por televisión*

En italiano, se llama **giallo** a las novelas policiacas porque originalmente las tapas de este tipo de libros eran de color amarillo.

f) **essere al verde, trovarsi al verde, ridursi al verde** *no tener dinero.*

El origen de esta expresión se remonta a la época en que se usaban velas para iluminar las habitaciones; la base de las velas se **teñía de verde** o se envolvía en papel de dicho color para dar resistencia a esta parte que debía introducirse en el candelabro.

25 Quando avrete le chiavi?

A 1 PRESENTACIÓN

- Futuro de **avere** *tener*:

avrò	**avremo**
avrai	**avrete**
avrà	**avranno**

- **Fra una settimana** *dentro de una semana.*
- **Stanno per finire** *están por terminar.*
- **Andrò** { **adesso** / **ora** } *iré ahora*; **fra poco** *estoy a punto de ir*
- **Andremo a firmare** *iremos a firmar.*

la pianta *el plano*
futuro *futuro*
l'appartamento *el apartamento*
la chiave *la llave*
il trasloco *la mudanza*
la diecina *la decena*
terminare *terminar*
il notaio *el notario*
pagare in contanti *pagar al contado*
pagare a rate *pagar a plazos*

A 2 APLICACIÓN

1. — **Ecco la pianta del nostro futuro appartamento.**
2. — **Quando avrete le chiavi?**
3. — **Le avremo fra una settimana.**
4. — **Faremo il trasloco fra una diecina di giorni.**
5. — **Lo stanno per finire o è già finito?**
6. — **Lo termineranno fra qualche giorno.**
7. — **Tua moglie mi ha detto poco fa che adesso andrai a firmare dal notaio.**
8. — **Sì, ci andrò stasera.**
9. — **Pagherete in contanti?**
10. — **No, pagheremo a rate.**

25 ¿Cuándo tendrán las llaves?

A 3 OBSERVACIONES

■ Cuando el verbo **avere** se conjuga en futuro forma contracciones. Lo normal hubiera sido que el futuro de este verbo fuera "av-erò" (como **ripet-erò**), pero esta forma, al igual que en otros verbos de empleo muy frecuente (ver B1 y B2), se ha abreviado: la vocal **e** desapareció.

■ Cuando **andare** *ir* está en futuro tiene formas parecidas a las de **avere: and- rò, and- rai, and- rà, and- remo, and- rete, and- ranno.**

● **Andare** / **Venire** } **a guardare** — *ir* / *venir* } *a ver*

Recuerde que el infinitivo que es complemento de un verbo de movimiento requiere la preposición **a**.

■ El futuro inmediato o próximo se expresa de la siguiente forma:

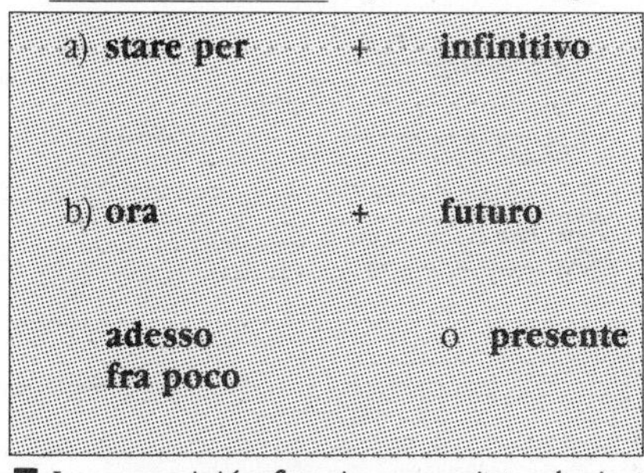

a) **stare per**	+	**infinitivo**	→	**stanno per finire** *están a punto de terminar*
b) **ora**	+	**futuro**	→	**ora andranno al cinema** *irán al cine ahora*
adesso **fra poco**		o **presente**	→	**adesso vanno al cinema** *ahora van al cine*

■ La preposición **fra** sirve para introducir el futuro.
Ej.: **andrò fra una settimana** *iré dentro de una semana*

A 4 TRADUCCIÓN

1. — Aquí está el plano de nuestro futuro apartamento.
2. — ¿Cuándo tendrán ustedes las llaves?
3. — Las tendremos dentro de una semana.
4. — Haremos la mudanza dentro de unos diez días.
5. — ¿Están por terminarlo o está ya terminado?
6. — Lo terminarán dentro de algunos días.
7. — Tu mujer acaba de decirme que estás por ir a firmar con el notario.
8. — Sí, iré esta tarde.
9. — ¿Pagarán al contado?
10. — No, pagaremos a plazos.

25 Verrete a trovarci spesso, no?

B 1 PRESENTACIÓN

- Futuro de algunos verbos irregulares:

a) **sapere** **saprò, saprai, saprà, sapremo, saprete, sapranno.**
vedere **vadrò, vedrai, vedrà, vedremo, vedrete, vedranno.**
potere **potrò, potrai, potrà, potremo, potrete, potranno.**
dovere **dovrò, dovrai, dovrà, dovremo, dovrete, dovranno.**

b) **stare** **starò, starai, starà, staremo, starete, staranno.**
fare **farò, farai, farà, faremo, farete, faranno.**
dire **dirò, dirai, dirà, diremo, direte, diranno.**

c) **volere** **vorrò, vorrai, vorrà, vorremo, vorrete, vorranno.**

d) **venire** **verrò, verrai, verrà, verremo, verrete, verranno.**

vicino di casa	*vecino (de al lado)*
spesso	*a menudo*
la finestra	*la ventana*
la camera	*la habitación*
la comodità	*la comodidad*
il bosco	*el bosque*
urgente [uryente]	*urgente*

B 2 [• •] APLICACIÓN

1. **— Saremo vicine di casa, adesso.**
2. **— Verrete a trovarci spesso, no?**
3. **— Potremo anche vederci dalla finestra della cucina.**
4. **— Se vorrete, potrete anche dormire a casa.**
5. **Avremo una camera per gli ospiti.**
6. **— Vedrete quanto sarà più piacevole abitare in un appartamento tutte le comodità.**
7. **— Staremo certamente meglio.**
8. **E poi potremo andare più spesso a fare una passeggiata nei boschi.**
9. **— Che ore saranno? Devo fare una telefonata urgente alle undici.**
10. **— Saranno le dieci e mezzo.**

B 3 OBSERVACIONES

■ Gramática

• Futuro:

a) **Sapere** *saber*, **vedere** *ver*, **potere** *poder*, **dovere** *deber*, tienen formas análogas a las de **avere** y **andare** (ver A3).

b) **Dire** *decir* y **fare** *hacer* son las contracciones de **di(ce)re, fa(ce)re**.

c) Además de la contracción, **volere** *querer* y **venire** *venir* presentan un fenómeno llamado de asimilación (de dos sonidos consecutivos, el más fuerte domina al más débil):

volere (volerò → volrò) → **vorrò** (la **r** se impone a la **l**)
venire (venirè → venrò) → **verrò** (la **r** se impone a la **n**)

• El futuro expresa a veces **incertidumbre** o **duda:**

Ej.: **che ore saranno?** *¿qué hora será?*
seranno la dieci *serán las diez*

• Recuerde que el infinitivo que es complemento de un verbo de movimiento requiere la preposición **a:** "Verrete **a** trovarsi".

■ Pronunciar: [**ka**mera], [pia**che**vole], [**o**spite], [elettrodo**me**stichi] (C2), [frigo**ri**fero] (C2).

B 4 TRADUCCIÓN

1. — Ahora seremos vecinas.
2. — (Ustedes) vendrán a visitarnos a menudo, ¿no?
3. — Podremos también vernos desde la ventana de la cocina.
4. — Si quieren podrán también dormir en casa.
5. Tendremos una habitación para huéspedes.
6. — Verán (ustedes) qué agradable será vivir en un apartamento con todas las comodidades.
7. — Ciertamente, estaremos mejor.
8. Y además podremos ir más a menudo a pasear por los bosques.
9. — ¿Qué hora será? Debo hacer una llamada telefónica urgente a las once.
10. — Serán las diez y media.

25 Ejercicios

C 1 EJERCICIOS

A. Tradurre:

1. ¿Cuándo estará listo el apartamento?
2. Estará listo dentro de un mes.
3. Hace un mes que lo terminaron.
4. Serán las ocho.

B. Usare "andare" o "venire" o un' espressione idiomatica:

1. Voy al notario a firmar por la casa.
2. Firmaré esta tarde.
3. ¿Vas a ir al cine solo?
4. Voy a ir contigo.
5. Ven a ver. Ven a ver la habitación.
6. Acaba de irse. Fue a ver qué película darán esta noche.
7. ¿Cuándo iremos a visitarlos?
8. Ahora seremos vecinos.

C 2 VOCABULARIO

■ **L'appartamento**	*el apartamento*
la casa	*la casa*
il piano	*el piso*
la stanza, il vano	*la sala de estar*
la camera da letto	*el dormitorio*
la sala (stanza) da pranzo	*el comedor*
il bagno	*el baño*
la cucina	*la cocina*
lo studio	*el estudio*
gli elettrodomestici	*los aparatos electrodomésticos*
il frigorifero	*el refrigerador*
il lavastoviglie	*la máquina lavaplatos*
• **comprare in contanti**	*comprar al contado*
• **comprare a credito**	*comprar a crédito*
comprare a rate	*comprar a plazos*
contrarre un mutuo	*contratar un préstamo*

• **A casa mia, tua, sua,** etc. La expresión **a casa + el posesivo** sin artículo se traduce en *mi casa,* en *tu casa,* en *su casa,* etc.

"Pronto? Casa Rossi?"	*"¿Hola? ¿Familia Rossi?"*
"Pronto, casa Rossi..."	*"Hola, sí, familia Rossi."*

C 3 HOJA DE RESPUESTAS

A. Traducir:

1. Quando sarà pronto l'appartamento?
2. Sarà pronto fra un mese.
3. Lo hanno finito da un mese.
4. Saranno le otto.

B. Usar "andare" o "venire" o una expresión idiomática:

1. Vado dal notaio a firmare per la casa.
2. Stasera firmerò.
3. Vai (andrai) al cinema solo?
4. Ci andrò con te.
5. Vieni a vedere. Va' a vedere nella camera.
6. E' appena partito: è andato a vedere che film ci sarà stasera.
7. Quando andremo a vederli (trovarli)?
8. Adesso saremo vicini di casa.

C 4 OBSERVACIONES

• No confundir **fa** y **fra**:

E' andato a Roma ***due settimane fa.***
Fue a Roma hace dos semanas.

Fra due settimane **andrà a Roma**
Irá a Roma dentro de dos semanas.

Fa { expresa pasado; se coloca después de la expresión de tiempo

Fra { expresa futuro; se coloca antes de la expresión de tiempo

• **Andare dal notaio**: *ir al notario* o *a la notaría* (ver 18, A3). Observe el empleo de la preposición "**da**" que puede verse muy a menudo en los carteles de los cafés o restaurantes populares: "**Da Giulio**", "**Da Tino**" (Tino es el diminutivo de Roberto, transformado en Robertino y luego en Tino).

26 Chi va piano, va sano e va lontano...

A 1 PRESENTACIÓN

- Los pronombres relativos:

che:	que	**ciò che:**	*lo que*
chi:	quien	**dove:**	*donde* (indica lugar)
		in cui:	*en que* (indica lugar)

- El plural de **mille** es **mila**. Atención: una sola "l": **duemila, tremila...**
- Participio pasado de **fare** *hacer,* **fatto,** de **chiudere** *cerrar* **chiuso.**
- **Nemmeno = neanche = neppure:** *tampoco, ni siquiera, aun cuando, ni tampoco.* Se emplean en las frases negativas:

non abbiamo di che pagarci { **nemmeno** / **neanche** / **neppure** } **un gelato**

no tenemos con qué pagarnos ni siquiera un helado.

qualcosa	*algo*
il tavolino	*la mesita*
veramente	*verdaderamente*
la lumaca	*el caracol*
sano	*sano, seguro*
mai	*jamás, nunca*

A 2 • • APLICACIÓN

1. — **Sono le cinque. Andiamo a prendere qualcosa al bar che è lì di fronte?**
2. — **Se andremo a sederci al tavolino, non avremo di che pagarci nemmeno un gelato.**
3. — **Ho duemila lire. E' quanto possiedo!**
4. — **Ma dove sei andato a mezzogiorno?**
5. **Non sei andato alla banca a prendere un po' di soldi?**
6. — **E' ciò che ho fatto. Ma all'ora in cui sono arrivato di solito la banca è chiusa.**
7. **Essa chiude infatti all'una e rimane chiusa tutto il pomeriggio.**
8. — **Ci sei andato veramente piano piano come una lumaca.**
9. — **Dice bene il proverbio: "chi va piano, va sano e va lontano e... non arriva mai!"**

A 3 OBSERVACIONES

Gramática

- Los relativos:

a) **che** se emplea como sujeto o como complemento directo:

Ej.: **il ragazzo che ha telefonato** *el muchacho que llamó por teléfono*

il libro che ho comprato *el libro que compré*

b) **chi** corresponde al pronombre doble *aquel que = quien*:

chi rompe, paga *aquel que (quien) rompe, paga.*

c) **dove:** indica lugar, dónde; adónde

dove sei? *¿dónde estás?*

dove vai? *¿adónde vas?*

in cui: *indica tiempo, en que, en el cual*

il giorno in cui ci siamo incontrati

el día en que (en el cual) nos hemos encontrado

- **Un po' di soldi: po'** es el apócope de **poco**.

Nota: **che** no admite artículo ni preposición.

A 4 TRADUCCIÓN

1. — Son las cinco. ¿Vamos a tomar algo al bar que está ahí enfrente?
2. — Si vamos a sentarnos a una mesa, no tendremos siquiera para pagarnos un helado.
3. — Tengo dos mil liras. ¡Es todo lo que tengo!
4. — ¿Pero adónde fuiste al mediodía?
5. ¿No fuiste al banco a buscar un poco de dinero?
6. — Es lo que hice. Pero a la hora en que llegué el banco por lo común está cerrado.
7. — En efecto, cierra a la una y permanece cerrado toda la tarde.
8. — En verdad, has ido tan despacio como un caracol.
9. — Bien dice el proverbio: "Quien va despacio, va seguro y va lejos... y ¡no llega nunca!"

26 Il rialzo di cui parli riguarda gli assegni

B 1 PRESENTACIÓN

• **Da qualche giorno** *desde hace algunos días*: **da** indica origen en el tiempo y duración (ver 18, A3).

la farmacia [farma**chia**]	*la farmacia*
l'agenzia di cambio	*la casa de cambio*
cambiare	*cambiar*
mandare	*enviar, mandar*
la quotazione [kuota**tsione**]	*la cotización*
in ribasso	*con descuento*
notare	*notar, observar*
stamattina	*esta mañana*
la tendenza	*la tendencia*
il rialzo	*el alza*
continuare	*continuar*
riguardare	*atañer, concernir, referirse a, mirar*
l'assegno	*el cheque*
calare	*bajar, disminuir*

B 2 • • APLICACIÓN

1. — **Vedi quel negozio vicino alla farmacia?**
2. — **Sulla destra c'è un'agenzia di cambio dove potrai cambiare i dollari.**
3. — **Di quali dollari parli?**
4. — **Di quelli che ti ha mandato lo zio Francesco tre mesi fa.**
5. — **Ne abbiamo abbastanza, di che passare la serata.**
6. — **Qual è la quotazione del dollaro?**
7. — **Oggi è in ribasso.**
8. — **Sul *Corriere della Sera* che ho comprato stamattina ho notato invece che la tendenza al rialzo continua.**
9. — **Il rialzo di cui parli riguarda gli assegni. Noi invece abbiamo delle banconote le quali, da qualche giorno, tendono a calare.**

B 3 OBSERVACIONES

■ Los pronombres relativos:

a) **il quale, la quale, i quali, le quali**
el cual, la cual, los cuales, las cuales
Bajo esta forma, el pronombre se usa como sujeto y como complemento indirecto.

b) **cui** es invariable y reemplaza a **il quale, la quale, i quali, le quali** cuando estos pronombres son completamente indirectos y son introducidos por una preposición:

Ej.: **Gli amici con { i quali / cui } siamo andati in vacanza...**

Los amigos con los que hemos ido de vacaciones...

le persone { delle quali / di cui } mi avete parlato...

Las personas de las que me hablaron (uds.)

■ Pronunciar: [farma**chi**a], [ris**kuo**tere] (C2), [**e**stero] (C2), [**svi**tsero].

B 4 TRADUCCIÓN

1. — ¿Ves aquel negocio cerca de la farmacia?
2. — A la derecha hay una casa de cambio donde podrás cambiar los dólares.
3. — ¿De qué dólares hablas?
4. — De los que te mandó el tío Francisco hace tres meses.
5. — Tenemos suficiente con qué pasar la velada.
6. — ¿Cuál es la cotización del dólar?
7. — Hoy está a la baja.
8. — En el *Corriere della Sera* que compré esta mañana vi, en cambio, que continúa la tendencia al alza.
9. — El alza de la que hablas se refiere a los cheques. En cambio, nosotros tenemos billetes que, desde hace algunos días, están a la baja.

26 Ejercicios

C 1 EJERCICIOS

A. [• •] **Tradurre:**

1. Es el tío italiano del que ya te he hablado.
2. Los dólares que cambiaste hoy están a la alza.
3. ¿Adónde vas? ¿Vienes conmigo al banco?
4. No vayas el día en que están cerrados.
5. Voy a buscar trescientas mil liras.

B. Mettere il pronome relativo, chi, che, in, cui, ciò che:

1. ... fai, è fatto bene.
2. All'ora ... ... Lei arriva, tutto è chiuso.
3. Quella persona ... non conosco e con ... Lei ha parlato, di dove viene?
4. Conosce il proverbio ... dice "... va piano, va sano e va lontano"?

C 2 VOCABULARIO

■ **La banca** *El banco*

Le banche più importanti: *los bancos más importantes*

Banco di Roma	**Banco di Sicilia**
Banco di Napoli	**Banco di Santo Spirito**
Banca d'Italia	**Banca Commerciale Italiana**

• Los bancos más antiguos se llaman **banco**, porque los banqueros desarrollaban su actividad sobre el **banco**, el mostrador, procediendo al cambio de monedas.
El vocablo **banca** es más moderno, lo usan las instituciones bancarias menos antiguas.

girare un assegno	*endosar un cheque*
firmare un assegno	*firmar un cheque*
riscuotere un assegno	*cobrar un cheque*
il listino dei cambi	*la pizarra de cambios*
il tasso d'interesse	*la tasa/el tipo de interés*
la valuta estera	*la divisa extranjera*
il marco	*el marco*
la lira sterlina	*la lira esterlina*
il franco svizzero	*el franco suizo*
il franco francese	*el franco francés*

Ejercicios

C 3 HOJA DE RESPUESTAS

A. • • **Traducir:**

1. E' lo zio italiano di cui ti ho già parlato.
2. I dollari che hai cambiato sono in rialzo oggi.
3. Dove vai? Vieni con me in banca? Vado a cambiare denaro.
4. Non andarci il giorno in cui sono chiuse.
5. Vado a prendere trecentomila lire.

B. Poner el relativo que corresponde:

1. Ciò che ...
2. ... in cui ...
3. ... che ... cui ...
4. ... che ... chi ...

C 4 VOCABULARIO

■ **La lira italiana, la lira sterlina, e il mezzo chilo... di pomodori!**
La lira italiana, la libra esterlina, y la libra ... ¡de tomates!

• En la época de los romanos, la "libra" era la unidad de peso equivalente a doce onzas; significaba **bilancia** [bi**lan**cha] *balanza*. Los años pasaron y también los siglos; en la época de Carlomagno esta palabra latina dio origen al término **libra,** que era a la vez una moneda y una unidad de peso. El valor de la moneda era igual al peso de una libra de plata.

• Con el tiempo, las dos palabras se separaron.
a) **Libra**, la moneda que se dividía en doce onzas y veinte sueldos, dio origen a los términos **lira** (unidad monetaria italiana desde 1862) y **libra** (en italiano **lira**) israelí, turca, egipcia, libanesa, siria y, desde luego, la libra esterlina.
b) La **libra**, unidad de peso, se dividía en doce onzas y oscilaba entre 350 y 550 gramos según las provincias. En Francia la libra es todavía una medida de peso equivalente a 500 gramos.

• El sentido original de **libra** *(balanza, equilibrio)*, se encuentra en palabras como **equilibrare** *(equilibrar)* o, con más exactitud, en **déliberare** *(deliberar)* y **livellare** *(nivelar)*.

27 Potrebbe dirmi a che piano si trovano?

A 1 PRESENTACIÓN

- Condicional simple:

Parl- are	**Ripet- ere**	**Part- ire**
yo hablaría	*yo repetiría*	*yo partiría*
Parl- **e-r- ei**	Ripet- **e-r- ei**	Part- **i-r- ei**
Parl- **e-r- esti**	Ripet- **e-r- esti**	Part- **i-r- esti**
Parl- **e-r- ebbe**	Ripet- **e-r- ebbe**	Part- **i-r- ebbe**
Parl- **e-r- emmo**	Ripet- **e-r- emmo**	Part- **i-r- emmo**
Parl- **e-r- este**	Ripet- **e-r- este**	Part- **i-r- este**
Parl- **e-r- ebbero**	Ripet- **e-r- ebbero**	Part- **i-r- ebbero**

la camicia		*la camisa*
il vestito		*el traje, el vestido*
la pellicola		*la película*
la macchina fotografica	[**mak**kina]	*la cámara fotográfica*
l'articolo		*el artículo*
l'ascensore		*el ascensor*
la scala mobile	[**ska**la **mo**bile]	*la escalera automática*
far presto		*apresurarse*
il magazzino	[maga**tsi**no]	*la tienda*
gradire		*desear, gustar*
la scarpa		*el zapato*
un paio di scarpe		*un par de zapatos*

A 2 [• •] APLICACIÓN

1. — **Scusi, desidererei comprare una camicia e un vestito.**
2. **Potrebbe dirmi a che piano si trovano?**
3. — **Al secondo piano.**
4. — **Vorrei anche comprare delle pellicole per la mia macchina fotografica.**
5. — **Per questo articolo dovrebbe andare al terzo piano.**
6. **Può prendere l'ascensore o la scala mobile.**
7. **Ma dovrebbe far presto. Il magazzino chiude fra mezz'ora.**
8. — **Gradirei anche sapere se è possibile comprare un paio di scarpe e dove potrei trovarle.**
9. — **Non dovrebbe essere molto difficile: al secondo piano, non molto lontano dalle camice.**

27 ¿Podría decirme en qué piso se encuentran?

A 3 OBSERVACIONES

■ Gramática

- El condicional presenta estructuras parecidas al futuro.

- Esto se explica porque ambos tiempos, el futuro y el condicional, se formaron a partir del infinitivo:

— infinitivo + presente del indicativo de **avere** (habere en latín)
→ futuro

— infinitivo + pretérito indefinido de **avere** → condicional.

- Para los verbos de la primera conjugación (y para los de la segunda), la vocal característica de estos tiempos es **e** en vez de **a.**

futuro	condicional
parl- **e-r-** *ò* ripet- **e-r-** *ò*	parl- **e-r-** *ei* ripet- **e-r-** *ei*

- **Non molto lontano da** *no muy lejos de*

- Los sustantivos que terminan en **-cia** cuando están en singular hacen su plural en **-ce:**

Ej.: **la camicia** **le camice**
la provincia **le province**

A 4 TRADUCCIÓN

1. — Disculpe, me gustaría comprar una camisa y un traje.
2. ¿Podría decirme en qué piso puedo encontrarlos?
3. — En el segundo piso.
4. — Me gustaría comprar también unos rollos de película para mi cámara fotográfica.
5. — Para ese artículo tendría que ir al tercer piso.
6. Puede tomar el ascensor o la escalera mecánica.
7. Pero tendría que apresurarse. La tienda cierra dentro de media hora.
8. — Desearía saber también si es posible comprar un par de zapatos y dónde podría encontrarlos.
9. — No tendría que ser muy difícil: en el segundo piso, no muy lejos de las camisas.

27 Avrebbe un paio di scarpe per me?

B 1 PRESENTACIÓN

- Condicional simple de **essere** y de **avere**:

sa -r- ei	sa -r- emmo	av -r- ei	av -r- emmo
sa -r- esti	sa -r- este	av -r- esti	av -r- este
sa -r- ebbe	sa -r- ebbero	av -r- ebbe	av -r- ebbero

- El participio pasivo de **esporre** *(exponer)* es **esposto**

innanzitutto	*ante todo*	**puro**	*puro*
leggero	*liviano*	**il vitello**	*becerro*
scuro	*oscuro*	**convenire**	*convenir*
togliersi [**to**gliersi]	*quitarse, sacarse*	**la qualità**	*la calidad*
il modello	*el modelo*	**sperare**	*esperar*
tardare	*tardar*	**calzare**	*calzar*
la vetrina	*escaparate*	**perfetto**	*perfecto*
marrone	*marrón*	**magnificamente**	*magníficamente*
il cuoio	*el cuero*	**l'eleganza**	*la elegancia*

B 2 [• •] APLICACIÓN

1. — **Scusi, avrebbe un paio di scarpe per me?**
2. — **Di quale colore le vorrebbe?**
3. — **Le vorrei innanzitutto eleganti e leggere, non molto scure.**
4. — **Sarebbe così gentile da togliersi la scarpa destra?**
5. **Così Le potrei far provare diversi modelli.**
6. **Ma dovremmo anche sbrigarci.**
7. **Il magazzino non dovrebbe tardare a chiudere.**
8. **Le andrebbe il modello esposto in vetrina?**
9. — **Quale?**
10. — **Il paio di scarpe marrone, di cuoio; puro vitello, sa. Quanto vorrebbe spendere?**
11. — **Non vorrei andare al di là delle quaranta, cinquantamila lire.**
12. — **E' un paio di scarpe che Le dovrebbe convenire, sia per il prezzo, sia per la qualità. Speriamo che Le andranno. Quanto calza?**
13. — **Quarantadue.**
14. — **Perfetto. Le andranno magnificamente. Vede che eleganza?**

B 3 OBSERVACIONES

■ Gramática

• Condicional de algunos verbos irregulares

a) **stare, starei; dare, darei**
b) **andare, andrei; sapere, saprei; potere, potrei; dovere, dovrei**
c) **dire, direi; fare, farei**
d) **venire, verrei; volere, vorrei**

• **Far presto** *apresurarse,* **far provare** *probarse.* La vocal final de *fare* desaparece en ambos casos delante de la palabra siguiente, porque las dos palabras están estrechamente ligadas por el significado y, por lo tanto, se pronuncia como una sola.

• La forma pronominal de cortesía se escribe con mayúscula, en cualquiera de sus funciones (sujeto o complemento):

Ej.: **E' Lei che paga?** *¿Es usted quien paga?*
Potrei parlarle? *¿Podría (yo) hablarle (a usted)?*

B 4 TRADUCCIÓN

1. — Disculpe, ¿tendría un par de zapatos para mí?
2. — ¿De qué color le gustarían?
3. — Los quisiera ante todo elegantes y livianos, no muy oscuros.
4. — ¿Sería tan amable de quitarse el zapato derecho?
5. Así podría probarse diferentes modelos.
6. Pero tendríamos que apresurarnos también.
7. La tienda no tardará en cerrar.
8. ¿Le gustaría el modelo expuesto en el escaparate?
9. — ¿Cuál?
10. — El par de zapatos marrones, de cuero, son de becerro, ¿sabe? ¿Cuánto quisiera gastar?
11. — No quisiera pasar de las cuarenta, cincuenta mil liras.
12. — Es un par de zapatos que le convendría por el precio y por la calidad. Esperemos que le queden bien. ¿De qué número calza?
13. — Cuarenta y dos.
14. — Perfecto. Le irán magníficamente ¿Ve qué elegancia?

27 Ejercicios

C 1 EJERCICIOS

A. Passare dal presente al condizionale:

1. Che cosa desidera, signore?
2. Desidero comprare delle scarpe.
3. Che cosa vuole?
4. (Lei) deve far presto.
5. Che cosa vuole comprare?
6. Gradisco sapere se...
7. (Lei) ha scarpe da uomo?
8. Le va bene questo modello, sa!

B. Formulare le domande relative alle seguenti risposte:

1. Desidererei comprare un paio di scarpe.
2. Le scarpe si trovano al primo piano.
3. Vorrei anche una camicia.
4. (Lei) potrebbe trovarla al secondo piano.
5. Non vorrei spendere troppo.

C 2 VOCABULARIO

■ Las principales **formule di cortesia** *formas de cortesía* italianas:

a) Para preguntar algo, una información, etc.

— **Per favore...?** — *Por favor...*
— **Scusi? scusa?** — *Disculpe...*

b) Para pedir permiso...

— **Permesso?** — *Disculpe. Permiso (¿Se puede?)*
— **S'accomodi!** — *Adelante. Tome asiento*
[sak**ko**modi] — *Adelante. ¡Sírvase!*

c) Respuestas:

— **Grazie!** — *¡Gracias!*
— **Prego! Non c'è di che!** — *¡De nada!*

d) Para disculparse:

— **Scusi! Mi scusi!** — *¡Perdón! ¡Discúlpeme!*
— **La disturbo?** — *¿Interrumpo? ¿Molesto?*
— **Mi dispiace!** — *¡Lo siento!*

27 Ejercicios

C 3 HOJA DE RESPUESTAS

A. Pasar del presente al condicional:

1. ... desidererebbe...
2. Desidererei ...
3. ... vorrebbe?
4. (Lei) dovrebbe ...
5. ... vorrebbe ...
6. Gradirei ...
7. (Lei) avrebbe ...
8. ... andrebbe ...

B. Formular las preguntas correspondientes a las siguientes respuestas:

1. Che cosa (Lei) desidererebbe comprare?
2. A che piano si trovano le scarpe?
3. Che altro (Lei) vorrebbe?
4. Dove potrei trovarla?
5. Quanto (Lei) vorrebbe spendere?

C 4 OBSERVACIONES

• Los sustantivos terminados en **-cia** y **-gia** hacen su plural en **-ce** y **-ge** si la **i** de la sílaba final no es tónica.

	camicia	*camisa*	**camice**
	provincia	*provincia*	**province**
	mancia	*propina*	**mance**
	arancia	*naranja*	**arance**
	valigia	*valija*	**valige**
	grigia (adj.)	*gris*	**grige**
pero	**farmacìa**	[farma**chia**]	**farmacìe**
	sociologìa	[socholo**yia**]	**sociologìe**

Hace apenas veinte años, el plural de **provincia** era **provincie**. Un ejemplo muy claro se encuentra en la Constitución italiana, que entró en vigor en 1948.
Pero debido a la evolución constante del idioma italiano, la **i** de **provincie**, que no era tónica, finalmente desapareció. La presencia de esta letra no era indispensable, porque su sonido no se percibía claramente delante de la **e** en la palabra.

28 Mi occorrerebbe una camicia

A 1 PRESENTACIÓN

• La expresión *es necesario* tiene en italiano diferentes formas:
— **bisogna,**
— **conviene,**
— **occorre,**
— **ci vuole.**

Cada expresión tiene un matiz distinto que depende del contexto.

• **Andare** + participio pasado expresa obligación:
Ej.: **Questa camicia non va stirata** *esta camisa no debe plancharse*

la manica [**ma**nika]	*la manga*
mezza manica	*manga corta*
il caldo	*el calor*
corto	*corto*
andare a pennello	*a las mil maravillas*
lavare	*lavar*
asciugare	*secar*
fare attenzione	*prestar atención*
il ferro da stiro	*la plancha*
servirsene [ser**vir**sene]	*servirse de*

A 2 [• •] APLICACIÓN

1. **— Che cosa Le occorre?**
2. **— Mi occorrerebbe una camicia.**
3. **— La vuole con maniche lunghe o mezze maniche?**
4. **— Con questo caldo ci vogliono camice con maniche corte.**
5. **— Come vuole, signore.**
6. **Questa è leggerissima.**
7. **Le andrà a pennello.**
8. **— Occorre stirarla?**
9. **— Basta lavarla e poi farla asciugare.**
10. **— Non va stirata affatto?**
11. **— Ho detto che non occorre stirarla perché è di tergal.**
12. **Però, bisognerà fare attenzione al ferro da stiro, se se ne servirà.**

Necesito una camisa

A 3 OBSERVACIONES

■ Gramática

• La expresión *es necesario* y otras semejantes tienen en italiano varios equivalentes.

a) *Es necesario* delante de un verbo se expresa por **bisogna, occorre, conviene:**

— **Bisogna fermarsi** al semaforo.
Es necesario detenerse frente al semáforo.
— **Conviene rispettare** le persone anziane.
Es conveniente respetar a las personas ancianas.
— **Occorre prendere** il tram e non un taxi.
Hay que tomar el tranvía y no un taxi.

b) Delante de un sustantivo se usa **occorre, occorrono, ci vuole, ci vogliono**. Todas estas expresiones concuerdan en número con el sujeto.

Ej.: **Occorrono molti libri** per preparare questo esame.
Son necesarios muchos libros para preparar este examen.
Ci vogliono due ore per andare da Roma a Napoli.
Se necesitan dos horas para ir de Roma a Nápoles.

Existe entonces una diferencia de matiz cuando estas expresiones se usan delante de un sustantivo:

— **occorre** expresa una necesidad práctica,
— **ci vuole** expresa una consideración.

A 4 TRADUCCIÓN

1. — ¿Qué desea?
2. — Necesito una camisa.
3. — ¿La quiere de manga larga o de manga corta?
4. — Con este calor se necesitan camisas de manga corta.
5. — Como usted quiera, señor.
6. Ésta es muy ligera.
7. Le quedará a las mil maravillas.
8. — ¿Hay que plancharla?
9. — Es suficiente con lavarla y dejarla secar.
10. — ¿No hay que plancharla para nada?
11. — Dije que no hace falta plancharla, porque es de tergal.
12. Sin embargo, será necesario que tenga cuidado si usa la plancha.

28 Ci vorranno da sei a sette giorni

B 1 PRESENTACIÓN

- Los verbos: **mi piace** *me gusta*
  ci vuole / **occorre** } *es necesario/se necesita*
  c'è *hay*

deben concordar en número con el sujeto.

- Atención: **Suo** con **s** mayúscula es el adjetivo posesivo correspondiente al pronombre de cortesía **Lei**.

Ej.: **Lei ha questa macchina** *usted tiene este auto*
questa macchina è Sua *este auto es suyo*

blu	*azul*
chiaro [**kia**ro]	*claro*
la taglia	*la talla*
la possibilità	*la posibilidad para/la manera de*
soddisfare	*satisfacer*
la domanda	*el pedido*
confezionato su misura	*hecho a la medida*
la cravatta	*la corbata*
si figuri!	*¡no faltaba más!/de nada*
essere a disposizione	*estar a disposición (de alguien)*

B 2 • • APLICACIÓN

1. **— Le piacerebbe un vestito leggero, estivo?**
2. **— Certo, mi piacerebbe molto averne uno blu.**
3. **Non mi piacciono i vestiti troppo moderni e troppo chiari.**
4. **— Se non ci sarà la Sua taglia, ci saranno altre possibilità per soddisfare la Sua domanda.**
5. **— Quanti giorni ci vogliono per avere un vestito confezionato?**
6. **— Non ci vuole molto tempo.**
7. **Ci vorranno da sei a sette giorni.**
8. **Le occorrono altri articoli? Camice, cravatte?**
9. **— No, non mi occorre altro.**
10. **Ho comprato or ora una camicia. Grazie.**
11. **— Non c'è di che, si figuri!**
12. **Siamo a Sua disposizione.**

B 3 OBSERVACIONES

■ **Mi piace, c'è, ci vuole**, en italiano deben concordar en número con el sujeto:

a) me gusta la cocina italiana — **mi piace la cucina italiana.**
me gustan los espaguetis — **mi piacciono gli spaghetti.**

b) hay un libro — **c'è un libro.**
hay dos libros — **ci sono due libri.**

c) es necesario un día de trabajo — **ci vuole (occorre) un giorno di lavoro.**
son necesarios dos días de trabajo — **ci vogliono (occorrono) due giorni di lavoro.**

Si figuri!

● La interjección **prego** equivale en español a *de nada*. Es muy común, sin embargo, que en su lugar se use el imperativo del verbo pronominal **figurarsi** *imaginarse* en la persona que corresponda al registro empleado con el interlocutor:

Ej.: tuteo: **figurati!** [fi**gu**rati]
forma de cortesía **si figuri!**
dirigiéndose a un grupo: **figuratevi!** [figu**ra**tevi]

y si el que habla se siente involucrado, utiliza la primera persona del plural: **figuriamoci!** [figu**ria**moci].

B 4 TRADUCCIÓN

1. — ¿Le gustaría un traje ligero, de verano?
2. — Claro, me gustaría mucho tener uno azul.
3. No me gustan los trajes demasiado modernos ni demasiado claros.
4. — Si no conseguimos de su talla, habrá otras posibilidades de satisfacer su pedido.
5. — ¿Cuántos días se necesitan para hacer un traje a la medida?
6. — No se necesita mucho tiempo.
7. Serán necesarios de seis a siete días.
8. ¿Necesita otros artículos? ¿Camisas, corbatas?
9. — No, no necesito nada más.
10. Acabo de comprar una camisa, gracias.
11. — No hay de qué. ¡No faltaba más!
12. Estamos a su disposición.

28 Ejercicios

C 1 EJERCICIOS

A. Traducir:

1. ¿Qué desea?
2. Tendré que hacerlo, pero se necesitará mucho tiempo para hacerlo. Quizás hagan falta dos semanas.
3. Necesitaríamos dos habitaciones.
4. Esta camisa, ¿es necesario plancharla?
5. No, basta con dejarla secar. No hace falta nada más.
6. ¿Necesita algo más?
7. ¿Por qué no debe plancharse este traje?
8. Porque es de tergal.

B. Pasar al plural:

1. Manica lunga.
2. Camicia grigia.
3. Arancia della nostra provincia.

C. [• •] Convertir al plural:

1. Mi occorrerebbe questa camicia bianca.
2. Vi piacerebbe un'arancia?
3. Ci vorrebbe un'ora per finirlo.
4. Le piace questo libro?
5. Qui c'è una bella camicia.

C 2 OBSERVACIONES

■ En italiano, como en español, las expresiones **mi piace**, **mi piacciono** se utilizan para referirse a gustos y preferencias relacionadas con lo material. Son los objetos o fenómenos los que nos gustan, por eso se utiliza el verbo **piacere** en tercera persona del singular o del plural.

Ej.: **mi piace la pasta, mi piacciono gli spaghetti.**
también podemos decir:
mi piace la gente; mi piacciono i giovani.
pero cuando queremos expresar sentimientos, debemos decir:
amo la gente; amo i giovani; amo mia moglie.
o mejor aún:
voglio bene la gente; voglio bene i giovani: voglio bene mia moglie.

Puede decirse que la última expresión transmite la verdad íntima del amor, ya que, precisamente, éste consiste en *querer el bien* del otro, de la persona u objeto amado.

Ejercicios

C 3 HOJA DE RESPUESTAS

A. Traducir:

1. Che cosa Le occorre?
2. Bisognerà farlo, ma occorrerà molto tempo per farlo. Forse ci vorranno due settimane.
3. Ci occorrerebbero due camere.
4. Questa camicia, bisogna stirarla?
5. No, basta farla asciugare. Non occorre (nient') altro.
6. Le occorre altro?
7. Perché questo vestito non va stirato?
8. Perché è di tergal.

B. Pasar al plural:

1. Maniche lunghe.
2. Camice grige.
3. Arance delle nostre province.

C. Convertir al plural:

1. Mi occorrerebbero queste camice bianche.
2. Vi piacerebbero delle arance?
3. Ci vorrebbero delle ore par finirlo.
4. Le piacciono questi libri?
5. Qui ci sono belle camice.

C 4 OBSERVACIONES

■ Generalmente **ocorre**, **ci vuole**, **bisogna**, y **conviene** se traducen así: *es necesario, se necesita, hace falta, hay que.*

- **Occorre** expresa una necesidad creada por circunstancias diversas:
  occorre partire, siamo in ritardo.
  hay que partir, estamos atrasados.
- **Ci vuole** expresa una condición necesaria:
  ci vuole molta pazienza con i bambini.
  hace falta mucha paciencia con los niños.
- **Bisogna** expresa una necesidad absoluta:
  bisogna mangiare per vivere e non vivere per mangiare.
  es necesario comer para vivir y no vivir para comer.
- **Conviene** expresa una necesidad moral:
  conviene studiare.
  es conveniente estudiar.

29 I bambini correvano felici sulla sabbia

A 1 PRESENTACIÓN

• Copretérito: Es siempre regular, aun en los verbos irregulares (ver la conjugación siguiente).

• El participio pasado de **trascorrere** *(pasar)* es **trascorso**, de **correre** *(correr)* es **corso.**

la spiaggia	*la playa*
talvolta	*alguna vez; de vez en cuando*
i cruciverba	*los crucigramas*
crogiolarsi al sole	*gozar, deleitarse al sol*
prendere la tintarella	*broncearse*
giocare a pallone	*jugar a la pelota*
giocare a tamburelli	*juego de playa que consiste en golpear una pelota unida a una raqueta por medio de un cordón elástico*
la sabbia	*la arena*
nuotare	*nadar*
tornare	*regresar*
correre [**ko**rrere]	*correr*
il mare	*el mar*

A 2 • • APLICACIÓN

1. — **Dove siete andati al mare l'anno scorso?**
2. — **Siamo andati nel Gargano.**
3. — **Che cosa facevate sulla spiaggia?**
4. — **Leggevamo il giornale o un libro.**
5. **Talvolta facevamo anche i cruciverba.**
6. **Mia moglie si crogiolava al sole e prendeva la tintarella.**
7. **I bambini giocavano a pallone o a tamburelli.**
8. **Correvano felici sulla sabbia.**
9. — **E tu nuotavi molto?**
10. — **Nuotavo la mattina verso le undici.**
11. **All'una pranzavamo al ristorante.**
12. **Alle due e mezzo circa ritornavamo al mare.**
13. **Vi rimanevamo fino alle sei, più o meno.**
14. **Abbiamo trascorso così un bel mese di vacanze.**

29 Los niños corrían felices en la arena

A 3 OBSERVACIONES

Gramática

- Copretérito:

parl-are	**ripet-ere**	**part-ire**
yo hablaba	*yo repetía*	*yo partía*
parl-**avo** parl-**avi** parl-**ava** parl-**avamo** parl-**avate** parl-**avano**	ripet-**evo** ripet-**evi** ripet-**eva** ripet-**evamo** ripet-**evate** ripet-**evano**	part-**ivo** part-**ivi** part-**iva** part-**ivamo** part-**ivate** part-**ivano**

- Atención: el acento de la tercera persona del plural cae sobre la misma sílaba que en la tercera persona del singular; por el contrario, el acento en la primera y la segunda persona del plural cae en la penúltima sílaba.

3° sing. 3° plural	par**la**va par**la**vano	ripe**te**va ripe**te**vano	par**ti**va par**ti**vano
1° plural 2° plural	parla**va**mo parla**va**te	ripete**va**mo ripete**va**te	parti**va**mo parti**va**te

- Mientras que en español *la sombrilla* es de género femenino, en italiano **lombrellone**es masculino; en cambio, **l'ombrello** *el paraguas* sí es de género masculino.

A 4 TRADUCCIÓN

1. — ¿A qué playa fueron el año pasado?
2. — Fuimos al Gargano.
3. — ¿Qué hacían en la playa?
4. — Leíamos el periódico o un libro.
5. De vez en cuando también hacíamos crucigramas.
6. Mi mujer gozaba al sol y se bronceaba.
7. Los niños jugaban a la pelota o al *tamburelli*.
8. Corrían felices sobre la arena.
9. — Y tú, ¿nadabas mucho?
10. — Nadaba por la mañana, a eso de las once.
11. A la una almorzábamos en el restaurante.
12. Alrededor de las dos y media volvíamos a la playa.
13. Nos quedábamos (allí) hasta las seis, más o menos.
14. Pasamos así un hermoso mes de vacaciones.

29 C' erano molti bagnanti

B 1 PRESENTACIÓN

- El copretérito de **essere** *ser* y de **avere** *tener, haber*:

essere	avere
yo era	*yo tenía*
ero	**avevo**
eri	**avevi**
era	**aveva**
eravamo	**avevamo**
eravate	**avevate**
erano	**avevano**

villeggiare		*ir de vacaciones*
il bagnante		*el bañista*
soprattutto		*sobre todo*
pulito		*limpio*
passare		*pasar*
la barca a remi		*el bote de remos*
fare un giro		*dar una vuelta*
pescare pesce		*pescar*
tuffarsi		*zambullirse*
alto mare		*alta mar*
stendersi al sole	[**sten**dersi]	*tenderse al sol*
il rumore		*el ruido*
indimenticabile		*inolvidable*
abbronzato		*bronceado*

B 2 [• •] APLICACIÓN

1. — **C'era molta gente a villeggiare?**
2. — **Sì, c'erano molti bagnanti, soprattutto verso mezzogiorno.**
3. — **La spiaggia era pulita?**
4. — **Era abbastanza pulita.**
5. — **Avevate una barca?**
6. — **Sì, avevamo una piccola barca a remi.**
7. **Con mio figlio partivamo tutti i giorni verso le nove;**
8. **facevamo un lungo giro; pescavamo pesce;**
9. **ci tuffavamo in alto mare e ci stendevamo al sole, lontani dai rumori e dalla gente.**
10. **Abbiamo passato così vacanza indimenticabili.**
11. **Siamo tornati a casa abbronzatissimi.**

B 3 OBSERVACIONES

■ Gramática

• El verbo **avere** se conjuga en copretérito como todos los verbos de la segunda conjugación.
Tenga cuidado con el acento en las terceras personas:

era	aveva
erano	avevano

• El copretérito expresa una acción que no se ha terminado y que continúa en el tiempo, aunque siempre en pasado.

(l'anno scorso)	**giocavamo**	*jugábamos*
(el año pasado)	**nuotavamo**	*nadábamos*
	pranzavamo	*almorzábamos*

• Por el contrario, el antepresente (en italiano **passato prossimo,** literalmente *pasado próximo*) indica una acción que se ha concluido y que al mismo tiempo está próxima a la persona que habla y al momento en que se habla:

	abbiamo giocato		*hemos jugado*
(ieri)	**abbiamo nuotato**	*(ayer)*	*hemos nadado*
	abbiamo pranzato		*hemos almorzado*

■ En el copretérito, todas las formas verbales están acentuadas en la penúltima sílaba, excepto la tercera persona del plural: **e**ro, **e**ri, **e**ra, era**va**mo, era**va**te; pero **e**rano, a**ve**vano, par**la**vano, etc.

B 4 TRADUCCIÓN

1. — ¿Había mucha gente de vacaciones?
2. — Sí, había muchos bañistas, sobre todo a mediodía.
3. — ¿La playa estaba limpia?
4. — Estaba bastante limpia.
5. — ¿Ustedes tenían un bote?
6. — Sí, teníamos un pequeño bote de remos.
7. Con mi hijo salíamos todos los días, aproximadamente a las nueve;
8. dábamos una vuelta al lugar; pescábamos;
9. nos zambullíamos en alta mar y nos tendíamos al sol, lejos del ruido y de la gente.
10. Pasamos unas vacaciones inolvidables.
11. Hemos regresado a casa bronceadísimos.

29 Ejercicios

C 1 EJERCICIOS

A. Escribir en copretérito:

1. Che cosa fai?
2. Il bambino gioca e corre.
3. Quando (Lei) finisce di nuotare?
4. C'è molta gente.

B. Formular las preguntas correspondientes a las siguientes respuestas:

1. Siamo andati al mare l'estate scorsa.
2. Sì, nuotavo ogni giorno, verso le undici.
3. Rimanevo molte ore sulla spiaggia.
4. Sì, abbiamo passato vacanze indimenticabili.

C. Traducir:

1. ¿Estaba limpio el mar el año pasado?
   No, las playas no estaban limpias en absoluto.
2. ¿Dónde habían ido (ustedes) a pasar las vacaciones?
   Habíamos ido cerca de Nápoles.
3. ¿Qué hacían?
   Nadábamos hasta las cinco.
4. ¿Había muchos bañistas?
   Sí; se veían también muchos botes en el mar.

C 2 USOS CULTURALES

■ Juegos y deportes

Los juegos de azar (**totocalcio, lotto, lotteria,** etc.) y los deportes (**il calcio** *el futbol*, **il ciclismo** *el ciclismo*, **la pallacanestro** *el basquetbol)* ocupan un lugar cada vez más importante en la sociedad italiana.

El **totocalcio** es el más popular de los juegos de pronóstico. Conjuga el sueño de volverse millonario de la noche a la mañana y la pasión por el **calcio**. Éste es el deporte que más gusta y entusiasma a millones de **tifosi** *fanáticos*. Une, verdadero milagro, a todos los italianos en un mismo fervor de admiración por la **squadra azzurra** (selección nacional), sobre todo después de haber derrotado al prestigioso equipo de Brasil y de haber conseguido por tercera vez la Copa del Mundo en España (1982).

29 Ejercicios

C 3 HOJA DE RESPUESTAS

A. Escribir en copretérito:

1. Che cosa facevi?
2. Il bambino giocava e correva.
3. Quando (Lei) finiva di nuotare?
4. C'era molta gente.

B. Formular las preguntas correspondientes a las siguientes respuestas:

1. Dove siete andati l'estate scorsa?
2. Nuotavi ogni giorno? Verso che ora?
3. Quanto tempo rimanevi sulla spiaggia?
4. Avete passato buone vacanze?

C. Traducir:

1. Il mare era pulito, l'anno scorso?
   No, le spiagge non erano affatto pulite.
2. Dove eravate andati a trascorrere le vacanze?
   Eravamo andati vicino a Napoli.
3. Che facevate?
   Nuotavamo fino alle cinque.
4. C'erano molti bagnanti?
   Sì, si vedevano anche molte barche sul mare.

C 4 OBSERVACIONES

■ En copretérito se vuelve a encontrar la antigua forma de verbos que actualmente poseen en el **infinitivo** una forma contracta:

Infinitivo antiguo	Infinitivo moderno	Imperfecto
fac-ere	**fare** *(hacer)*	**fac**-evo
dic-ere	**dire** *(decir)*	**dic**-evo
bev-ere	**bere** *(beber)*	**bev**-evo
pon-ere	**porre** *(poner)*	**pon**-evo
conduc-ere	**condurre** *(conducir)*	**conduc**-evo
tra-ere	**trarre** *(extraer)*	**tra**-evo

Esto vale también para sus compuestos: **disfare** *deshacer,* **maledire** *maldecir,* **disporre** *disponer*, **comporre** *componer,* **dedurre** *deducir,* **produrre** *producir,* **attrarre** *atraer,* **sottrarre** *sustraer,* etc.

30 Quando siamo arrivati, stavi telefonando

A 1 PRESENTACIÓN

- **Quando siamo arrivati...** *(cuando llegamos)* → acción puntual **... stavi telefonando** *(estabas hablando por teléfono)* → acción que continúa

- **Siamo qui da cinque minuti** *(estamos aquí desde hace cinco minutos* o *hace cinco minutos que estamos aquí).*

- — Non **son** potuto andare *no he podido ir.*
  — **mal** di denti, **mal** di testa *dolor de muelas, dolor de cabeza*

La caída de la vocal final **-e**, es facultativa. Esto se debe a la pronunciación rápida.

bussare	*llamar a la puerta*	**scomparire**	*desaparecer*
sentirsi male	*sentirse mal*	**dimagrire**	*adelgazar*
bene, meglio	*bien, mejor*	**sembrare**	*parecer*
il mal di testa	*el dolor de cabeza*	**il problema**	*el problema*
il mal di denti	*el dolor de muelas*	**a causa di**	*debido a*
per fortuna	*por suerte*	**sereno**	*tranquilo*
insopportabile	*insoportable*	**stanotte**	*esta noche*

A 2 [• •] APLICACIÓN

1. **— Da quanto tempo state bussando?**
2. **— Siamo qui da cinque minuti.**
3. **Quando siamo arrivati, stavi telefonando.**
4. **— Mi ha chiamato Gianni.**
5. **Gli stavo dicendo che ieri sera mi sentivo male.**
6. **Per questo non son potuto andare a trovarlo.**
7. **Avevo un mal di testa insopportabile.**
8. **Ma adesso mi sento meglio. Stanotte ho dormito bene.**
9. **Per fortuna è scomparso anche il mal di denti che avevo ieri pomeriggio.**
10. **Ieri sera ho preso un'aspirina**
11. **— Sei un po' dimagrito.**
12. **L'ultima volta che ti abbiamo visto avevi un bel colore.**
13. **Sembravi più giovane.**
14. **— Ho avuto molti problemi quest'anno a causa del mio lavoro.**
15. **L'anno scorso ero molto più sereno.**

A 3 OBSERVACIONES

■ Gramática

• **L'anno scorso** → **ero più** sereno (*el año pasado yo estaba* más tranquilo)
Ieri → **ho preso** un'aspirina *(ayer tomé una aspirina)*
Oggi → **mi sento** meglio *(hoy me siento mejor)*
L'anno prossimo → **andrò** negli USA *(el año próximo iré a los EU)*

Note la diferencia de sentido y de matiz que expresan los distintos tiempos y, sobre todo, el antepresente y el copretérito.

• Con los verbos semiauxiliares **potere** *(poder)*, **dovere** *(deber)*, **volere** *(querer)* y **sapere** *(saber)* se emplea, en los tiempos compuestos, el auxiliar correspondiente al verbo principal:

Ej.:

sono andato *(fui)*
→ **non son potuto andare** *(no pude ir)*
non è venuto *(no ha venido / no vino)*
→ **non è voluto venire** *(no quiso venir)*

■ Pronunciar: [**Yan**ni]

A 4 TRADUCCIÓN

1. — ¿Hace cuánto tiempo que están llamando a la puerta?
2. — Estamos aquí desde hace cinco minutos.
3. Cuando llegamos estabas hablando por teléfono.
4. — Me ha llamado Gianni.
5. Le estaba diciendo que ayer en la tarde, me sentía mal.
6. Por eso no he podido ir a visitarlo.
7. Tenía un dolor de cabeza insoportable.
8. Pero ahora me siento mejor. Esta noche he dormido bien.
9. Por suerte, también desapareció el dolor de muelas que tenía ayer en la tarde.
10. Anoche tomé una aspirina.
11. — Has adelgazado un poco.
12. La última vez que te vimos tenías un lindo color.
13. Parecías más joven.
14. — He tenido muchos problemas este año debido a mi trabajo.
15. El año pasado estaba mucho más tranquilo.

30 Dovevamo andarci due anni fa

B 1 PRESENTACIÓN

- **Due giorni fa** + antepresente o copretérito → *hace dos días*
  Fra due giorni + futuro → *dentro de dos días*

Ej.: **due giorni fa sono andata a cinema**
hace dos días fui al cine.
due giorni fa era ancora in vigore l'orario estivo
hace dos días estaba todavía en vigencia el horario de verano.
fra due giorni partirò per Venezia
dentro de dos días partiré para Venecia.

il dependente	*el empleado*
el laureato	*el egresado*
lo scherzo	*la broma*
a parte	*aparte*
gli Stati Uniti	*los Estados Unidos*
ricevere [ri**che**vere]	*recibir*
la proposta	*la propuesta*
la ditta	*la firma, la empresa*
cadere	*caer*
camminare	*caminar*
slogarsi la caviglia	*dislocarse el tobillo*

B 2 [• •] APLICACIÓN

1. **— Da quanto tempo lavori alla RAI?**
2. **— Sono dipendente della RAI da quindici anni.**
3. **Sono stato assunto esattamente quindici anni fa.**
4. **Avevo ventott'anni.**
5. **— Eri già laureato?**
6. **— Oh, sì! Mi sono laureato diciassette anni fa.**
7. **Fra non molto andrò in pensione!**
8. **Scherzi a parte, fra qualche mese andrò negli Stati Uniti.**
9. **Ho ricevuto appunto due giorni fa una proposta interessante da una ditta privata americana.**
10. **E tu, sei già stato negli Stati Uniti?**
11. **— Vi sono stato con mia moglie alcuni anni fa.**
12. **Ma ho l'intenzione di ritornarci fra non molto.**
13. **Ci andremo forse l'anno prossimo.**
14. **Dovevamo andarci due anni fa.**
15. **Ma mia moglie è caduta, mentre camminava.**
16. **Si è slogata una caviglia e non siamo potuti andarci.**

Teníamos que ir (allá) hace dos años

B 3 OBSERVACIONES

■ Gramática

• El origen en el tiempo se expresa mediante la preposición **da**.
No confundir **fa** y **da, fa** y **fra** (ver C4).
Ej.: **da quanto tempo lavori alla RAI?**
¿desde cuándo trabajas en la RAI?
sono stato assunto quindici anni fa
me incorporé hace quince años.

• **Vi** = **ci** → *en ese lugar, en aquel lugar*
Ho l'intenzione di andar**vi** (o di andar**ci**) = *tengo la intención de ir (a ese lugar/allí)*

• El participio pasado de **assumere** *(incorporar, asumir)* es **assunto.**

• **Andare in pensione**, *jubilarse*
RAI = Radio Audizioni Italiane. Son las siglas de la radio y la televisión italianas. En Italia hay tres canales públicos (Rai 1, Rai 2 y Rai 3) y numerosos canales privados, de los cuales los más importantes pertenecen a Silvio Berlusconi. Se llaman: Retequattro, Canale 5 e Italia 1.

B 4 TRADUCCIÓN

1. — ¿Desde cuándo trabajas en la RAI?
2. — Soy empleado de la RAI desde hace quince años.
3. Fui incorporado exactamente hace quince años.
4. Tenía veintiocho años.
5. — ¿Ya te habías recibido?
6. — ¡Oh, sí! me recibí hace diecisiete años:
7. Dentro de poco me jubilaré.
8. No bromeo, además dentro de algunos meses iré a los EU.
9. Justamente hace dos días recibí una propuesta interesante de una firma privada norteamericana.
10. Y tú, ¿ya has estado en los EU?
11. — Estuve (allá) con mi mujer hace algunos años.
12. Pero tengo la intención de volver dentro de poco.
13. Iremos quizás el año próximo.
14. Teníamos que ir hace dos años.
15. Pero mi mujer se cayó mientras caminaba.
16. Se dislocó un tobillo y no pudimos ir.

30 Ejercicios

C 1 EJERCICIOS

A. • • **Tradurre:**

1. Da quanto tempo sei qui?
2. Sono arrivato ieri. Partirò fra tre giorni.
3. Da quanto tempo non ti vedevo!
4. Sì, da tre anni circa. Due anni fa, ero già venuto, ma tu non c'eri.

B. Tradurre:

1. ¿Hace mucho tiempo que no venías por aquí?
2. Regresaré dentro de un año.
3. Vine hace un año.
4. Fuimos (allá) hace algunos años.
5. ¿Regresarás dentro de poco?

C. Mettere l'ausiliare richiesto: essere o avere

1. Da quanto tempo .... cominciato a piovere?
2. (Lei) .... potuto farlo?
3. Io ... dovuto venire poco fa.
4. Il film ... finito mezz'ora fa.
5. Perché (tu) non ... potuto arrivare prima? —Perché (io) non... potuto arrivare prima.

C 2 USOS CULTURALES

■ **I titoli** [**ti**toli]

• La **laurea** [**lau**rea] es el diploma que se otorga cuando alguien termina los estudios universitarios, que en Italia duran cuatro años, excepto para los estudios de farmacología y de ingeniería (5 años) y para los de medicina (6 años). La palabra **laurea** equivaldría en español a las palabras *doctorado, licenciatura* o *maestría*.

• **Laurearsi** significa *obtener el diploma o el título universitario.*

• El **laureato** es la *persona que ha obtenido la laurea.*

• **Laurea, laurearsi, laureato** proviene de "laurus", palabra latina que significa **alloro** *laurel*; las hojas del laurel se usaban para formar la corona con que se premiaba a los poetas.

• A los **laureati** y las **laureate** también se les llama, respectivamente, **dottori** y **dottoresse**. El **medico** *médico* es también un "**dottore**".

• En Italia, la palabra **dottore** se usa mucho para dirigirse a las personas que no poseen título universitario.

• Además de **dottore**, otros títulos honoríficos de uso frecuente son: **cavaliere** *caballero*, **commendatore** *comendador*, **onorevole** *honorable* (tratamiento correspondiente a los miembros del Parlamento), **ragioniere** *tenedor de libros, contador* (ver 31, C2); este último, junto con "**dottore**", es el más empleado.

30 Ejercicios

C 3 HOJA DE RESPUESTAS

A. [• •] **Traducir:**

1. ¿Desde cuándo estás aquí?
2. Llegué ayer. Partiré dentro de tres días.
3. ¿Cuánto hace que no te veía?
4. Sí, desde hace tres años aproximadamente. Hace dos años había venido, pero tú no estabas (aquí).

B. Traducir:

1. Da molto tempo non eri venuto qui?
2. Tornerò fra un anno.
3. Ero già venuto un anno fa.
4. Ci siamo andati qualche anno fa (o alcuni anni fa).
5. Ci tornerai fra poco?

C. Completar con el auxiliar que corresponda: essere o avere

1. ... è ...
2. ... ha ...
3. ... son(o) ...
4. ... è ...
5. ... sei ... sono ...

C 4 OBSERVACIONES

● No confundir **fa** y **fra**:

— (pasado) → **due giorni fa sono andato** alla piscina = *hace dos días fui ha la piscina.*

— (futuro) → **fra due giorni andrò** al mare = *dentro de dos días iré a la playa.*

● Diferencia entre **fa** y **da**:

— (puntual) → **ho telefonato cinque minuti fa** = *llamé por teléfono hace cinco minutos.*

— (duración) → telefono **da cinque minuti** = *hace cinco minutos que llamó por teléfono.*

● Diferencias con el español:

Mientras en Latinoamérica lo mismo puede usarse el antepresente *(he llegado)* que el pretérito indefinido *(llegué)*, y en algunos lugares se prefiere este último, en italiano se usa el **passato prossimo** (**sono arrivato, ho letto**) en los diálogos y el **passato remoto** (**arrrivai, lessi**) sólo para la narración.

En español los verbos en voz activa usan sólo el auxiliar *haber,* reservándose el verbo *ser* como auxiliar exclusivo de la voz pasiva. En italiano, en cambio, se usa el verbo auxiliar **avere** para la voz activa de los verbos transitivos y **essere** para la voz pasiva, pero los verbos intransitivos a menudo forman sus tiempos compuestos con el verbo auxiliar **essere**.

— **andare al mare** = *ir a la playa;* — **no son potuto andare a trovarlo** = *no he podido ir a verlo* — **sei stato negli USA?** = *¿has estado en los EU?*

31 Il ragioniere era uscito poco prima

A 1 PRESENTACIÓN

- Antecopretérito de indicativo:

a) — **avevo mangiato** *yo había comido*
avevi mangiato *tú habías comido*
aveva mangiato *él había comido*

b) — **ero stato** *yo había sido/estado*
eri stato *tú habías sido/estado*
era stato *él había sido/estado*

- Recuerde que en los tiempos compuestos, el verbo **essere** *ser* se usa como auxiliar:

— **sono stato** *yo he sido* — **ero stato** *yo había sido*
— **sei stato** *tú has sido* — **eri stato** *tú habías sido*

- Con las formas verbales del infinitivo y del participio pasado los pronombres reflexivos se colocan después del verbo:

— **divertirsi** → **divertitosi** [diver**ti**tosi]
— **dimettersi** → **dimessosi** [di**mes**sosi]

- El participio *pasado* de **scrivere** [**scr**ivere] *escribir* es **scritto**, de **eleggere** [ele**d**yere] *elegir* es **eletto**.

uscire *salir*
il giorno prima *el día anterior, la víspera*
il sindaco [**sin**dako] *el intendente, el alcalde*

A 2 • • APLICACIÓN

1. **Il treno è partito due ore fa.**
2. **Il treno era partito due ore prima.**
3. **Il ragioniere è uscito poco fa.**
4. **Il ragioniere era uscito poco prima.**
5. **La dottoressa Fabbri mi ha telefonato alcuni minuti fa.**
6. **La dottoressa Fabbri mi aveva telefonato alcuni minuti prima.**
7. **Il governo si è dimesso la settimana scorsa.**
8. **Il governo si era dimesso la settimana precedente.**
9. **L'onorevole Bianchi mi ha scritto ieri.**
10. **L'onorevole Bianchi mi aveva scritto il giorno prima.**
11. **Il sindaco è stato eletto stamattina.**
12. **Il sindaco era stato eletto la mattina.**

El contador había salido un poco antes

A 3 OBSERVACIONES

■ Gramática

● El antecopretérito se forma con el copretérito de los verbos **essere** o **avere** más el participio pasado del verbo que se conjuga:

— **ero venuto** *yo había venido* — **avevo avuto** *yo había tenido*
— **eri venuto** *habías venido* — **avevi avuto** *habías tenido*

● Cuando se pasa del presente al pasado o del discurso directo al discurso indirecto, o más simplemente, del pretérito perfecto al copretérito:

... fa	se transforma en	**prima**
... scorso	se transforma en	**precedente**
stamattina	se transforma en	**la mattina**
ieri	se transforma en	**il giorno prima**

Ejemplos:

— **è partito due giorni fa** → **era partito due giorni prima**
se fue hace dos días *él se había ido dos días antes*

— **è partito stamattina (o ieri)** → **era partito la mattina (o il giorno prima)**
se fue esta mañana (o ayer) *él se había ido en la mañana (o el día anterior)*

A 4 TRADUCCIÓN

1. El tren partió hace dos horas.
2. El tren había partido dos horas antes.
3. El contador salió hace poco/acaba de salir.
4. El contador había salido poco antes/acababa de salir.
5. La doctora Fabbri me llamó por teléfono hace algunos minutos.
6. La doctora Fabbri me había llamado por teléfono algunos minutos antes.
7. El gobierno renunció la semana pasada.
8. El gobierno había renunciado la semana anterior.
9. El honorable Sr. Bianchi me escribió ayer.
10. El honorable Sr. Bianchi me había escrito un día antes.
11. El alcalde fue elegido esta mañana.
12. El alcalde había sido elegido por la mañana.

31 Non pensavo che sarebbe partito l'indomani

B 1 PRESENTACIÓN

- El antepospretérito se forma con el pospretérito de **essere** o **avere** + el participio pasado del verbo.

Ej.: a) **sarei andato (a)** *yo habría ido*
saresti andato (a) *tú habrías ido*
sarebbe andato (a) *él/ella habría ido*
b) **avrei pagato** *yo habría pagado*
avresti pagato *tú habrías pagado*
avrebbe pagato *él habría pagado*

- — **Penso che verrà fra tre giorni** *creo que vendrá dentro de tres días.*

l'indomani		*el día siguiente*
dopodomani		*pasado mañana*
credere	[**kre**dere]	*creer*
successivo		*sucesivo, siguiente*

B 2 • • APLICACIÓN

1. **Penso che verrà fra tre giorni.**
2. **Pensavo che sarebbe venuto tre giorni dopo.**
3. **Mi dice che verrà fra una settimana.**
4. **Mi diceva che sarebbe venuto una settimana dopo.**
5. **Non penso che partirà domani.**
6. **Non pensavo che sarebbe partito l'indomani.**
7. **Penso che verrà dopodomani.**
8. **Pensavo che sarebbe venuto due giorni dopo.**
9. **Credo che non vorrà partire stasera.**
10. **Credevo che non sarebbe voluto partire la sera.**
11. **Ti dico che partiremo stamattina.**
12. **Ti dicevo che saremmo partiti la mattina.**
13. **Mi dice che potrò pagare il mese prossimo (fra un mese).**
14. **Mi diceva che avrei potuto pagare il mese dopo o successivo (un mese dopo).**

B 3 OBSERVACIONES

■ Gramática

● En italiano, la idea de futuro en el pasado se expresa mediante el antepospretérito:

— **non penso che verrà** *no creo que venga*
— **non pensavo che sarebbe venuto** *yo no creía que vendría.*

En español se usa el presente de subjuntivo en lugar del futuro, en el primer caso, y el condicional simple del indicativo en el segundo, en lugar del condicional compuesto empleado en italiano.

● Cuando se pasa del presente al pasado (ver A3) y del discurso directo al discurso indirecto:

fra...	se transforma en	**...dopo**
domani	se transforma en	**l'indomani**
stasera	se transforma en	**la sera**
stamattina	se transforma en	**la mattina**
il mese prossimo	se transforma en	**il mese successivo**

Ejemplo:

— **Penso che verrà fra tre giorni** → **pensavo che sarebbe venuto tre giorni dopo**
Creo que vendrá dentro de tre s días → *yo creía que el habría venido tres días después.*

Aunque en español también podemos usar el verbo **pensar** como en italiano para expresar incertidumbre, empleamos generalmente el verbo **creer.**

B 4 TRADUCCIÓN

1. Creo que él vendrá dentro de tres días.
2. Yo creía que él vendría tres días después.
3. Me dice que vendrá dentro de una semana.
4. Me decía que vendría una semana después.
5. No creo que parta mañana.
6. Yo no creía que partiría al día siguiente.
7. Creo que vendrá pasado mañana.
8. Yo creía que vendría dos días después.
9. Creo que no querrá partir esta tarde.
10. Yo creía que no querría partir por la tarde.
11. Te digo que partiremos hoy por la mañana.
12. Yo te decía que partiríamos por la mañana.
13. Me dice que podré pagar el mes próximo (dentro de un mes).
14. Me decía que yo podría pagar un mes después.

31 Ejercicios

C 1 EJERCICIOS

A. • • **Tradurre:**

1. Me dijo que llamará por teléfono esta tarde.
   Me había dicho que por la tarde llamaría por teléfono.
2. ¿Crees que partirá mañana?
   ¿Creías que él partiría al día siguiente?
3. Creemos que regresará dentro de poco.
   Creíamos que regresaría poco después.
4. El contador dice que vendrá mañana.
   El contador decía que vendría al día siguiente.

B. Mettere il verbo al condizionale:

1. Mi ha scritto che (venire) un mese dopo.
2. Chi Le ha detto che (tornare) la sera?
3. Perché lo (fare) come lo aveva detto?
4. Non sapeva se (potere) farlo prima di stasera.

C. Mettere il verbo all'imperfetto indicativo:

1. Mi scrive che verrà.
2. Sandro telefona che arriverà il trenta.
3. Pensa (Lei) che tornerà fra due giorni?
4. Ci dite che verrete fra una settimana.

C 2 USOS CULTURALES

■ I titoli

Los **títulos** son de uso corriente en Italia (ver 30, C2) y reemplazan al simple **signore** *(señor)*. Los más usuales son:

• **Ragioniere** *contador*, **professore** *profesor*, **dottore** *doctor*, **ingegnere** *ingeniero*, **avvocato** *abogado*.

• Cuando no se sabe el título de la persona a la que uno se dirige, se dice "**dottore**". "Dottore" es el personaje de la Comedia dell'arte que ridiculiza a la persona culta. Se emplea aún hoy con un matiz irónico cuando uno se dirige a alguien que no posee el título para ser llamado "Dottore".

• **Don** es la abreviatura de dominus *(señor)*. Antiguamente se llamaba así a los nobles. Ahora se emplea todavía para los eclesiásticos, para los notables (en algunas regiones meridionales) y para los mafiosos. Recuerde el **"Don Giovanni"** de Mozart y el **Don Camilo** de Guareschi.

El femenino de "**Don**" es donna del latín "domina" (señora):
Ej.: **donna Elvira** en el *"Don Giovanni"*.

31 Ejercicios

C 3 HOJA DE RESPUESTAS

A. [• •] **Traducir:**

1. Mi ha detto che telefonerà stasera.
   Mi aveva detto che avrebbe telefonato la sera.
2. Credi che partirà domani?
   Credevi che sarebbe partito l'indomani?
3. Pensiamo che tornerà fra poco.
   Pensavamo che sarebbe tornato poco dopo.
4. Il ragioniere dice che verrà domani.
   Il ragioniere diceva che sarebbe venuto l'indomani.

B. Emplear el verbo con el condicional:

1. ..... sarebbe venuto ....
2. ..... sarebbe tornato ...
3. ..... avrebbe fatto ...
4. ..... avrebbe potuto ...

C. Emplear el verbo en el pretérito imperfecto del indicativo:

1. Mi scriveva che sarebbe venuto.
2. Sandro telefonava che sarebbe arrivato il trenta.
3. Pensava (Lei) che sarebbe tornato due giorni dopo?
4. Ci dicevate che sareste venuti una settimana dopo.

C 4 OBSERVACIONES

■ Cuando se emplea el verbo auxiliar **assere** en los tiempos compuestos, el participio pasado del verbo que se conjuga debe concordar en género y número con el sujeto; cuando el auxiliar empleado es **evere**, el participio pasado no varía salvo cuando lo precede un complemento de objeto directo en forma pronominal **(lo, la, li, le)**.
Ej.:

a)	**Pietro è partito**	*Pedro ha partido.*
	Sandra è partita	*Sandra ha partido.*
b)	**Pietro ha pagato la multa**	*Pedro ha pagado la multa.*
	Sandra ha pagato la multa	*Sandra ha pagado la multa.*
c)	**Pietro l'ha pagata (la multa)**	*Pedro la ha pagado.*
d)	**E' la multa che ho pagato**	*Es la multa que he pagado.*

32 Vi si trova tutto ciò che si vuole

A 1 PRESENTACIÓN

■ Los indefinidos:

- **Qualche anno** / **alcuni anni** } **fa** — *hace algunos años*
- **Tutti i giorni** *todos los días*
  ogni giorno *cada día*
- **Ci sono** { **pochi** / **molti** / **troppi** } **alberi** — *hay* { *pocos* / *muchos* / *demasiados* } *árboles*
- **Tutto ciò che** { **uno** / **si** } **vule** *uno quiere; todo lo que se quiere* (ver C4)
- **Alquanto** *algo, en cierta medida*

il quartiere *el barrio*
il commerciante *el comerciante*
fare acquisti *hacer compras*
il fiore *la flor*
peccato! *¡qué lastima!*
l'asfalto *el asfalto*
soffocare *sofocar*
specie quando *sobre todo cuando*
lo spazio *el espacio, el lugar*

A 2 [• •] APLICACIÓN

1. **— Qualche anno fa c'erano pochi negozi in questo quartiere.**
2. **Adesso ci sono molti commercianti.**
3. **E' possibile fare tutti gli acquisti che uno vuole.**
4. **Vi si trova tutto ciò che si vuole.**
5. **Non è neanche molto lontano da casa mia.**
6. **C'è un autobus ogni dieci minuti.**
7. **— C'è poco verde, però.**
8. **Ogni tanto c'è qualche albero.**
9. **Non ci sono molti fiori.**
10. **— E' un vero peccato. C'è tutto ciò di cui uno ha bisogno.**
11. **Le vetrine sono belle, i palazzi alquanto moderni.**
12. **Però c'è troppo asfalto, troppa gente.**
13. **— Si soffoca un po', specie quando fa troppo caldo.**
14. **Non c'è abbastanza spazio.**

A 3 OBSERVACIONES

Gramática

• **Poco, molto, troppo** son adjetivos cuando anteceden a los sustantivos:

Ej.:	**ho pochi (molti, troppi) libri**	*tengo pocos (muchos, demasiados) libros*
	ho poche (molte, troppe) vacanze	*tengo pocas (muchas, demasiadas) vacaciones*

Pero son adverbios si están después de un verbo:

Ej.:	**ho dormito poco (molto)**	*he dormido poco (mucho)*

Molto y **troppo** se emplean también delante de los adjetivos para formar el superlativo absoluto. En este caso también son adverbios y, por lo tanto, son invariables:

Ej.:	**sono molto contenti**	*ellos están muy contentos*
	sono troppo contente	*ellas están demasiado contentas*

• **Abbastanza** significa *bastante, suficiente*. Es un adverbio. Se emplea también como adjetivo y pronombre indefinido. Siempre es invariable:

Ej.:	**ho lavorato abbastanza**	*he trabajado bastante*
	non c'è abbastanza spazio	*no hay suficiente espacio*
	non ci sono abbastanza spettatori	*no hay suficientes espectadores*

No confundir **abbastanza** *suficiente* y **assai** *mucho* delante de los adjetivos.

Atención: il fiore *la flor*

A 4 TRADUCCIÓN

1. — Hace algunos años, en este barrio había pocos negocios.
2. Ahora hay muchos comerciantes.
3. Es posible hacer todas las compras que uno quiere.
4. (Aquí) se encuentra todo lo que se quiera.
5. No queda tampoco muy lejos de mi casa.
6. Sale un autobús cada diez minutos.
7. — Hay pocas áreas verdes, sin embargo.
8. Cada tanto hay algunos árboles.
9. No hay muchas flores.
10. — ¡Es una lástima! Hay todo lo que uno necesita.
11. Los escaparates son lindos, los edificios en cierta manera son modernos.
12. Pero hay demasiado asfalto, demasiada gente.
13. — Uno se sofoca, sobre todo cuando hace mucho calor.
14. No hay suficiente espacio.

32 Quando si è stanchi, si può andare in qualche bar

B 1 PRESENTACIÓN

- **Si è felici quando si va in vacanza** *se está contento cuando se sale de vacaciones*
- **Qualche** significa *algunos* **(ho comprato qualche libro** *he comprado algunos libros)* y también *un, algún* **(ci si può sedere in qualche bar** *se puede sentar en algún bar).*
- **Parecchio** *más que suficiente*
  Parecchi, parecchie *muchos, varios, algunos; muchas, varias, algunas*
  Qualcuno *alguien*

il rinfresco	*el refresco*
l'aria condizionata	*el aire acondicionado*
curioso	*curioso*
ammirare	*admirar*
il nuotatore	*el nadador*
la piscina [pi**shi**na]	*la piscina*
tuffarsi	*zambullirse*
nuotare	*nadar*
la sala cinematografica [chinemato**gra**fika]	*la sala cinematográfica, el cine*

B 2 [• •] APLICACIÓN

1. **— Si è felici quando si può trovare ciò che si vuole.**
2. **— Vi si trovano anche parecchi bar in questo quartiere.**
3. **— Quando si è stanchi, si può andare in qualche bar.**
4. **Vi ci si può sedere, riposare e prendere un rinfresco.**
5. **Se si ha tempo, si può andare anche a vedere qualche film.**
6. **Ci sono parecchie sale cinematografiche moderne, con aria condizionata.**
7. **Se si è in estate e si è curiosi, si possono ammirare le vetrine dei negozi.**
8. **La domenica si può passeggiare.**
9. **E se si è buoni nuotatori, c'è una grande piscina dove ci si può tuffare e nuotare.**

Cuando uno está cansado, se puede ir a un bar

B 3 OBSERVACIONES

Gramática

• **Parecchio** *(más que suficiente, bastante, muchos)* es un adjetivo y, por consiguiente, debe concordar con el sustantivo al que se refiere:

c'erano parecchie macchine *había muchos autos*
ci sono parecchi spettatori *hay muchos espectadores*

• **Si è felici quando si va in vacanza**
uno está contento cuando sale de vacaciones

Cuando se tiene la forma:
si + verbo **essere** + adjetivo o **participio pasado** el adjetivo va siempre en plural.

Ej.: **si è felici** *uno está contento / se es feliz*
si è tornati stanchi dalle vacanze *uno regresa cansado de las vacaciones.*

En español esta expresión del italiano no se usa y por eso su traducción es sólo aproximada; podríamos decir que "si è felici" es la forma personal de "siamo felici", en donde "felici" está en plural porque el sujeto es "noi". Cuando se pasa de la forma personal a la forma impersonal, el adjetivo permanece en plural.

• Si después del pronombre impersonal **si**, con el que se obtienen expresiones impersonales como la siguiente:
si può chiedere (*se* puede preguntar)
quiere utilizarse una forma reflexiva **si** (pronombre reflexivo), el primer **si** se transforma en **ci** para evitar la cacofonía:
ci si può chiedere (*uno* puede preguntar*se*).

B 4 TRADUCCIÓN

1. — Se es feliz cuando se puede encontrar lo que se quiere.
2. — Se encuentran también muchos bares en el barrio.
3. — Cuando uno está cansado se puede ir a un bar.
4. (Allí) uno puede sentarse, descansar y tomar un refresco.
5. Si se tiene tiempo, se puede ir también a ver algunas películas.
6. Hay muchos cines modernos con aire acondicionado.
7. Si se está en verano y uno es curioso, se pueden admirar los escaparates de los negocios.
8. El domingo se puede pasear.
9. Y si uno es buen nadador, hay una piscina grande donde uno puede zambullirse y nadar.

Ejercicios

C 1 EJERCICIOS

A. Tradurre:

1. En este barrio se encuentran lindos negocios. Se encuentran también grandes edificios.
2. En este bar se comen helados buenísimos.
3. Se ven muchos escaparates. En ellos se ven muchas cosas lindas.

B. Tradurre:

1. Uno está contento de ver todas estas cosas lindas.
2. Cuando uno está cansado, es necesario descansar.
3. Si uno tiene curiosidad por las cosas lindas, basta con ir a Italia.

C. Mettere le seguenti frasi alla forma impersonale (con si):

1. Vogliamo tante cose!
2. Vediamo bene che qui c'è tutto ciò che vogliamo.
3. Siamo contenti di essere venuti qui.
4. Siamo stanchi quando abbiamo lavorato troppo.
5. Se uno è buon nuotatore, può andare alla piscina.
6. Qui, se Lei è curioso di belle cose, può ammirare parecchie vetrine; e, se non vuole passeggiare, può andare a bere qualcosa in qualche bar.

C 2 VOCABULARIO

■ Verbos reflexivos en italiano que no son reflexivos en español:

augurarsi *desear, esperar*
congratularsi *congratular*
felicitarsi *felicitar*

Ejemplos:
mi auguro che tu sia felice *te deseo que seas feliz*
mi congratulo per la tua promozione *te felicito por tu ascenso*

• **Nomi corrispondenti ai verbi alencati qui sopra** *(sustantivos correspondientes a los verbos arriba mencionados):*

l'augurio *el deseo*
congratulazioni }
felicitazioni } *felicitaciones*

C 3 HOJA DE RESPUESTAS

A. Traducir:

1. In questo quartiere si trovano bei negozi. Vi si trovano anche grandi palazzi.
2. In questo bar, si mangiano ottimi gelati.
3. Si vedono molte vetrine. Vi si vedono molte belle cose.

B. Traducir:

1. Si è felici di vedere tutte queste belle cose.
2. Quando si è stanchi, bisogna riposarsi.
3. Se si è curiosi di belle cose, basta andare in Italia.

C. Pasar estas frases a la forma impersonal (con si):

1. Si vogliono tante cose!
2. Si vede bene che qui c'è tutto ciò che si vuole.
3. Si è contenti di essere venuti qui.
4. Si è stanchi quando si è lavorato troppo.
5. Se si è buoni nuotatori, si può andare alla piscina.
6. Qui, se si è curiosi di belle cose, si possono ammirare parecchie vetrine; e, se non si vuole passeggiare, si può andare a bere qualcosa in qualche bar.

C 4 OBSERVACIONES

■ La forma impersonal se puede expresar de diversas maneras en italiano:

a) **Si**

si soffoca	*uno se sofoca*
si vedono le montagne	*se ven las montañas*
si vede la montagna	*se ve la montaña*
si è felici quando si è in vacanza	*uno es feliz cuando está de vacaciones*

En la segunda oración el sujeto es **le montagne**; por eso el verbo se conjuga en plural. **Si vedono le montagne** significa **le montagne sono viste**, literalmente: *las montañas son vistas.*

b) **Uno**

si trova tutto ciò che uno vuole	*se encuentra todo lo que uno quiere*

c) **Tercera persona del plural:**

dicono	*se dice*
hanno bussato	*han llamado a la puerta*
hanno suonato	*han tocado el timbre*

d) **La voz pasiva**

è stato arrestato	*ha sido arrestado*

33 E’ meglio che io ci vada adesso

A 1 PRESENTACIÓN

- El presente de subjuntivo:

parl-are		ripet-ere	part-ire
que yo hable		*que yo repita*	*que yo parta*
che io	parl **i**	ripet **a**	part **a**
che tu	parl **i**	ripet **a**	part **a**
che esso	parl **i**	ripet **a**	part **a**
che noi	parl **iamo**	ripet **iamo**	part **iamo**
che voi	parl **iate**	ripet **iate**	part **iate**
che essi	parl **ino**	ripet **ano**	part **ano**

sicuro *seguro*
informarsi *informarse*
il rischio [**ris**kio] *el riesgo*
vale la pena *vale la pena*
normale *normal*
aprire *abrir*
restare chiuso *permanecer cerrado*
francamente *francamente*
seccare *molestar*

A 2 • • APLICACIÓN

1. — Pensi che apra questo pomeriggio, la farmacia?
2. — Non ne sono sicuro. Ma penso che le farmacie aprano oggi.
3. Vuoi che ci informiamo?
4. — No, è meglio che io ci vada subito.
5. Non voglio correre il rischio che il mal di testa peggiori.
6. — Non vale la pena perciò che tu aspetti fino ad oggi pomeriggio. E’ meglio essere prudenti.
7. Non mi sembra normale, però, che molti uffici chiudano il pomeriggio.
8. Che le banche, le poste, i musei, qualche volta anche i negozi aprano solo la mattina e restino chiusi il pomeriggio, francamente mi secca!
9. — Hai ragione.

33 Es mejor que yo vaya (allí) ahora

A 3 OBSERVACIONES

- Presente de subjuntivo de algunos verbos irregulares:

	Indicativo	Subjuntivo		
andare	vado	vada	vada	vada
		andiamo	andiate	**va**dano
potere	posso	possa	possa	possa
		possiamo	possiate	**pos**sano
sapere	so	sappia	sappia	sappia
		sappiamo	sappiate	**sap**piano
dovere	devo	debba	debba	debba
		dobbiamo	dobbiate	**deb**bano
volere	voglio	voglia	voglia	voglia
		vogliamo	vogliate	**vo**gliano
venire	vengo	venga	venga	venga
		veniamo	veniate	**ven**gano
fare	faccio	faccia	faccia	faccia
		facciamo	facciate	**fac**ciano

- Ponga atención al acento de la tercera personal del plural. Este cae sobre la misma sílaba que en las tres personas del singular.

parli	ri**pe**ta	**par**ta
parlino	ri**pe**tano	**par**tano

Atención: Para evitar malos entendidos, recuerde que:
seccare = *molestar* y que el verbo en español *sacar* es **asciugare**

A 4 TRADUCCIÓN

1. — ¿Crees que abra la farmacia esta tarde?
2. — No estoy seguro. Pero creo que las farmacias abren hoy.
3. ¿Quieres que nos informemos?
4. — No, es mejor que vaya (allí) enseguida.
5. No quiero correr el riesgo de que empeore el dolor de cabeza.
6. — No vale la pena, por lo tanto, que esperes hasta esta tarde. Es mejor ser prudente.
7. No me parece normal, sin embargo, que muchas oficinas cierren por la tarde.
8. Francamente me molesta que los bancos, el correo, los museos, a veces también los negocios, abran solamente por la mañana y permanezcan cerrados por la tarde.
9. — Tienes razón.

33 Ho l'impressione che la batteria sia scarica

B 1 PRESENTACIÓN

- Presente de subjuntivo de **essere** y **avere**:

essere		avere
que yo sea		*que yo tenga*
che io	**sia**	**abbia**
che tu	**sia**	**abbia**
che esso	**sia**	**abbia**
che noi	**siamo**	**abbiamo**
che voi	**siate**	**abbiate**
che essi	**siano**	**abbiano**

l'impressione *la impresión*
la batteria *la batería*
scarico [**ska**rico] *cargado*
piuttosto *más bien*
il motorino d'avviamento *el arranque, la puesta en marcha*
la candela *la bujía*
vecchio *viejo*
vendere [**ven**dere] *vender*
la carretta *la carreta*
eppure *sin embargo*
scervellarsi *romperse la cabeza (pensando)*
di nuovo *de nuevo*
i ferri vecchi *chatarra*
la soluzione *la solución*

B 2 [• •] APLICACIÓN

1. — **Ho l'impressione che la batteria sia scarica.**
2. — **Credo che sia piuttosto il motorino di avviamento che non va.**
3. — **Mi sembra che neanche le candele funzionino molto bene.**
4. — **Non penso che ci sia una macchina più vecchia di questa.**
5. **E' una vera carretta.**
6. — **Eppure l'ho fatta riparare due anni fa.**
7. — **Due anni fa! E' inutile allora che ci scervelliamo.**
8. **Conviene portarla di nuovo dal meccanico.**
9. **Ma forse è meglio venderla ai ferri vecchi!**
10. **Sarebbe la soluzione migliore.**
11. **Non penso che valga la pena ripararla.**

B 3 OBSERVACIONES

Gramática

• El modo indicativo del italiano expresa lo que es real, cierto, seguro:
Ej.: **So che le farmacie aprono oggi.**
Sé que las farmacias abren hoy.

El subjuntivo en italiano expresa lo que no es real, lo que no es cierto, lo que no es seguro:
Ej.: **Penso che le farmacie aprano oggi.**
Creo que las farmacias abren hoy.
El español es menos riguroso que el italiano para expresar la duda. En muchos casos, cuando el uso del subjuntivo es obligatorio en italiano, se resuelve en español mediante el indicativo. Las oraciones anteriores son dos ejemplos claros.
Sin embargo, nótese que mientras en español decimos: *Creo que las farmacias* abren *hoy*; para la forma negativa usamos el subjuntivo: *No creo que las farmacias* abran *hoy.*

• El acento de la tercera persona del plural está en el mismo lugar que en las tres personas del singular:

venga,	**si**a,	**ab**bia
vengano,	**si**ano,	**ab**biano

• **Valere** *valer*

Presente del indicativo: **vale, valgono** [**val**gono]
Presente del subjuntivo: **valga, valgano** [**val**gano]

B 4 TRADUCCIÓN

1. — Tengo la impresión de que la batería está descargada.
2. — Más bien creo que el arranque es el que no funciona.
3. — Me parece que tampoco las bujías están muy bien.
4. — No creo que haya un auto más viejo que éste.
5. Es una verdadera carreta.
6. — Sin embargo, lo arreglé hace dos años.
7. — ¡Hace dos años! Entonces es inútil que nos rompamos la cabeza.
8. Conviene llevarlo otra vez al mecánico.
9. Pero quizás sea mejor venderlo como chatarra.
10. Sería la mejor solución.
11. No creo que valga la pena arreglarlo.

33 Ejercicios

C 1 EJERCICIOS

A. Fare precedere le seguenti frasi dall'espressione: "Non credo che..."

1. La batteria è scarica.
2. Il museo è chiuso.
3. Le banche sono aperte oggi.
4. Sei un uomo prudente.
5. Funziona bene.

B. Rimettere in ordine la parole delle frasi seguenti:

1. Ci una macchina più vecchia sia non penso che di questa.
2. Soluzione migliore la sarebbe.
3. La pena fino a tu aspetti che non vale aprano che questo pomeriggio le banche.

C 2 VOCABULARIO

■ Verbos que son reflexivos en español pero no en italiano:

acostarse	**andare a letto**
callarse	**tacere**
desmayarse	**svenire**
desvanecerse	**svanire**
evadirse	**evadere** [**eva**dere]
escaparse	**scappare**
equivocarse	**sbagliare (**pero también **sblagiarsi)**

● Sustantivos correspondientes:

l'evasione	*la evasión*
lo sbaglio	*el error*
la scapata	*la escapada*
lo svanimento	*el desvanecimiento*
lo svenimento	*el desmayo*

C 3 HOJA DE RESPUESTAS

A. Anteponer la expresión "Non credo che..." **a las frases siguientes:**

1. Non credo che la batteria sia scarica.
2. Non credo che il museo sia chiuso.
3. Non credo che le banche siano aperte oggi.
4. Non credo che tu sia un uomo prudente.
5. Non credo che funzioni bene.

B. Ordenar las palabras de las frases siguientes:

1. Non penso che ci sia una macchina più vecchia di questa.
2. Sarebbe la soluzione migliore.
3. Non vale la pena che tu aspetti fino a questo pomeriggio che le banche aprano.

C 4 USOS CULTURALES

■ Il lotto

Después del **Totocalcio**, **el Lotto** es el juego más famoso en Italia. Si bien la palabra es de origen alemán y significa **tirare a sorte, sorteggiare** *(echar a la suerte, sortear)*, parece que el juego nació en Génova.

Cuando Génova era una república, cada seis meses se elegían cinco senadores y la gente apostaba a los nombres de los que pensaba resultarían elegidos entre el centenar de candidatos.

En Nápoles el Lotto ha llegado a ser casi una institución, un fenómeno social, ya que está ligado a la interpretación de los sueños y a una cultura popular cuyos orígenes se remontan mucho tiempo atrás.

34 Vada diritto e poi giri a destra

A 1 PRESENTACIÓN

● El presente de subjuntivo y el imperativo de **prendere**, *tomar*:

presente de subjuntivo	imperativo	
que yo tome		
1) prenda	1)	
2) prenda	2) **prendi**	*toma*
3) **prenda** →	3)	*tome*
1) prendiamo	1) **prendiamo**	*tomemos*
2) prendiate	2) **prendete**	*tomad*
3) **prendano** →	3)	*tomen*

la questura — *departamento de policía*
andare diritto — *seguir derecho*
tornare indietro — *retroceder, volver atrás*
i lavori in corso — *los trabajos de reparación*
il foglio — *la hoja (de papel)*
CAP (codice di avviamento postale) — *código postal*
l'Albergo delle Nazioni — *el Hotel de las Naciones*
restare in linea — *esperar en la línea, no colgar*

A 2 [• •] APLICACIÓN

1. — Scusi, dov'è la questura?
Vada diritto, e poi giri a destra.

2. — Mi scusi, che ora è?
Sono le sette e venti.

3. — Per favore, mi indichi la strada per andare al Museo nazionale.
— Torni indietro, non è sulla buona strada. Poi prenda la terza a sinistra, all'altezza del primo semaforo. Faccia attenzione ai lavori in corso.

4. — Per favore, mi dia un francobollo da duecento lire. Mi dia anche un foglio e una busta.
— Tenga. Non dimentichi di mettere il CAP (Codice di Avviamento Postale) con l'indirizzo.

5. — Scusi, mi dia il telefono dell'Albergo delle Nazioni.
Resti in linea, La prego, Glielo dò subito.

Siga derecho y luego doble a la derecha

A 3 OBSERVACIONES

Gramática

● **El imperativo** no se emplea en la primera persona del singular. Sólo la segunda persona del singular y la segunda del plural son voces propias de este modo verbal.

Ej.:		
	1. **torna**	**tornate**
	2. **prendi**	**prendete**
	3. **dormi**	**dormite**

La primera persona del plural, la tercera persona del singular y la tercera persona del plural son voces tomadas en préstamo del presente de subjuntivo:

Ej.:			
	1. **torni**	**torniamo**	**tornino**
	2. **prenda**	**prendiamo**	**prendano**
	3. **dorma**	**dormiamo**	**dormano**

Recuerde que las voces de la tercera persona, tanto en singular como en plural, tienen doble función: se utilizan también para la fórmula de cortesía *usted-ustedes*.

Ej.:		
	Resti in linea!	*¡No cuelgue!*
	Tornino in dietro!	*¡Vuelvan (ustedes) atrás!*

● **Glielo dò** *se lo doy (a usted).*

De acuerdo con la norma debería decirse **Le lo dò**. Con el uso, **Le** se ha transformado en **Gli** reforzado con la letra **e** por razones de pronunciación.

● Pronunciación: son esdrújulas las palabras [**in**diki] A2, [di**men**tiki] (A2), [te**le**fono] (A2), [**pren**dere] (A1), [**pren**dano] (A1), [se**ma**foro] (A2).

A 4 TRADUCCIÓN

1. — Perdón, ¿dónde está el departamento de policía?
   Siga derecho y luego doble a la derecha.
2. — Disculpe, ¿qué hora es?
   Son las siete veinte.
3. — Por favor, indíqueme el camino para ir al Museo Nacional.
   — Vuelva atrás, equivocó el camino. Luego, a la altura del primer semáforo, tome la tercera calle a la izquierda. Tenga cuidado con los trabajos de reparación.
4. — Por favor, déme una estampilla de doscientas liras. Déme también una hoja y un sobre.
   — Tómelo. No se olvide de indicar el código postal junto con la dirección.
5. — Por favor, déme el teléfono del hotel de las Naciones.
   — No cuelgue, por favor, se lo doy enseguida.

34 Faremo il giro dei laghi

B 1 PRESENTACIÓN

• Preste atención al plural de las siguientes palabras:

la tasca	*el bolsillo*	→	**le tasche**
il collega	*el colega*	→	**i colleghi**
la collega	*la colega*	→	**le colleghe**
il cieco	*el ciego*	→	**i ciechi**
il lago	*el lago*	→	**i laghi**

• El participio pasado de **comprendere** es **compreso**

il preside [**pre**side]	*el rector*
la gita	*la excursión*
la fine	*el fin*
spiegare	*explicar*
semplice [**sem**pliche]	*simple, sencillo*
avvertire	*advertir*
invitare	*invitar*
estraneo	*ajeno, de fuera*
i genitori	*los padres*
l'allievo	*el alumno*
il trasporto	*el transporte*
il vitto e l'alloggio	*la comida y el alojamiento*
l'assicurazione	*el seguro*
il bagaglio	*el equipaje*
la conoscenza	*el conocimiento, los conocidos*

B 2 • • APLICACIÓN

(Il preside e la professoressa.)

1. — **Signorina, viene alla gita che facciamo alla fine del mese?**
2. — **Non conosco bene il programma. Vuole spiegarmelo?**
3. — **E' semplice; faremo il giro dei laghi: lago Maggiore, lago di Como, lago di Garda.**
4. — **Sono stati avvertiti i colleghi e le colleghe?**
5. — **Ma certamente, signorina. Sappia che è possibile invitare anche persone estranee: amici, amiche e genitori degli allievi.**
6. — **Il prezzo comprende il vitto, l'alloggio e il trasporto?**
7. — **Tutto è compreso, anche l'assicurazione dei bagagli.**
8. — **Sarà un viaggio interessante, sa; ne parli fra le sue conoscenze. Ci sono ancora parecchi posti.**

B 3 OBSERVACIONES

Gramática

• Con **c**, **g** y **sc**, en italiano se tiende a conservar el mismo sonido cuando se pasa del singular al plural.

a) Los sustantivos femeninos en **-ca** y **-ga** mantienen siempre el sonido duro o gutural en el plural.

Ej.: **la tasca** *(el bolsillo)* **le tasche**, **l'amica** *(la amiga)* **le amiche**. Dicho sonido se obtiene introduciendo la **h** entre la **c** o la **g** y la desinencia **-e**.

b) Los sustantivos masculinos en **-co** y **-go** y en **-ca** y **-ga** conservan también el sonido duro, salvo casos particulares:

— la mayor parte de los sustantivos que tienen el acento sobre la antepenúltima sílaba (tercera a partir de la derecha):

Ej.: **medico** **medici**

— algunos sustantivos que se acentúan en la penúltima sílaba:

Ej.: **il nemico** *(el enemigo)* **i nemici, l'amico** *(el amigo)* **gli amici**.

• Para los verbos (ver C2), la tendencia es la misma. Los verbos en **-ciare** y en **-giare** mantienen siempre el mismo sonido.
Ej.: **cominciare** *(comenzar)* y **mangiare** *(comer)* en el presente del indicativo **(comincio, cominci, comincia, cominciamo, cominciate, cominciano)**; **(mangio, mangi, mangia, mangiamo, mangiate, mangiano).**

B 4 TRADUCCIÓN

(El rector y la profesora.)

1. — Señorita, ¿viene a la excursión que hacemos a fin de mes?
2. — No conozco bien el programa. ¿Podría explicármelo?
3. — Es simple, haremos la ruta de los lagos: lago Mayor, lago de Como, lago de Garda.
4. — ¿Han visto a los colegas y a las colegas?
5. — Claro, señorita. Sepa que es posible invitar también a personas de fuera: amigos, amigas y padres de los alumnos.
6. — ¿El precio incluye la comida, el alojamiento y el transporte?
7. — Está todo incluido, también el seguro del equipaje.
8. — Será un viaje interesante, sabe; coméntelo entre sus conocidos. Hay todavía varios lugares.

Ejercicios

C 1 EJERCICIOS

A. Mettere le forme verbali all'imperativo e tradurre:

1. Lei gira a sinistra e va diritto, poi si ferma.
2. Fa così: torna indietro e prende la quarta strada.
3. Lei mi dà un francobollo, mi dice il numero telefonico di quest'albergo e mi scrive l'indirizzo.

B. Immaginate di parlare con una persona alla quale date del "tu" e ditele di:

1. andare diritto.
2. girare a destra.
3. indicarmi la strada.
4. tornare indietro.
5. darmi un francobollo.
6. dare il telefono dell'albergo al mio amico.
7. restare in linea.

C 2 VOCABULARIO

■ Tanto los verbos como los sustantivos (ver B3) tienden a conservar el mismo sonido (**c**, **g** o **sc**) a lo largo de la conjugación. Ejemplos:

a) si el infinitivo posee sonido duro, éste se conserva en toda la conjugación.

Ej.: **collegare** *(atar, unir, comunicar)*

Indicativo presente	Subjuntivo presente	Futuro
colle**g**- o	colle**g-h**-i	colle**g-h**-erò
colle**g-h**- i	colle**g-h**-i	colle**g-h**-erai
colle**g**- a	colle**g-h**-i	colle**g-h**-erà
colle**g-h**- iamo	colle**g-h**-iamo	colle**g-h**-eremo
colle**g** -ate	colle**g-h**-iate	colle**g-h**-erete
colle**g** -ano	colle**g-h**-ino	colle**g-h**-eranno

b) En los verbos de la segunda conjugación, por el contrario, se alteran los sonidos: duro delante de **a, o**; dulce delante de **e, i**.

Ej.: Presente del indicativo de **vincere** [**vin**chere] *vence,* **leggere** [**led**yere] *leer*: **vinc-o, vinc-i, vinc-e, vinc-iamo, vinc-ete, vinc-ono; legg-o, legg-i, legg-e, legg-iamo, legg-ete, legg-ono.**

C 3 HOJA DE RESPUESTAS

A. Emplear las formas verbales en el imperativo y traducir:

1. Giri a sinistra e vada diritto, poi si fermi.
   Doble a la izquierda y siga derecho, después deténgase.
2. Faccia così: torni indietro e prenda la quarta strada.
   Haga así: vuelva atrás y tome la cuarta calle.
3. Mi dia un francobollo, mi dica il numero telefonico di quest'albergo e mi scriva l'indirizzo.
   Déme una estampilla, dígame el número telefónico de este hotel y escríbame la dirección.

B. Imagine que habla con una persona a la que tutea y dígale:

1. vai (va, va') diritto.
2. gira a destra.
3. indicami la strada.
4. torna indietro.
5. dammi un francobollo.
6. dai (dà, da') il telefono dell'albergo al mio amico.
7. resta in linea.

C 4 OBSERVACIONES

■ Cuadro de sonidos para **c, g** y **sc:**

	seguida de: **e** o **i**	de: **a, o** o **u**	de: **h + e, h + i**
c	[ch] **ciao** *(hola)* **cena** *(cena)*	[k] **poca** **poco** **curioso**	[k] **poche** *(pocas)* **pochi** *(pocos)*
g	[dy] **leggi** *(tú lees)* **la legge** *(la ley)*	[g] **la paga** **pago** *pago* **laguna** *laguna*	[g] **le paghe** *(las pagas)* **paghi** *(tú pagas)*
sc	[sh] **scena** *(escena)* **conosci** *(tú conoces)*	[sk] **scusami** *(discúlpame)* **conosco** *(yo conozco)* **conosca** *(que yo conozca)*	[sk] **tasche** *(bolsillos)* **caschi** *(los cascos)*

35 Non c'è nessun film interessante stasera

A 1 PRESENTACIÓN

- **Non andare** al cinema! *¡No vayas al cine!*
  Non pensiamo più al passato! *¡No pensemos más en el pasado!*

- **Non c'è nessun** film interessante: *no hay ninguna película interesante.*

- Non pensare sempre alla **stessa** cosa: *no pienses siempre en la misma cosa.*

egoista	*egoísta*
preoccuparsi	*preocuparse*
dire balle	*engañar*
il passato	*el pasado*
il presente	*el presente*
Arlecchino	*Arlequín*
il servitore	*el servidor*
il padrone	*el patrón*
recitare	*actuar*
la commedia	*la comedia, la obra*
il livello	*el nivel*
insistere	*insistir*

A 2 [• •] APLICACIÓN

1. **— Non c'è nessun film interessante stasera.**
2. **Non andare al cinema!**
3. **Vieni con me; andiamo a teatro.**
4. **Non mi lasciare solo; non essere egoista.**
5. **— Non preoccuparti. Verrò con te.**
6. **Non dirmi balle, però, come l'altra volta.**
7. **Mi avevi detto che davano** *Rocco e i suoi fratelli.*
8. **E non era affatto vero.**
9. **— Non pensiamo al passato. Pensiamo al presente.**
10. **Non pensare sempre alla stessa cosa.**
11. **Oggi danno** *Arlecchino servitore di due padroni,* **di Goldoni.**
12. **Recita il Piccolo Teatro di Milano.**
13. **Non c'è nessun'altra commedia?**
14. **— Penso che non ci siano altre commedie di questolivello, a parte** *Uno, nessuno e centomila,* **di Pirandello, che abbiamo già visto.**
15. **Dai, non insistere più! Andiamo a teatro stasera.**

A 3 OBSERVACIONES

Gramática

- El imperativo negativo se forma anteponiendo **non** al verbo, salvo en la segunda persona del singular, en este caso **non** se coloca delante del infinitivo:

1) —	—
2) (Tu) parla!	**non parlare!**
3) (Lei) parli!	non parli!
1) (Noi) parliamo!	non parliamo!
2) (Voi) parlate!	non parlate!
3) (Loro) parlino!	non parlino!

Para **parli** y **parlino** ver lección 34, A3.

- Cuando el adjetivo y pronombre indefinido **nessuno** *(nadie, ninguno)* está después del verbo, debe utilizarse la negación **non**. No se utiliza si **nessuno** precede al verbo.

	Non ho visto **nessuno**	*no vi a nadie*
pero	**nessuno** è venuto	*nadie ha venido*

- **Non dirmi** o **non mi dire**

- Pronunciar: [**chi**nema] (A2), [**re**chita] (A2).

A 4 TRADUCCIÓN

1. — No hay ninguna película interesante esta noche.
2. ¡No vayas al cine!
3. Ven conmigo; vayamos al teatro.
4. No me dejes solo; no seas egoísta.
5. — No te preocupes. Iré contigo.
6. Pero no me engañes, como la otra vez.
7. Me habías dicho que daban *Rocco y sus hermanos*.
8. Y no era cierto.
9. — No pensemos en el pasado. Pensemos en el presente.
10. No pienses siempre en la misma cosa.
11. Hoy dan *Arlequín, servidor de dos amos*, de Goldoni.
12. Actúa el *Piccolo Teatro* de Milán.
13. — ¿No hay otra comedia?
14. — Creo que no hay otras comedias de este nivel, a no ser *Uno, ninguno y cien mil*, de Pirandello, que ya hemos visto.
15. — ¡Anda, no insistas más! Vayamos al teatro esta noche.

35 E' piacevole andare a teatro

B 1 PRESENTACIÓN

- **E' piacevole andare a teatro** — *es agradable ir al teatro.*
  A parer mio, tuo, suo... — *según mi, tu, su (...) opinión.*
  Altrettanto — *igualmente.*
  Anzi — *más bien, al contrario.*

- El participio pasado de **scrivere** [**skri**vere] es **scritto**.

assistere — *asistir a, presenciar*
il lavoro teatrale — *la obra teatral*
l'opera — *la ópera*
del resto — *por lo demás*

B 2 [• •] APLICACIÓN

1. — E' bello assistere ad uno spettacolo come questo.
2. — E' vero che è piacevole vedere una commedia di Goldoni.
3. Ma è altrettanto piacevole guardare un lavoro teatrale di Eduardo de Filippo.
4. — E poi è facile capire le loro commedie anche quando sono scritte in dialetto veneziano o napoletano.
5. E' piacevole, insomma, andare a teatro.
6. E' più piacevole andare a teatro che andare al cinema.
7. — Non sono dello stesso parere.
8. E' piacevole andare tanto a teatro quanto al cinema.
9. — A parer mio, è meglio andare a teatro o all'opera.
10. — Ho capito tutto: è meglio tacere che parlare a un sordo.
11. Non verrò più con te a teatro. Anzi, non ci andrò più.
12. — Dai, non fare il bambino!
13. Del resto è più facile dire che fare!
14. E' impossibile non andare a teatro o all'opera.

35 Es agradable ir al teatro

B 3 OBSERVACIONES

Gramática

• Uso de los verbos **andare** y **venire**.

En italiano, cuando se formula una pregunta usando el verbo **venire**, se responde con el mismo verbo. **Venire** sirve para invitar a alguien a que haga lo mismo que uno.

Ej.: — **Carlo, vieni al cinema?** — *Carlos, ¿vienes al cine?*
— **Certo, ci vengo volentieri.** — *Claro, voy encantado.*

En italiano, cuando se formula una pregunta usando el verbo **andare**, se responde con el mismo verbo. **Andare** se usa cuando uno quiere hacer algo junto con otra persona:

Ej.: — **Vai al cinema?** — *¿Vas al cine?*
— **Sì, ci vado stasera.** — *Sí, voy esta noche.*
— **Allora andiamo insieme.** — *Entonces vamos juntos.*

E' facile parlare *es fácil hablar*
Parlare è più facile *es más fácil hablar*
E' piacevole andare a teatro *es agradable ir al teatro*
E' più facile dire che fare *es más fácil decir que hacer*

B 4 TRADUCCIÓN

1. — Es bueno asistir a un espectáculo como éste.
2. — Es en verdad agradable ver una comedia de Goldoni.
3. Pero también es agradable presenciar una obra de teatro de Eduardo de Filippo.
4. — Y además es fácil entender sus comedias, aun cuando están escritas en dialecto veneciano o napolitano.
5. — En suma, es agradable ir al teatro.
6. Es más agradable ir al teatro que al cine.
7. — No soy de la misma opinión.
8. Es tan agradable ir al teatro como al cine.
9. — Según mi opinión, es mejor ir al teatro o a la ópera.
10. — Entendí todo: es mejor callar que hablarle a un sordo.
11. No iré más contigo al teatro. Mejor aún, no iré más al teatro.
12. — ¡Anda, no seas infantil!
13. Por lo demás, ¡es más fácil decir que hacer!
14. Es imposible no ir al teatro o la ópera.

35 Ejercicios

C 1 EJERCICIOS

A. • • **Tradurre:**

1. Esta noche, por televisión, no pasan ninguna película interesante.
2. ¿No hay ninguna otra comedia?
3. ¿Nadie vino? (¿No vino nadie?)

B. Tradurre e mettere alla forma negativa:

1. Ve al cine esta noche.
2. Preocúpate de esto.
3. Ven al teatro conmigo.

C. Degli errori sono stati introdotti nelle frasi che seguono. Correggerli.

1. Non ti preoccupare.
2. Penso che sia piacevole di vedere una commedia di de Filippo.
3. Goldoni non è più celebre che Pirandello.
4. E' più facile di dire che fare.
5. Il mio parere è che l'opera è meno interessante che il teatro.
6. E' più interessante di andare al teatro che al cinema.

C 2 VOCABULARIO

■ **Indovinello** *Adivinanza*

Un lupo, una capra e un cavolo sono sulla riva di un fiume. Un barcaiolo vuole trasportarli uno dopo l'altro al di là del fiume evitando che, in sua assenza, il lupo attacchi la capra e la capra mangi il cavolo. Come fare?

Un lobo, una cabra y un repollo están a la orilla de un río. Un barquero quiere transportarlos uno a la vez hasta la otra orilla, evitando que en su ausencia el lobo ataque a la cabra y que la cabra se coma el repollo. ¿Cómo hacer?

(Vea la respuesta en la página siguiente, C4).

C 3 HOJA DE RESPUESTAS

A. • • **Traducir:**

1. Stasera, alla televisione, nessun film è interessante.
2. Non c'è nessun'altra commedia?
3. Nessuno è venuto? (Non è venuto nessuno?)

B. Traducir y pasar a la forma negativa:

1. Va' al cinema stasera. Non andare...
2. Preoccupati di questo. Non preoccuparti...
3. Vieni con me a teatro. Non venire...

C. En las siguientes frases se han introducido algunos errores. Corríjalos.

1. Non preoccuparti, non ti preoccupare *(las dos formas son correctas).*
2. Penso che sia piacevole vedere una commedia di de Filippo.
3. Goldoni non è più celebre di Pirandello.
4. E' più facile dire che fare.
5. Il mio parere è che l'opera è meno interessante del teatro.
6. E' più interessante andare a teatro che al cinema.

C 4 VOCABULARIO

■ **Risposta** *Respuesta*

Il barcaiolo trasporta dapprima la capra, poi torna e prende il lupo; quando ha trasportato il lupo, riporta indietro sull'altra riva la capra e trasporta il cavolo. Infine ritorna a prendere la capra e la trasporta di nuovo sull'altra riva.

El barquero transporta primero la cabra, luego regresa y lleva al lobo; una vez que ha transportado el lobo, vuelve a dejar la cabra en la primera orilla y transporta el repollo. Por último, regresa por la cabra y la transporta nuevamente a la otra orilla.

36 Non vorrei che litigassimo per queste sciocchezze

A 1 PRESENTACIÓN

- El pretérito de subjuntivo

parl-are		ripet-ere	part-ire	avere	essere
che io	parl**assi**	ripet**essi**	part**issi**	av**essi**	**fossi**
che tu	parl**assi**	ripet**essi**	part**issi**	av**essi**	**fossi**
che esso	parl**asse**	ripet**esse**	part**isse**	av**esse**	**fosse**
che noi	parl**assimo**	ripet**essimo**	part**issimo**	av**essimo**	**fossimo**
che voi	parl**aste**	ripet**este**	part**iste**	av**este**	**foste**
che essi	parl**assero**	ripet**essero**	part**issero**	av**essero**	**fossero**

la basilica — *la basílica*
San Pietro — *San Pedro*
fare lo spiritoso — *hacerse el gracioso*
cercare il pelo nell'uovo — *buscarle tres pies al gato*
cavilloso — *quisquilloso, puntilloso*
prendere cappello — *ofenderse*
prendersela a male — *tomar algo a mal*
smetterla [**sme**tterla] — *basta ya*
litigare — *discutir, pelear, reñir*
la sciocchezza — *la tontería*

A 2 • • APLICACIÓN

1. **— Non pensavo che la basilica di San Pietro fosse tanto grande.**
2. **— Pensavo che tu l'avessi già vista.**
3. **Credevo infatti che tu fossi già venuto a Roma.**
4. **— Non pensavo che la basilica di San Pietro si trovasse a Roma.**
5. **— Dai, non fare lo spiritoso! Non cercare il pelo nell'uovo!**
6. **Non pensavo che tu fossi così cavilloso.**
7. **Non sapevo neanche che tu prendessi facilmente capello.**
8. **— Ma no! Non te la prendere a male.**
9. **Tutti sanno che la basilica di San Pietro si trova nella Città del Vaticano, che è uno Stato indipendente...**
10. **... e che si trova nella città di Roma!**
11. **Dai, smettiamola!**
12. **Non vorrei che litigassimo per queste sciocchezze!**

A 3 OBSERVACIONES

Gramática

• El pretérito de subjuntivo es un tiempo de uso frecuente en la lengua italiana. El acento cae siempre sobre la misma sílaba, aquella en que se encuentra la vocal temática (que caracteriza al verbo y se encuentra delante de la desinencia).

Atención con la pronunciación:

par**las**si
par**las**si
par**las**se
par**las**simo
par**las**te
par**las**sero

• El antepretérito de subjuntivo se forma con el pretérito de **avere** o de **essere** y el participio pasado.

— **Che io fossi venuto, che tu fossi venuto...** *que yo hubiese venido.*

— **Che io avessi visto, che tu avessi visto...** *que yo hubiera visto.*

• Pronunciar: [**pren**dersela] (A1), [**pren**dere] (A1).

A 4 TRADUCCIÓN

1. — Yo no creía que la basílica de San Pedro fuese tan grande.
2. — Yo creía que la habías visto.
3. De hecho, (yo) creía que ya habías venido a Roma.
4. — Yo no creía que la basílica de San Pedro estuviese en Roma.
5. — ¡Vamos, no te hagas el gracioso! ¡No le busques tres pies al gato!
6. No creía que fueras tan quisquilloso.
7. No sabía tampoco que te ofendieras tan fácilmente.
8. — ¡Pero vamos! No lo tomes a mal.
9. Todo el mundo sabe que la basílica de San Pedro está en la Ciudad del Vaticano, que es un Estado independiente...
10. ...¡y que se encuentra en la ciudad de Roma!
11. ¡Basta ya!
12. ¡No quisiera que discutiéramos por estas tonterías!

B 1 PRESENTACIÓN

■ Comparar los dos idiomas:

Si yo fuera a Italia, *estaría* contento.
Se andassi in Italia, **sarei** contento.
Si hubiese ido a Italia, *yo habría estado* contento.
Se fossi andato in Italia, **sarei stato** contento.

Estas expresiones son tan frecuentes que es mejor aprenderlas de memoria.

affrescare	*pintar al fresco*
la Cappella Sistina	*Capilla Sixtina*
subire	*soportar, sufrir*
l'attentato	*el atentado*
proteggere [pro**ted**y**ere]	*proteger*
il vetro	*el vidrio*
la collezione	*la colección*
emettere francobolli [emettere]	*emitir estampillas*
l'introito	*el ingreso (de fondos)*
coniare monete	*acuñar moneda*
i Patti Lateranensi	*Los Pactos de Letrán*
il rapporto	*la relación*

B 2 [• •] APLICACIÓN

1. **Se avessi più tempo, visiterei volentieri i giardini del Vaticano.**
2. **Se Michelangelo non avesse affrescato la Cappella Sistina, questa sarebbe meno celebre.**
3. **Se la Pietà di Michelangelo non avesse subito un attentato, adesso non sarebbe protetta da un vetro.**
4. **Se tu facessi collezione di francobolli, potresti comprare quelli della Città del Vaticano.**
5. **Se il Vaticano non emettesse francobolli, avrebbe meno introiti.**
6. **Se il Vaticano non fosse uno Stato indipendente, non potrebbe coniare monete.**
7. **Se nella Città del Vaticano non ci fosse il Papa, ci sarebbero meno i a Roma.**
8. **Se non ci fossero i Patti Lateranensi, i rapporti fra Chiesa e Stato italiano sarebbero più difficili.**

B 3 OBSERVACIONES

■ Gramática

• En la expresión *si yo fuera a Italia...*, el *si* introduce una condición posible: *Siempre es posible que yo vaya a ese lugar.*

Si yo fuera allí, yo estaría contento.

Esta condición se expresa en italiano mediante el pretérito de subjuntivo (ya que es una posibilidad y no un hecho):

Se andassi in Italia, sarei contento.

• *Si yo hubiese ido...* expresa una condición imposible. Esta situación se indica mediante el antepretérito de subjuntivo. *Como no he ido a ese lugar, no estoy contento. Si yo hubiese ido yo habría estado contento*:

Se fossi andato in Italia, sarei stato contento.

■ **I Patti Lateranesi**, los Pactos de Letrán, se firmaron en 1929. Comprenden tres partes: 1) el tratado por el cual el Estado italiano acuerda la creación del Estado del Vaticano; 2) el Concordato que estipula la naturaleza de las relaciones entre la Iglesia y el Estado; 3) la convención financiera por la cual el Estado italiano indemniza a la Iglesia por la pérdida de los que habían sido sus territorios hasta 1870. El Concordato fue modificado en el año 1984 por el gobierno presidido por Bettino Craxi, de acuerdo con el Vaticano.

B 4 TRADUCCIÓN

1. Si yo tuviera más tiempo, visitaría con gusto los jardines del Vaticano.
2. Si Miguel Ángel no hubiese pintado al fresco la Capilla Sixtina, ésta sería menos célebre.
3. Si la Piedad de Miguel Ángel no hubiese sufrido un atentado, ahora no estaría protegida por un vidrio.
4. Si tú coleccionaras estampillas, podrías comprar las de la Ciudad del Vaticano.
5. Si el Vaticano no emitiera estampillas, tendría menos ingresos.
6. Si el Vaticano no fuese un Estado independiente, no podría acuñar moneda.
7. Si en la Ciudad del Vaticano no estuviese el Papa, habría menos turistas en Roma.
8. Si no existieran los Pactos de Letrán, las relaciones entre la iglesia y el Estado italiano serían más difíciles.

36 Ejercicios

C 1 EJERCICIOS

A. • • **Tradurre:**

1. ¿Usted pensaba que esta basílica era menos grande?
2. ¿Creías que ya habíamos llegado?
3. ¿Usted creía que yo ya había estado aquí?
4. Yo no sabía que esta ciudad era tan rica.

B. Tradurre:

1. Pensavi che io la conoscessi già?
2. Non pensavo che fosse così bella questa chiesa.
3. Credevo che Lei fosse già venuto qui.
4. Non sapevo che questa basilica si trovasse in questa città.
5. Ma tutti lo sanno che qui ci sono due basiliche.

C. Tradurre:

1. Estaríamos muy contentas si fuésemos a Italia.
2. ¿Estaría usted contento, si regresara a Italia este año?
3. Sí lo supiera, se lo diría.
4. Lo harías con mucho gusto, si tuvieras más tiempo.
5. Habría mucho menos turistas en Roma, si no hubiera tantas cosas para ver y si el Papa no estuviera en el Vaticano.

C 2 VOCABULARIO

■ **Scioglilingua** *Trabalenguas*

Ogni lingua ha le sue difficoltà di pronuncia. Certe frasi, artificiali, accumulano le difficoltà. Eccone alcune:

Todo idioma tiene sus dificultades de pronunciación. Algunas frases artificiales acumulan las dificultades. He aquí algunas de ellas:

• **Apelle, figlio di Apollo, fece la palla di pelle di pollo. Tutti i pesci vennero a galla per vedere la palla di pelle di pollo fatta da Apelle, figlio di Apollo.**

Apeles, hijo de Apolo, hizo una pelota de piel de pollo. Todos los peces subieron a la superficie para ver la pelota de piel de pollo hecha por Apeles, hijo de Apolo.

36 Ejercicios

C 3 HOJA DE RESPUESTAS

A. [• •] **Traducir:**

1. Lei pensava che questa basilica fosse meno grande?
2. Pensavi che fossimo già arrivati?
3. Lei credeva que io fossi già venuto qui?
4. Non sapevo che questa città fosse così ricca.

B. Traducir:

1. ¿Creías que yo ya la conocía?
2. Yo no creía que esta iglesia fuese tan bella.
3. Yo creía que usted ya había venido aquí.
4. Yo no sabía que esta basílica, se encontrara en esta ciudad.
5. Pero todos saben que aquí hay dos basílicas.

C. Traducir:

1. Saremmo molto contente, se andassimo in Italia.
2. (Lei) sarebbe contento, se tornasse in Italia quest'anno?
3. Se lo sapessi. Glielo direi.
4. Lo faresti molto volentieri, se tu avessi più tempo.
5. Ci sarebbero molto meno turisti a Roma, se non ci fossero tante cose da vedere e se il Papa non fosse in Vaticano.

C 4 VOCABULARIO

■ **Scioglilingua** (continuazione)

• **Sopra la panca la capra campa, sotto la panca la capra crepa.**
Sobre el banco la cabra vive, debajo del banco la cabra muere.

• **Trentatré Trentini rotolarono fra le pietre rotolanti.**
Treinta y tres trentinos rodaron entre las piedras que rodaban.

37 Se ieri fossimo andati al ristorante, oggi sareli al verde

A 1 PRESENTACIÓN

Se	**andrò** **andassi** **fossi andato**	**al ristorante,**	**prenderò** **prenderei** **avrei preso**	**gli gnocchi**
Si	*voy* *fuera* *hubiera ido*	*al restaurante,*	*comeré* *comería* *habría comido*	*ñoquis*

● Andrò **a** fare un giro a Cortina: *Iré a hacer una excursión a Cortina.* Se andrò al ristorante, prenderò gli gnocchi: *Si voy al restaurante, comeré ñoquis.*

Ostia	*Ostia*
gli scavi	*las excavaciones*
Tivoli	*Tívoli*
sciare	*esquiar*
essere promosso	*aprobar, ser aprobado*
la probabilità	*la probabilidad*
di più	*más*
prendere	*tomar, elegir, comer*
molti soldi	*mucho dinero*

A 2 • • APLICACIÓN

1. **Se andremo al ristorante, prenderò gli gnocchi.**
   Se andassimo al ristorante, sarei contento di assaggiare lo zabaione.
   Se ieri fossimo andati al ristorante, oggi sarei al verde.
2. **Se avrò tempo, farò una gita ad Ostia antica.**
   Se avessi tempo, potrei andare a visitare gli scavi di Pompei.
   Se avessi avuto tempo, sarei andato a fare un giro a Tivoli.
3. **Se avrò molti soldi, passerò le vacanze a Sanremo.**
   Se avessi molti soldi, mi piacerebbe andare a sciare a Cortina d'Ampezzo.
   Se avessi avuto molti soldi, mi sarebbe piaciuto andare a Venezia.
4. **Se studierai, sarai promosso.**
   Se tu studiassi di più, avresti più probabilità di laurearti prima.
   Se tu avessi studiato di più, ti saresti laureato in quattro anni, invece di sette.

A 3 OBSERVACIONES

Gramática

- Observe las dos partes de la siguiente oración condicional:

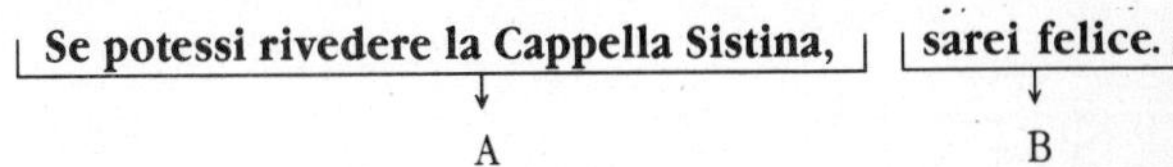

En la frase A se expresa la condición y en la frase B la consecuencia de la condición.

En italiano y en español el verbo de la frase B corresponde a algunos de los tres tipos de la oración condicional (real, posible, imposible) y se conjuga en el mismo tiempo y modo (ver A1):

a) **prenderò** *elegiré*
b) **prenderei** *elegiría*
c) **avrei preso** *habría elegido*

En la frase A, en cambio, los modos y los tiempos que se emplean no son necesariamente los mismos (ver A1):

Se **andrò** al ristorante, prenderò gli gnocchi.
*Si **voy** al restaurante, comeré ñoquis.*

A 4 TRADUCCIÓN

1. Si vamos al restaurante elegiré ñoquis.
   Si fuéramos al restaurante, me gustaría probar el *zabaione*.
   Si ayer hubiéramos ido al restaurante, hoy estaría sin dinero.
2. Si tengo tiempo, haré una excursión a la antigua Ostia.
   Si tuviera tiempo, podría ir a visitar las excavaciones de Pompeya.
   Si hubiera tenido tiempo, habría ido a dar la vuelta por Tívoli.
3. Si tengo mucho dinero, pasaré las vacaciones en San Remo.
   Si tuviera mucho dinero, me gustaría ir a esquiar a Cortina d'Ampezzo.
   Si tuviera mucho dinero, me habría gustado ir a Venecia.
4. Si estudias aprobarás.
   Si estudiaras más, tendrías más probabilidades de recibirte antes.
   Si hubieras estudiado más, te habrías recibido en cuatro años en vez de siete.

37 Quando si è assicurati, non si deve temere mai niente

B 1 PRESENTACIÓN

•

a)

Non	è	capitato successo accaduto	**niente nulla**

o

niente nulla	è	capitato successo accaduto

no pasó nada / nada pasó

b)

Non	è	arrivato	nessuno

o

nessuno	è	arrivato

no llegó nadie / nadie llegó

ad ogni modo	*de todos modos*
essere convinto	*estar convencido*
accorgersene [ak**kord**yersene]	*darse cuenta*
l'incidente	*el accidente*
la polizia	*la policía*
il testimone	*el testigo*
sfuggirc	*escapar, escaparse*
il guaio	*el problema, daño, dificultad, contratiempo*
serio	*serio, grave*
fare il dritto	*hacerse el listo*
essere assicurato	*estar asegurado*

B 2 [• •] APLICACIÓN

1. — Non sarebbe capitato niente se tu avessi fatto attenzione.
2. — Sei sicuro che niente sarebbe accaduto se io fossi stato più attento?
3. — Ad ogni modo, io sono convinto che nessuno se ne sarebbe accorto, se io fossi partito dopo l'incidente.
4. — La polizia sarebbe arrivata subito sul posto, sai?
5. C'è sempre qualche testimone, anche se a te sembra che nessuno abbia visto niente.
6. Nulla le sarebbe sfuggito, allora.
7. E a te, che cosa sarebbe successo? Dei guai seri!
8. Non serve a niente fare il dritto.
9. Tanto più che sei assicurato.
10. Se tu non fossi stato assicurato, allora avresti potuto temere qualcosa.
11. Ma quando si è assicurati, non si deve temere niente.
12. — Con te non capita mai niente! Non succede mai nulla!

B 3 OBSERVACIONES

Gramática

• Con **nessuno** (pronombre) *nadie*, **nessun** (adjetivo) *ningún*, **niente** o **nulla** *nada* sólo se utiliza la negación **non**, si estos indefinidos se colocan después del verbo.

Ej.:

Non	è venuto	**nessuno**	*No ha venido nadie*
Nessuno	è venuto		*Nadie ha venido*

Non	è accaduto	**nulla / niente**	*No ha sucedido nada*
Nulla / niente	è accaduto		*Nada ha sucedido*

Nulla y **niente** son sinónimos.

Capitare *ocurrir, pasar*
accadere *acaecer*
succedere *suceder*

• Uso idiomático del verbo **capitare: sono capitato propio quando arrivava la polizia** *por casualidad, pasé justo cuando llegaba la policía.*

• **Fare il dritto**: *hacerse el listo.*

• Pronunciar: [**su**bito] (B2), [**ka**pita] (B2).

B 4 TRADUCCIÓN

1. — No habría sucedido nada, si hubieras puesto atención.
2. — ¿Estás seguro de que no habría pasado nada, si yo hubiera estado más atento?
3. — De todos modos, estoy convencido de que nadie se habría dado cuenta, si me hubiera ido después del accidente.
4. — La policía habría llegado enseguida al lugar, ¿sabes?
5. Hay siempre algún testigo, aunque te parezca que nadie haya visto nada.
6. Nada se le habría escapado, entonces.
7. ¿Y a ti, qué te habría pasado? ¡Problemas serios!
8. De nada sirve hacerse el listo.
9. Menos aún, estando asegurado.
10. Si tú no hubieras estado asegurado, (entonces) habrías podido temer algo.
11. Pero cuando se está asegurado, no se debe temer nada.
12. — ¡Contigo no pasa nunca nada! ¡Jamás sucede nada!

37 Ejercicios

C 1 EJERCICIOS

A. a) Dare prima del tu e poi del Lei nelle prime tre frasi di A2

b) Mettere alla prima persona plurale le frasi 4, 5, 6 di A2

B. [• •] **Tradurre:**

1. Nada habría sucedido si usted hubiese puesto atención.
2. ¿Está usted seguro de que no habría sucedido nada, si yo hubiese puesto más atención?
3. Aunque no haya sucedido nada grave, es necesario detenerse.
4. Nada se debe temer, cuando se está asegurado.
5. ¡Con usted... no pasa nunca nada! ¡Jamás sucede nada!

C. Tradurre:

1. Ningún policía llegó al lugar.
2. Nadie dijo nada acerca de lo que había sucedido.

C 2 VOCABULARIO

■ **Qualche espressione idiomatica o proverbio**
Algunas expresiones idiomáticas o proverbios

a) **Vedere tutto nero** *ver todo negro*
b) **Azzeccare un dodici (al Totocalcio)** *acertar todos los resultados del pronóstico deportivo y, por lo tanto, ganar*
c) **Divertirsi un sacco** *divertirse como loco*
d) **Nascere con la camicia** *nacer con la camisa puesta*
e) **Unire l'utile al dilettevole** *combinar lo útil y lo agradable*
f) **Mettersi di buona lena** *disponerse a*
g) **Darla a bere** *hacerle creer algo a alguien*
h) **Fregarsene** [fre**gar**sene] *desentenderse, no interesarle a uno*

C 3 HOJA DE RESPUESTAS

A. a) Reformular las primeras tres frases de A2 utlizando primero el tuteo y luego la fórmula de cortesía:

1. Se andrai... prenderai...
   Se (Lei) andrà... prenderà...
2. Se tu andassi... saresti...
   Se (Lei) andasse... sarebbe...
3. Se tu... fossi andato... saresti...
   Se... (Lei) fosse andato... sarebbe...

b) Reformular en primera persona del plural las frases 4, 5 y 6 de A2:

4. Se avremo... faremo...
5. Se avessimo... potremmo...
6. Se avessimo avuto... saremmo andati...

B. [• •] Traducir:

1. Niente (nulla) sarebbe capitato, se Lei avesse fatto attenzione.
2. (Lei) è sicuro che non sarebbe accaduto niente, se fosse stato più attento?
3. Anche se non è successo niente (nulla) di grave, bisogna fermarsi.
4. Non si deve temere nulla, quando si è assicurati.
5. Con Lei... non succede mai nulla! Non capita mai niente!

C. Traducir:

1. Nessun carabiniere è arrivato sul posto.
2. Nessuno ha detto nulla di ciò che era successo (accaduto, capitato).

C 4 VOCABULARIO

Qualche esclamazione	*Algunas exclamaciones*
— Che barba!	*¡Qué aburrimiento!*
— Al diavolo! [**dia**volo]	*¡Al diablo!*
— Così non va proprio!	*¡Así la cosa no va!*
— Calma!	*¡Calma!*
— Peccato!	*¡Qué lástima!*

38 Pensi che serva veramente a qualcosa?

A 1 PRESENTACIÓN

En italiano, **la idea del futuro en el pasado** se expresa mediante el **condicional compuesto**.

- Ejemplos de la concordancia de tiempos:

1) **Penso che venga**	*creo que vendrá / venga*
Penso che sia venuto	*creo que ha venido*
Penso che verrà	*creo que vendrá*
2) **Pensavo che fosse venuto**	*creía que había venido*
3) **Mi piacerebbe che tu venissi**	*me gustaría que vinieras*

favorevole	*favorable*	**l'istituzione**	*la institución*
completamente	*completamente*	**il burattino**	*la marioneta*
la farsa	*la farsa*	**il Parlamento**	*el Parlamento*
la democrazia [demokrats**ia**]	*la democracia*	**lo strumento**	*el instrumento*
		il discorso	*el discurso*
avere un senso	*tener sentido*	**soporifico**	*soporífero*
riconoscere	*reconocer*	**l'elezione**	*la elección*
sragionare	*decir disparates*	**spiegare**	*explicar*
a tal punto	*a tal punto*	**arrabbiato**	*furioso*
la partecipazione	*la participación*		

A 2 [• •] APLICACIÓN

1. —. **Che barba! Ancora un referendum!**
2. — **Come! Pensavo che tu fossi favorevole al referendum abrogativo!**
3. — **Me ne frego completamente, ormai. Basta con queste farse!**
4. **Sono stufo! Tu pensi che serva veramente a qualcosa?**
5. **Se fossimo in una vera democrazia, esso avrebbe un senso. Ma qui...!**
6. — **Non ti riconosco più! Possibile che tu sragioni a tal punto?**
7. **Possibile che tu sia cambiato in poco tempo? Che cosa è successo?**
8. **Tu sai bene che se non ci fosse questa istituzione, tu diresti che siamo i burattini di quei signori del Parlamento e che la democrazia è una vera farsa...**
9. **Adesso che c'è questa forma di partecipazione...**
10. — **Basta! Sono i soliti discorsi soporifici!**
11. **Al diavolo il Parlamento, le elezioni, il referendum!**
12. — **Ehi! Calma! Calma! Vorrei che tu mi spiegassi perché sei così arrabbiato. Così non va proprio!**
13. **Non mi piace che tu parli in questo modo.**

¿Crees que sirva realmente de algo?

A 3 OBSERVACIONES

Gramática

- Concordancia de los modos y de los tiempos:

	che venga	*que venga*
1) Non penso	**che sia venuto**	*que haya venido*
no creo	**che verrà**	*que venga* *
	che venisse	*que viniera*
2) Non pensavo	**che fosse venuto**	*que hubiera venido*
yo no creía	**che sarebbe venuto**	*que hubiera venido* *

3) Mi piacerebbe che tu venissi
Me gustaría que vinieras

4) Mi sarebbe piaciuto che fosse venuto
Me habría gustado que él hubiese venido

* En español se emplea el subjuntivo para el segundo verbo. Literalmente la traducción es: *No creo que vendrá. No creía que habría venido.*

A 4 TRADUCCIÓN

1. — ¡Qué aburrimiento! ¡Otra vez un referéndum!
2. — ¿Cómo? ¡Creía que eras partidario del referéndum revocado!
3. — No me interesa en absoluto por ahora. ¡Basta de semejantes farsas!
4. ¡Estoy harto! ¿Crees que sirva realmente de algo?
5. Si estuviéramos en una verdadera democracia, eso tendría sentido. ¡Pero aquí!
6. — ¡No te reconozco! ¿Será posible que digas disparates hasta tal punto?
7. ¿Será posible que hayas cambiado en tan poco tiempo? ¿Qué ha sucedido?
8. Bien sabes que si no existiera una institución dirías que somos marionetas de esos señores del Parlamento y que la democracia es una verdadera farsa.
9. Ahora que existe esta forma de participación...
10. — ¡Basta! ¡Son los discursos soporíferos de siempre!
11. ¡Al diablo el Parlamento, las elecciones, el referéndum!
12. — ¡Eh! ¡Calma, calma! Quisiera que me explicaras por qué estás tan furioso. ¡Así la cosa no va!
13. — No me gusta que hables de ese modo.

38 Sabbene sembri tanto sicuro di sé...

B 1 PRESENTACIÓN

- Empleo del subjuntivo.

El subjuntivo se emplea:

a) después de las siguientes conjunciones:
   benché, quantunque, sebbene: *aunque, si bien*
   perché, affinché: *a fin de que*
   comunque (sia): *sea lo que fuere, como quiera que sea*

b) después de **fare in modo che:** *hacer de modo que*

comportarsi	*comportarse*
fragile [**fra**yile]	*frágil*
sicuro di sé	*seguro de sí mismo*
assolutamente	*absolutamente*
far paura	*dar miedo*
la situazione	*la situación*
la salute	*la salud*
licenziare	*despedir (de un empleo)*
disoccupato	*desocupado*
capace	*capaz*
esasperato	*exasperado*
depresso	*deprimido*

B 2 • • APLICACIÓN

1. — **Benché Graziella l'abbia lasciato, non doveva comportarsi così.**
2. — **Ma, sai, devi capirlo; è un ragazzo alquanto fragile, sebbene sembri tanto sicuro di sé.**
3. — **Comunque sia, mi dispiace per lui. Peccato!**
4. — **Non penso che sia prudente parlare di politica con lui in questo momento.**
5. — **Ah no! Assolutamente! Questo l'ho capito, ormai.**
6. — **Ciò che mi preoccupa e mi fa paura è che la situazione peggiori e la sua salute ne risenta.**
7. — **Spero che non faccia sciocchezze dove lavora.**
8. — **Altrimenti c'è da temere che lo licenzino e rimanga disoccupato.**
9. — **Quantunque sia capace di fregarsene in questo momento se viene licenziato, esasperato e depresso com'è...**

B 3 OBSERVACIONES

- Con **comunque** el verbo a menudo se omite:
  Comunque non ne parlerò. *Como quiera que sea, yo no hablaré de eso.*

- **Disoccupato** *desocupado, desempleado;* es el opuesto de **occupato** *ocupado, empleado.*
  Occupazione *ocupación, empleo*; **disoccupazione** *desocupación, desempleo.*

En italiano, el opuesto se forma con los siguientes prefijos:

a) **dis-**	**occupato/ disoccupato**	*ocupado/desocupado.*
	piacere/dispiacere	*placer/disgusto*
b) **in-**	**capace/incapace**	*capaz/incapaz*
	felice/infelice	*feliz/infeliz*
c) **s-**	**contento/scontento**	*contento/ descontento*
	coprire/scoprire	*cubrir/descubrir*

- **Viene licenziato** *es despedido.* **Venire** aquí reemplaza a **essere** para formar la forma pasiva.

- **Graziella** es el diminutivo de **Grazia**. En italino también se emplean a menudo los sufijos, lo que permite un considerable enriquecimiento de la lengua. He aquí algunos sufijos:

aumentativos: **-one** (**amico** → **amicone** *amigazo*)
diminutivos: **-etto**, **-etta** (**amica** → **amichetta** *amiguita*, **foglio** → **foglietto** *hojita*)
despectivos: **-accio** (**ragazzo ragazzaccio** *muchachote*)

B 4 TRADUCCIÓN

1. — Aunque Graciela lo haya dejado, no debería comportarse así.
2. — Pero, sabes, debes comprenderlo. Es un muchacho algo frágil, aunque parezca tan seguro de sí mismo.
3. — Como quiera que sea, lo siento por él. ¡Qué lástima!
4. — No creo que sea prudente hablar de política con él en este momento.
5. — ¡Ah no! ¡En absoluto!, eso ya lo entendí.
6. — Lo que me preocupa y me da miedo es que la situación empeore y su salud lo resienta.
7. — Espero que no haga tonterías donde trabaja.
8. — De lo contrario temo que lo despidan y quede desempleado.
9. — Aunque exasperado y deprimido como está, si en este momento lo despidieran podría no importarle...

38 Ejercicios

C 1 EJERCICIOS

A. [• •] **Passare dal presente de indicativo all'imperfetto:**

1. Penso che tu sia favorevole.
2. Sono ragazzi alquanto fragili, sebbene sembrino tanto sicuri di sé.
3. Credi che se ne freghi completamente?
4. Non mi piace che tu parli così.
5. C'è da temere che lo licenzino e rimanga disoccupato.

B. Completare le frasi: —frego, spiegassi, sragioni, prendesse, a riposarsi, non va;

1. Vorrei che tu mi ..... perché sei arrabbiato.
2. Così ...... proprio!
3. L'ideale sarebbe che .... qualche giorno di vacanza e andasse ....
4. Ora me ne .... completamente.
5. Possibile che tu ...... a tal punto?

C. Coniugare le espressioni verbali secondo questo modello:
— penso che venga, che sia venuto, che verrà

1. Non succedere niente.
2. Essere favorevole.
3. Peggiorare.
4. Migliorare.

C 2 VOCABULARIO

■ **Qualche esclamazione**
Algunas exclamaciones

— **Fantastico!** *¡Fantástico!*
— **Che fortunato!** *¡Qué suerte tienes!*
— **Meno male!** *¡Menos mal!*

• **Qualche avverbio**
Algunos adverbios

— **Effettivamente** *Efectivamente*
— **Per esempio** *Por ejemplo*
— **Inoltre** *Además*
— **Tipicamente** *Típicamente*
— **Davvero** *Verdaderamente*
— **In verità** *En verdad*

• **Algunas palabras útiles**

e (de) *y*
o (od) *o*
oppure *o bien*
né... né *ni... ni*
che *que*
se *si*
ma *pero, mas*
mentre *mientras*
quando *cuando*

C 3 HOJA DE RESPUESTAS

A. [• •] **Pasar del presente de indicativo al copretérito:**

1. Pensavo che tu fossi favorevole.
2. Erano ragazzi alquanto fragili, sebbene sembrassero tanto sicuri di sé.
3. Credevi che se ne fregasse completamente?
4. Non mi piaceva che tu parlassi così.
5. C'era da temere che lo licenziassero e rimanesse disoccupato.

B. Completar las frases:

1. .... spiegassi ....; 2. ...... non va ......; 3. .... prendesse ..., ... a riposarsi; 4. ..... frego ....; 5. ... sragioni ...

C. Conjugar las expresiones verbales según este modelo:

1. Penso che non succeda niente, che non sia successo niente, che non succederà niente.
2. Penso che sia favorevole, che sia stato favorevole, che sarà favorevole.
3. Penso che peggiori, che sia peggiorato, che peggiorerà.
4. Penso che migliori, che sia migliorato, che migliorerà.

C 4 OBSERVACIONES

■ Empleo del subjuntivo

● En italiano el subjuntivo se usa de varias maneras.

● El subjuntivo expresa opinión, duda, incertidumbre, probabilidad, posibilidad, hipótesis o condición y se opone al indicativo, que es el modo de la realidad, de la afirmación, de la declaración. Se emplea después de:

a) **credere** *creer*, **dubitare** *dudar*, **temere** *temer*.
b) una frase negativa: **non so chi abbia telefonato** *no sé quién ha llamado por teléfono.*
c) un superlativo relativo: **è il più bel libro che io abbia letto** *es el libro más bello que haya leído.*
d) de las siguientes conjunciones:
benché, sebbene, quantunque: *aunque, bien que*
perché, affinché: *a fin de que*
comunque (sia): *sea lo que fuere, como quiera que sea*

39 Andò a prendere un foglio e cominciò a scrivere

A 1 PRESENTACIÓN

- El **passato remoto**: pretérito de indicativo:

parl-are		ripet-ere		part-ire	
parl-**ai**	*hablé*	ripet-**ei**	*repetí*	part-**ii**	*partí*
parl-**asti**		ripet-**esti**		part-**isti**	
parl-**ò**		ripet-**è**		part-**ì**	
parl-**ammo**		ripet-**emmo**		part-**immo**	
parl-**aste**		ripet-**este**		part-**iste**	
parl-**arono**		ripet-**erono**		part-**irono**	

il soggettista *el argumentista*
il produttore *el productor*
il manoscritto *el manuscrito*
urlare *gritar*
la storia *el relato*
condensare *condensar*
furibondo *furibundo*
lacerare *lacerar, romper*
il riassunto *el resumen*
replicare *replicar*
raccontare *contar, relatar*
I Promessi Sposi *Los novios*
riassumere [riassumere] *resumir*
ridurre (p.p. ridotto) *reducir (p.p. reducido)*

A 2 APLICACIÓN

1. **Un soggettista portò a un produttore, pieno di lavoro, un manoscritto di cinquecento pagine.**
2. **"Ma crede che io abbia tempo da perdere?" urlò il produttore.**
3. **"Mi riassuma la sua storia, se vuole che la legga."**
4. **Otto giorni dopo, il soggettista tornò con il manoscritto ridotto ad una cinquantina di pagine.**
5. **— "Riassuma, riassuma ancora; ho troppo da fare per leggere un manoscritto come questo."**
6. **— Mettendosi di buona lena, il soggettista riuscì a condensare in cinque pagine la sua storia.**
7. **— "Ancora troppo; troppo, troppo lungo, giovanotto."**
8. **— Furibondo, il soggettista lacerò allora il suo riassunto, andò a prendere un foglio e cominciò a scrivere:**
9. **— "Un uomo ama una donna, che ama un altro uomo."**
10. **— "Ecco la mia storia" replicò al produttore, dandogli il foglietto.**
11. **— "Ma non è possibile! La storia che Lei racconta è, parola per parola, la stessa dei** *Promessi Sposi.*"

A 3 OBSERVACIONES

■ Gramática

• En italiano hay dos formas de indicar los siglos:

a) **una es igual que en español: ventesimo secolo** *siglo veinte*
b) **la otra es propiamente italiana: il Novecento** *el siglo veinte*

La segunda manera de indicar los siglos consiste en señalar solamente la centena. Ej.: **nel** 1918 (nel mille **novecento** diciotto) o **nel Novecento**. Observe que los siglos se escriben con mayúscula. Al principio, en el siglo XIII, este modo de indicar los siglos se usaba sólo para referirse a las artes, ya que la cultura italiana comenzó a desarrollarse a partir de aquella centuria.

■ **I Promessi Sposi,** *Los novios* es una célebre novela histórica del siglo XIX. El autor, Alejandro Manzoni, evoca en ella los amores contrariados de Renso y Lucía.

■ Pronunciar: [par**la**rono], [ripe**te**rono], [par**ti**rono].

A 4 TRADUCCIÓN

1. Un argumentista le llevó un manuscrito de quinientas páginas a un productor lleno de trabajo.
2. "¿Pero cree usted que puedo perder el tiempo?" gritó el productor.
3. "Resuma su relato si quiere que lo lea."
4. Ocho días después, el argumentista regresó con el manuscrito reducido a unas cincuenta páginas.
5. — "Resuma, resuma más aún; tengo demasiado que hacer para leer un manuscrito semejante."
6. — Dándose ánimos, el argumentista logró condensar su relato en cinco páginas.
7. — "Demasiado aún; demasiado, demasiado largo, joven."
8. — Furibundo, el argumentista rompió entonces su resumen, fue a buscar una hoja y comenzó a escribir:
9. — "Un hombre ama a una mujer que ama a otro hombre."
10. — "He aquí mi relato", replicó al productor, dándole la hojita.
11. — "¡Pero no es posible! La historia que usted relata es, palabra por palabra, la misma de *Los novios*."

39 Quali furono gli avvenimenti più importanti?

B 1 PRESENTACIÓN

- El **passato remoto** de **essere** y **avere**.

essere	avere
fui *fui*	**ebb**-i *tuve*
fosti	**av**-*esti*
fu	**ebb**-e
fummo	**av**-*emmo*
foste	**av**-*este*
furono [**fu**rono]	**ebb**-ero [**eb**bero]

- El **passato remoto** de **accadere** *suceder* es **accadde**, de **nascere** [**nas**here] *nacer* es **nacque**.

generale	*general*	**realizzare**	*realizar*
l'avvenimento	*el acontecimiento*	**proclamare**	*proclamar*
incoronare	*coronar*	**il trabocchetto**	*la trampa*
l'imperatore	*el emperador*	**diventare**	*llegar a ser, convertirse*

B 2 [• •] APLICACIÓN

1. **(Maestro) — Pierino, che cosa accadde nel 1807?**
2. **(Pierino) — Nel 1807 nacque Garibaldi.**
3. **M. — Fantastico, Pierino! E nel 1848 che cosa successe?**
4. **P. — Nel 1848 Garibaldi ebbe quarantun anni.**
5. **M. — Ho capito; è meglio fare domande piú generali.**
6. **Quali furono gli avvenimenti più importanti dell'Ottocento?**
7. **P. — Carlo Magno fu incoronato imperatore.**
8. **M. — Ma ti parlavo del diciannovecimo secolo, del Risorgimento, dell' Unità...**
9. **P. — Ma, signor maestro, Lei deve essere piú chiaro.**
10. **M. — Senti, Pierino, un'ultima domanda.**
11. **Quando si realizzò l'Unità italiana?**
12. **P. — Ma questa domanda è facilissima: nel 1861.**
13. **M. — E quando fu proclamata capitale d'Italia Roma?**
14. **P. — Ah! Ah! Il trabocchetto!**
15. **M. — Non fare lo spiritoso, Pierino. Rispondi!**
16. **P. — E' evidente, nel 1861.**
17. **M. — Ma no! Roma diventò capitale nel 1871.**
18. **P. — Ma allora all'inizio l'Italia non ebbe nessuna capitale?**
19. **M. — Ma sì: Torino fino al 1864 e Fi nze dal 1864 al 1871.**

B 3 OBSERVACIONES

- Las formas del **passato remoto** se remontan a las del pretérito perfecto en latín. Ej.:

Pretérito perfecto *(en latín)*		**Passatto remoto** *(en italiano)*	
amare (amar)	esse (ser)	**amare**	**essere**
ama(v)i	fui	**amai**	**fui**
ama(vi)sti	fuisti	**amasti**	**fosti**
ama(vit)	fuit	**amò**	**fu**
ama(vi)mu(s)	fuimus	**amammo**	**fummo**
ama(vi)sti(s)	fuistis	**amaste**	**foste**
ama(ve)run(t)	fuerunt	**amarono**	**furono**

El italiano podría considerarse el latín de Cicerón hablado en el siglo XX, después de haber sufrido numerosas evoluciones y modificaciones.

B 4 TRADUCCIÓN

1. (Maestro) — Pierino, ¿Qué sucedió en 1807?
2. (Pierino) — En 1807 nació Garibaldi.
3. M. — ¡Fantástico, Pierino! Y en 1848, ¿qué sucedió?
4. P. — En 1848 Garibaldi tenía cuarenta y un años.
5. M. —Ya entendí; es mejor hacer preguntas más generales.
6. ¿Cuáles fueron los acontecimientos más importantes del *Ottocento*?
7. P. — Carlo Magno fue coronado emperador.
8. M. — Pero me refería al siglo diecinueve, del *Risorgimento*, de la Unidad...
9. P. — Pero, señor maestro, debe ser más claro.
10. M. — Escucha, Pierino, una última pregunta.
11. ¿Cuándo se realizó la Unidad Italiana?
12. P. — Pero esta pregunta es facilísima: en 1861.
13. M. — ¿Y cuándo Roma fue proclamada capital de Italia?
14. P. — ¡Ah! ¡Ah! ¡La trampa!
15. M. — ¡No te hagas el gracioso, Pierino! ¡Contesta!
16. P. — Es evidente, en 1861.
17. M. — ¡Claro que no! Roma llegó a ser capital en 1871.
18. P. — ¿Pero entonces al comienzo Italia no tuvo ninguna capital?
19. M. — Claro que sí. Turín hasta 1864 y Florencia desde 1864 hasta 1871.

39 Ejercicios

C 1 HOJA DE RESPUESTAS

A. Coniugare al passato remoto i verbi *essere e avere.*

B. Indicare i secoli all'italiana e come si fa in spagnolo:

1. 1848
2. 1321
3. 1942
4. 1789
5. 1512

C. Passare dal passato prossimo (quest'anno...) al passato remoto (l'anno scorso...)

1. Quest'anno ho avuto molti libri.
2. Quest'anno sono andato in Italia.
3. Quest'anno ho lavorato assai.
4. Quest'anno Pierino non è stato promosso.
5. Quest'anno ci sono stati molti avvenimenti importanti.

C2 USOS CULTURALES

■ No confundir **Rinascimento** *(Renacimiento)*, y **Risorgimento** *(*de "**risorgere**" *nacer de nuevo);* desde este punto de vista es sinónimo de **Rinascimento** *(*de "**rinascere**" *renacer).*
El Renacimiento es la época de la renovación de las artes, de las letras y del pensamiento. Su apogeo coincide con el **Quattrocento** y el **Cinquecento** *(siglos XV y XVI)*. Posee, por lo tanto, una connotación cultural en el sentido estricto de la palabra.

• Algunos ejemplos de la producción cultural del Renacimiento:
El príncipe de Maquiavelo, el manual del Príncipe que quiere el poder;
El Cortesano de Castiglione, el manual del perefcto cortesano;
El Galateo de Della Casa, el manual de los buenos modales, de donde vienen algunas expresiones que todavía son de uso corriente en Italia: **non conoscere il Galateo** *(no conocer el Galateo)*, **leggere il Galateo** *(leer el Galateo).*

• El **Risorgimento**, por el contrario, tiene connotación política: es el tiempo de la lucha por la independencia, (independencia de Austria, que ocupaba en el siglo pasado una gran parte de Italia septentrional y occidental: Lombardía, Trentino, Alto-Adige, Veneto, Friuli), y el tiempo de la unidad italiana que tuvo lugar a lo largo del siglo XIX (**l'Ottocento**) y a principios del siglo XX (**il Novecento**).

Ejercicios

C 3 HOJA DE RESPUESTAS

A. Conjugar en passato remoto los verbos *essere* **y** *avere.*

1. Fui, fosti, fu, fummo, foste, furono.
2. Ebbi, avesti, ebbe, avemmo, aveste, ebbero.

B. Indicar los siglos a la italiana y como se usan en español:

1. l'Ottocento o il diciannovesimo secolo.
2. Il Trecento o il quattordicesimo secolo.
3. Il Novecento o il ventesimo secolo.
4. Il Settecento o il diciottesimo secolo.
5. Il Cinquecento o il sedicesimo secolo.

C. Pasar del pasato prossimo al passato remoto:

1. L'anno scorso ebbi molti libri.
2. L'anno scorso andai in Italia.
3. L'anno scorso lavorai assai.
4. L'anno scorso Pierino non fu promosso.
5. L'anno scorso ci furono molti avvenimenti importanti.

C 4 OBSERVACIONES

• **Passato remoto, passato prossimo** e **imperfetto:** diferencias y empleo. El **passato remoto** (literalmente *pasado lejano*) corresponde al pretérito de indicativo en español.

L'anno scorso andai a Pompei e visitai gli scavi.
El año pasado fui a Pompeya y visité las excavaciones.

• En relación al **imperfetto**, que expresa la continuidad de una acción en el tiempo, el **passato remoto** expresa una acción puntual.

Stavamo mangiando, quando il telefono suonò.
Estábamos comiendo, cuando sonó el teléfono.

• En relación al **passato prossimo**, que expresa la idea de una acción transcurrida hace poco tiempo (en italiano **passato prossimo** *pasado cercano),* el **passato remoto** expresa la idea de alejamiento:

Ieri sono andato a teatro. *Ayer fui al teatro.*
L'anno scorso andammo a vedere l'*Aida*.
El año pasado fuimos a ver Aída.

Esta idea de pasado cercano se expresa en español mediante el pretérito o el antepresente de indicativo, de acuerdo con el contexto, y generalmente requiere un complemento para aclarar cuándo sucedió la acción (se dice *fui al teatro ayer,* pero también *fui al teatro el año pasado).* Por otra parte, el antepresente expresa una acción terminada en un tiempo que todavía es actual para el que habla *(no ha comido desde ayer).*

40 Conobbe le città più importanti d'Italia

A 1 PRESENTACIÓN

- Para los verbos irregulares, la conjugación en el **passato remoto** es análoga a la de **avere**:

avere		vedere		venire	
ebb-i	*yo tuve*	**vid**-i	*yo vi*	**venn**-i	*yo vine*
av-esti		*ved*-esti		*ven*-isti	
ebb-e		**vid**-e		**venn**-e	
av-emmo		*ved*-emmo		*ven*-immo	
av-este		*ved*-este		*ven*-iste	
ebb-ero		**vid**-ero		**venn**-ero	

il soggiorno	*la estada*	**fiorire**	*florecer*
meraviglioso	*maravilloso*	**una corte illustre**	*una corte ilustre*
colpire	*impresionar*	**il trattato**	*el tratado*
il gioiello	*la joya*	**regnare** [reñare]	*reinar*
il ruolo	*el papel*	**svolgere un ruolo (p.p. svolto)**	*desempeñar un papel*
creare	*crear*		
europeo	*europeo*		

A 2 [• •] APLICACIÓN

1. **— Come trovò il tuo amico il soggiorno in Italia?**
2. **— Disse che era stato meraviglioso.**
3. **Vide moltissime cose e conobbe le città più importanti.**
4. **Ma fu colpito soprattutto dal fascino delle piccole città come Parma, Lucca, Urbino, Caserta, Salerno, Pavia, Mantova...**
5. **— Fantastiche! Sono veri gioielli!**
6. **— E poi sono città che hanno svolto un ruolo politico e culturale di primo piano nel passato.**
7. **— Effettivamente. Salerno, per esempio, dove fu creata la prima università italiana ed europea.**
8. **— Urbino dove fiorì una corte illustre e fu scritto il primo trattato delle buone maniere: il famoso *Galateo*.**
9. **— Senza parlare di Mantova dove regnarono i Gonzaga e fu scritto uno dei libri più lett: Rinascimento, ma anche dei secoli: successivi: *il Cartigiano*.**

A 3 OBSERVACIONES

Gramática

- Algunos verbos irregulares conjugados en **passato remoto:**

dire *decir:* dissi, dicesti, disse, dicemmo, dicete, **dis**sero.
fare *hacer:* feci, facesti, fece, facemmo, faceste, **fe**cero.
decidere *decidir:* decisi, decidesti, decise, decidemmo, decideste, de**ci**sero.
volere *querer:* volli, volesti, volle, volemmo, voleste, **vol**lero.
conoscere *conocer:* conobbi, conoscesti, conobbe, conoscemmo, conosceste, co**nob**bero.
sapere *saber:* seppi, sapesti, seppe, sapemmo, sapeste, **sep**pero.
vincere *vencer:* vinsi, vincesti, vinse, vincemmo, vinceste, **vin**sero.

- **Dire** y **fare,** que son verbos de la segunda conjugación, porque son formas contractas de **dicere** > **di (ce) re** y **facere** > **fa (ce) re,** en la segunda persona del singular toman la forma **dicesti** y **facesti.**

A 4 TRADUCCIÓN

1. — ¿Qué opinó tu amigo de su estada en Italia?
2. — Dijo que había sido maravillosa.
3. Vio muchísimas cosas y conoció las ciudades más importantes.
4. Pero quedó impresionado sobre todo por el encanto de las ciudades pequeñas como Parma, Luca, Caserta, Salerno, Pavía, Mantua...
5. — ¡Fantástico! ¡Son verdaderas joyas!
6. — Y además, son ciudades que desempeñaron un papel político y cultural de primer orden en el pasado.
7. — Así es, en Salerno, por ejemplo, se creó la primera universidad de Italia y de Europa.
8. — En Urbino floreció una corte ilustre y se escribió el primer tratado de los buenos modales: el famoso *Galateo.*
9. — Sin hablar de Mantua, donde reinaron los Gonzaga y donde se escribió uno de los libros más leídos tanto en el Renacimiento como en los siglos sucesivos: *El Cortesano.*

40 Prima di partire, fece molti acquisti

B 1 PRESENTACIÓN

- **Stare per** + infinitivo = *estar a punto de + infinitivo, estar por + infinitivo.*

Stavo per dire: *(yo) estaba por decir, (yo) estaba a punto de decir.*

- **Darla a bere:** *hacerle ceer algo a alguien.*

il bagno	*el baño*	**l'aperitivo**	*el aperitivo*
il folklore	*el folklore*	**l'acquavite**	*el aguardiente*
autocensurarsi	*autocensurarse*	**la provvista**	*la provisión*
fare l'autostop	*hacer autostop*	**delizioso** [deli**tsio**zo]	*delicioso*
l'acquisto	*la compra*	**piemontese**	*piemontés*
lo spumante	*el vino espumante*		

B 2 [• •] APLICACIÓN

1. — **Ma quel tuo amicone non passò tutto il tempo a visitare città, spero!**
2. — **No! Seppe unire abilmente l'utile al dilettevole:**
3. **bagni e tintarelle, gelati e pastasciutta, teatro nelle strade e folklore, passeggiate e amichette...**
4. — **Si vede che è nato colla camicia.**
5. — **Lo sai che azzeccò anche un bel dodici al Totocalcio e vinse al lotto?**
6. — **Che fortunato! Stavo per dire un'altra parola!**
7. — **Ehi, attenzione! Meno male che ti sei autocensurato!**
8. — **Così potè divertirsi un sacco.**
9. **Inoltre, lui che aveva fatto l'autostop per venire in Italia, ritornò col treno a Parigi.**
10. **Ma prima di partire fece molti acquisti.**
11. **Comprò scarpe, vestiti, aperitivi italiani ed anche whisky.**
12. — **...e cognac! Ma a chi vuoi darla a bere?**
13. — **Ma davvero, sai! Non costa molto il whisky in Italia.**
14. — **Però comprò anche acquaviti tipicamente italiane come la grappa e il brandy,**
15. **e fece anche una buona provvista di ottimi vini: dal Chianti al Barbera, senza dimenticare il delizioso spumante piemontese.**

B 3 OBSERVACIONES

■ Gramática

• Recuerde que en italiano se prefiere el **passato prossimo** para los diálogos y el **passato remoto** para los relatos.

• **Azzeccare un bel dodici** (literalmente *acertar un lindo doce)*, significa *tener la suerte de adivinar doce resultados* (de trece) de partidos de futbol en el Totocalcio, y tener por lo tanto derecho a una suma de dinero que varía en función de la cantidad de ganadores.

• **Acquisto** *la compra;* **fare acquisti** *hacer compras.*

■ Pronunciar: [ak**kui**sto]. En italiano la doble -qu- se escribe -cqu-.
Ejemplos: **acqua** *(agua),* **nacque** *(nació),* **tacque** *(calló).*

B 4 TRADUCCIÓN

1. — ¡Pero aquel amigote tuyo no se habrá pasado todo el tiempo visitando ciudades, espero!
2. — ¡No!, supo unir hábilmente lo útil y lo agradable:
3. baños de mar y de sol, helados y pastas, teatro callejero y folklore, paseos y amiguitas...
4. — Se ve que nació con la camisa puesta.
5. — ¿Sabes que acertó también doce resultados en el Totocalcio y ganó la lotería?
6. — ¡Qué suerte! ¡Estaba a punto de emplear otra palabra!
7. — ¡Eh, cuidado! ¡Menos mal que te autocensuraste!
8. — Así pudo divertirse mucho.
9. — Además, él, que para venir a Italia había hecho autostop, se fue a París en tren.
10. Pero antes de partir hizo muchas compras.
11. Compró zapatos, trajes, aperitivos italianos y también whisky.
12. — ... ¡Y coñac! ¿Pero a quién se lo quieres hacer creer?
13. — ¡Pero es cierto, sabes! En italia el whisky no cuesta mucho.
14. — Además compró aguardientes típicamente italianos, como la grapa y el brandy.
15. Y también hizo una buena provisión de excelentes vinos: desde el Chianti al Barbera, sin olvidar el delicioso vino espumante piemontés.

40 Ejercicios

C 1 EJERCICIOS

A. Passare dalla seconda persona alla prima del singolare e mettere alla forma negativa:

1. Dicesti che il viaggio era stato meraviglioso.
2. Facesti un buon viaggio.
3. Venisti troppo tardi.
4. Azzeccasti un bel dodici.

B. Completare le seguenti frasi:

1. Vide le .... importanti.
2. Sono città che hanno .... un ruolo culturale di primo piano.
3. Seppe unire l'utile ....
4. Così potè divertirsi ....

C. [• •] **Mettere al plurale:**

1. Vide moltissime cose.
2. Come trovò il tuo amico il soggiorno in Italia?
3. Stavo per dire, un'altra parola.
4. Ma, davvero, sai.
5. Ma a chi vuoi darla a bere?

C 2 USOS CULTURALES

■ Grappa e brandy

● ¿Sabe usted que *whisky* y *vodka* son sinónimos? En sus respectivos idiomas, significan *aguardiente*; en italiano el aguardiente se llama **acqua di vita** o **acquavita**, que es una deformación de **acqua di vite,** (literalmente agua de *vid)*, de allí la palabra actual **acquavite.**

Durante mucho tiempo al aguardiente de vino se le llamó cognac; pero en 1948, Italia renunció a este nombre y desde entonces ha usado la palabra inglesa **brandy,** que significa (vino) *quemado, chamuscado* y que recuerda la vieja expresión **aqua ardens, acqua ardente**, *(aguardiente),* **l'arzente,** vocablo toscano propuesto por D' Annunzio para reemplazar la palabra cognac.

La **grappa** es **l'acquavite di vinaccia**, el aguardiente de orujo (hecho con los hollejo, semillas y tallos que quedan de los racimos después de exprimirlos en el lagar).

C 3 HOJA DE RESPUESTAS

A. Pasar de la segunda persona a la primera del singular en forma negativa:

1. No, non dissi che il viaggio era stato meraviglioso.
2. No, non feci un buono viaggio.
3. No, non venni troppo tardi.
4. No, non azzeccai un bel dodici.

B. Completar las fraces siguientes:

1. Vide le città più importanti.
2. Sono città che hanno svolto un ruolo culturale di primo piano.
3. Seppe unire l'utile al dilettevole.
4. Così potè divertirsi un sacco.

C. Convertir al plural:

1. Videro moltissime cose.
2. Come trovarono i tuoi amici il soggiorno in Italia?
3. Stavamo per dire un'altra parola.
4. Ma, davvero, sapete?
5. Ma a chi volete darla a bere?

C 4 USOS CULTURALES

- **Ciò che si è detto sull'Italia e sulla lingua italiana:**
(Lo que se ha dicho sobre Italia y sobre la lengua italiana):

a) "**L'Italia è un paese fragile**" (Prezzolini)
(Italia es un país frágil)
"**...che ha una precaria salute di ferro**" (agrega E. Biagi)
(...que tiene una precaria salud de hierro)

b) "**Noi tutti siamo viaggiatore e cerchiamo l'Italia**" (Goethe)
(Todos nosotros somos viajeros y buscamos Italia)

c) "**Sostengono che [la lingua italiana] è la più armoniosa del mondo. Pare che Carlo V abbia detto che usava lo spagnolo con Dio, il francese con gli uomini, il tedesco con il suo cavallo e l'italiano con le donne.**" (E. Biagi) ("Se dice que [la lengua italiana] es la más armoniosa del mundo. Parece que Carlos V afirmó que usaba el español con Dios, el francés con los hombres, el alemán con su caballo y el italiano con las mujeres.")

ÍNDICE DEL COMPENDIO DE GRAMÁTICA

COMPENDIO DE GRAMÁTICA

1 — LOS ARTÍCULOS INDEFINIDOS

1. Masculino **un; uno**, femenino **una, un'** } (singular)

un signore, un Italiano; uno Stato *un señor, un italiano; un Estado;* **una signora, un'Italiana** *una señora, una italiana.*

■ En realidad, este artículo no tiene plural — **signori** *unos señores,* etc.; pero se puede decir:
dei signori; degli Italiani; degli Stati *unos señores, unos italianos; unos Estados;* **delle signore; delle Italiane** *unas señoras, unas italianas.*

2. La forma en **-o, uno**, se emplea (v. LOS ARTÍCULOS DEFINIDOS 2) delante de **s** "impura" (es decir **s** seguida de una consonante), **z, x, pn, ps: uno Stato, uno zoo, uno psicologo** *un Estado, un zoológico, un psicólogo.*

3. Delante de una palabra que comienza con vocal, SÓLO EL FEMENINO pierde la **a** y la sustituye con un APÓSTROFO:
un'italiana pero, también **un Italiano**.

LOS ARTÍCULOS INDEFINIDOS

masculino	**un** **uno** **un**	**li**bro **st**udente **z**io **I**taliano
femenino	**una** **un'**	**r**agazza **I**taliana

2 — LOS ARTÍCULOS DEFINIDOS

1. Masculino **il; lo, l'**, femenino **la, l'** } (sing.) — **i; gli**, **le** } (pl.)

(sing.) **il signore; lo Stato, l'Italiano** *el señor; el Estado, el italiano;* **la signora, l'Italiana** *la señora, la italiana.*
(pl.) **i signori; gli Stati, gli Italiani; le signore, le Italiane.**

2. El artículo **lo** se emplea en los mismos casos que el artículo indefinido **uno** (v.1, 2): **lo Stato, lo zoo, lo psicologo**; se emplea también antes de las palabras que comienzan con vocal, pero en este caso el artículo sustituye la **o** con un apóstrofo.
Ej.: **l'Italiano** *el italiano*, **l'uomo** *el hombre.*

■ El plural de **lo** y de **l'** en masculino es: **gli: gli Stati, gli zoo, gli psicologi.**
(N.B.: El plural de estos dos últimos sustantivos se explicará más adelante: v. 5, 2 y 4.)

LOS ARTÍCULOS DEFINIDOS

	singular		plural	
masculino	il	libro	i	libri
	lo	studente	gli	studenti
	l'	zio		zii
		Italiano		Italiani
femenino	la	ragazza	le	ragazze
		studentessa		studentessa
		zia		zie
	l'	Italiana		Italiane

3 — EJEMPLOS DE ARTÍCULOS DEFINIDOS

1. El artículo definido se usa para formar los adjetivos posesivos (v. 10): **il mio** *mi,* etc.

2. Se utiliza también para indicar la hora y el año (pero no así la fecha: **Roma, 5 dicembre...**):

- **Che ora è? Che ore sono?** *¿Qué hora es?*
E' l'una *Es la una.*
Sono le due; le due e cinque, e un quarto, e mezzo; le tre meno venticinque, meno un quarto; sono le tre *Son las dos,* etc.

- **Nell'ottobre del 1982** o bien **dell'82** *En octubre de 1982* o bien *del '82.*

3. Se emplea asimismo en numerosos casos para determinar, especificar o precisar: **il serbatoio della benzina** *el tanque de gasolina;* **la società dei consumi** *la sociedad de consumo.*

■ No se emplea en expresiones con significado frecuentativo o general en las que el sustantivo es indeterminado: **vado a teatro** *voy al teatro;* por el contrario **vado al teatro della Scala...** *voy al teatro de la Scala.*

■ Tampoco se usa en ciertas expresiones como: **a Nord, a Sud**... *al norte, al sur...;* **in mezzo a**... *en medio de;* **ogni due giorni** *cada dos días;* **tutt'e due** *los dos/ambos,* etc.

4 — LAS *PREPOSIZIONI ARTICOLATE*

■ Los artículos definidos se contraen con las preposiciones (éstas se estudian detalladamente más adelante, v.11) (ver lección 18, B 3).

• En cuanto a la preposición **con**, las contracciones (**collo, colla,** etc.) están en desuso; sólo se emplean **col** y su plural **coi**.

■ El demostrativo **quello** y los adjetivos **bello, buono**, **santo** y **grande** sufren alteraciones similares a los artículos definidos y a las contracciones de artículos y preposiciones, las cuales en italiano son mucho más numerosas que en español,

		quello *aquel*	**bello** *bello*	**buono** *bueno*	**santo** *santo*	**grande** *grande*
Masc.	**il**	**quel**	**bel**	**buon**	**san**	**gran** o **grande**
	i	**quei**	**bei**	**buoni**	**santi**	**grandi**
	lo	**quello**	**bello**	**buono**	**santo**	**grande**
	gli	**quegli**	**begli**	**buoni**	**santi**	**grandi**
Fem.	**la**	**quella**	**bella**	**buona**	**santa**	**gran** o **grande**
	le	**quelle**	**belle**	**buone**	**sante**	**grandi**

Ej.: **quell'uomo** *aquel hombre*
quel bello spettacolo *aquel hermoso espectáculo.*
San Francesco d'Assisi e Sant'Antonio di Padova *San Francisco de Asís y San Antonio de Padua.*

5 — ADJETIVOS SINGULARES Y PLURALES

■ Los sustantivos y adjetivos FEMENINOS cuyo SINGULAR termina en **-a**, forma el plural en **-e: la signora italiana, le signore italiane.**

■ TODOS LOS RESTANTES lo forman en **-i**:

• Los masculinos en **-o** (que son los más numerosos): **il treno italiano, i treni italiani** *el tren italiano...*

•

• Los masculinos y femeninos en **-e: il padre francese, i padri francesi,** *el padre francés...* **la madre inglese, le madri inglesi,** *la madre inglesa...*

→ ATENCIÓN: Esta terminación es común a ambos géneros: **un grande aereo** *un gran avión,* **due grandi aerei; una grande casa** *una gran casa,* **due grandi case;**

• → Los nombres masculinos en **-a** (provenientes en su mayor parte del griego, con terminaciones **-ma, -ta, -sta**): **il problema, i problemi** *el problema...*, **il poeta, i poeti** *el poeta...* **il turista, i turisti** *el turista).* Cuando se trata de mujeres estos nombres normalmente adoptan la forma del femenino: **la turista, le turiste,** pero **il poeta** hace la **poetessa.**

■ N.B.: Los sustantivos terminados en **-ore**, que son masculinos: **il colore, i colori** *el color,* etc.

■ El *mar,* que en italiano es de género masculino: **i mari italiani** *los mares italianos,* en español es ambiguo, en general masculino, pero también se encuentra *la mar.*

■ Note que en italiano los nombres de ciudades son femeninos: **la Torino barocca** *el Turín barroco;* **la nuova Milano; Firenze è bella...** *Florencia es hermosa* (estos nombres, en español, toman el género que indica su desinencia).

• el femenino en **-o: la mano, le mani** *la mano...*

IRREGULARIDADES Y EXCEPCIONES

1. **L'uomo, gli uomini** [**uo**mini] *el hombre...*, **la moglie, le mogli** *la mujer (la esposa...);* **l'uovo, le uova** *el huevo...*
2. Son INVARIABLES:

• Las palabras acentuadas en la vocal final (el acento es ortográfico): **la grande città, le grandi città** *la gran ciudad...*, **il caffè italiano, i caffè italiani** *el café italiano...*

• Los monosílabos: **il tè cinese, i tè cinesi** *el té chino,* **il re, i re** *el rey...*

• Las palabras que terminan en **-ie: una serie, due serie** *la serie...*, (excepción: **la moglie,** v. más arriba).

• Los términos científicos y técnicos abreviados: **lo zoo, gli zoo; la radio libera, le radio libere** *la radio privada...*, **il cinema italiano, i cinema italiani** *el cine italiano...*

• Las palabras terminadas en **-i** o en consonante: **la crisi economica, le crisi economiche** *la crisis económica...* **il film italiano, i film italiani** *la película italiana...*

3. Algunos masculinos en **-o** tienen dos formas en el plural: la forma FEMENINA en **-a** expresa generalmente el significado propio y concreto; la forma del masculino en **-i,** el significado figurado: **il braccio** *el brazo,* **le braccia** (del ser humano) y **i bracci** (por ej.: de un río, de una cruz, etc.)

4. El PLURAL de las palabras terminadas en **-co** y **-go**: **il gioco olimpico** [o**lim**piko], **i giochi olimpici** *los juegos olímpicos...*

■ Las palabras terminadas en **-co** (y **-go**) acentuadas sobre la penúltima sílaba cuando están en plural terminan en **-chi** (y **-ghi**): **il gioco, i giochi, il lago, i laghi** *el lago.*

N.B.: Algunas excepciones: **amico, amici** *amigo* y su opuesto: **nemico, nemici; greco, grici** *griego;* **porco, porci** *cerdo;* **belga, belgi** *belga.*

■ Las que están acentuadas sobre la antepenúltima sílaba (**parole sdrucciole,** v. PRONUNCIACIÓN, D) hacen su plural en: **-ci** (y **-gi**): **il medico** [**me**diko], **i medici; lo psicologo** [psi**ko**logo], **gli psicologi**.

RECUERDE: la mayor parte de las palabras terminadas en **-co** (salvo las excepciones que ya se mencionaron, **antico, fatica,** entre otras) están acentuadas en la antepenúltima sílaba... (parole sdrucciole).

5. Cuando la **-i** de las palabras terminadas en **-io** no está acentuada, dichas palabras forman el plural con una sola **i: l'annuncio** [an**nun**cho] **economico, gli annunci economici** *el aviso clasificado;* **il viaggio, i viaggi** *el viaje...* pero: **lo zio** [**ts**io], **gli zii** *el tío...*

6 — LA CANTIDAD

1. Se expresa en italiano mediante los adjetivos y pronombres definidos o interrogativos. Deben concordar por lo tanto en género y número con las palabras que afectan:

• **Quanto, quanti, quanta, quante...?** *Cuánto, cuántos, cuánta, cuántas...?*
Quanta gente! *¡Cuánta gente!*
Quanti ne abbiamo oggi? *¿Qué fecha es hoy?*
In quanti siete? Siamo in venti *¿Cuántos son (ustedes)? Somos veinte.*

• **Poco, pochi, poca, poche** *poco, pocos, poca, pocas.*
Ho pochi spiccioli *tengo poco cambio.*

• **Molto, molti, molta, molte** *mucho, muchos, mucha, muchas.*
(Lei) ha comprato molte cartoline? *¿Ha comprado (usted) muchas tarjetas postales?*

• **Tanto, tanti, tanta, tante** *tanto, tantos, tanta, tantas.*
In estate, ci sono tanti turisti stranieri! *¡En verano hay tantos turistas extranjeros!*

• **Troppo, troppi, troppa, troppe** *demasiado, demasiados, demasiada, demasiadas.*
Sì, ci sono troppi turisti *Sí, hay demasiados turistas.*

■ Por analogía se dirá: **Ci sono più stranieri e meno Italiani** *Hay más extranjeros y menos italianos.*

2. **Qualche** y **ogni** se emplean siempre en singular (aunque la mayoría de los casos expresen plural):

• **Fra qualche giorno** *dentro de algunos días.*
Para concordar con la forma plural **giorni**, se debe recurrir a la expresión: **alcuni giorni.**

• **Ogni giorno = tutti i giorni** *cada día, todos los días.*

7 — LA NEGACIÓN

1. En italiano, cuando una negación precede al verbo es autosuficiente y no requiere de ninguna otra negación para completar el significado negativo de la oración:
— **Nessuno è venuto?** *¿Nadie ha venido?*
— **No, non è venuto nessuno** *No, no vino nadie.*
En cambio, es indispensable otra forma negativa cuando la negación sigue al verbo.
De acuerdo con el modelo de **nessuno,** se resolverán las otras expresiones negativas italianas:

• **Nessuno** *ningún, niguno, nadie* (que sigue la regla ortográfica de **un, uno...;** v. 1, 2).

• **Niente = nulla** *nada.*

• **Neanche = nemmeno = neppure** *ni siquiera, tampoco.*

• **Né = E... non...** *ni, y no...* (que no debe confundirse con el pronombre **ne** sin acento):
Ne voglio *(de eso) quiero;* **Ne prende?** *¿Se sirve (usted de eso)?;* **Me ne vado** *Me voy (de aquí, de este lugar);* etc. (v. 12, 3).
N.B.: Repetido: **né... né...** significa *ni... ni...*
Resumiendo: **Nulla è successo** *Nada ha pasado;* pero **Non ho fatto niente** *No he hecho nada, no hice nada,* etc.
2. Tenga presente que la forma negativa correspondiente a la segunda persona en imperativo singular se forma con el infinitivo del verbo, precedido por **non:**

Parla	**Non parlare**	*Habla, no hables.*
Scrivi	**Non scrivere**	*Escribe, no escribas.*
Vieni	**Non venire**	*Ven, no vengas.*

3. La expresión negativa del español *no... más que...* (de uso poco frecuente), corresponde al adverbio italiano **solo = soltanto** *solamente:*

No tengo más que esta guía.
Ho solo (soltanto) questa guida.
Tengo solamente esta guía.

8 — EL ADJETIVO Y EL ADVERBIO

1. El **comparativo de igualdad:**

- **così... come...** *tan... como...*
- **tanto... quanto** *tanto... como...*
- **tale... quale...** *tal... cual...*

Roma è così bella come Firenza	*Roma es tan hermosa como Florencia.*
Lei ha tanto denaro quanto me	*Usted tiene tanto dinero como yo.*

2. El comparativo de superioridad y de inferioridad:

- **più.. di...** *más... que...*
- **meno... di...** *menos... que...*

Milano è più industriale di Roma	*Milán está más industrializado que Roma.*
Torino è meno grande di milano	*Turín es menos grande que Milán.*

N.B. Se emplea **di** delante de un sustantivo o de un pronombre cuando se comparan dos personas o dos cosas respecto de una cualidad. (Cuando se comparan dos cualidades de una misma persona o cosa, se dice: **la provincia di Milano è più industriale che agricola** *la provincia de Milán es más industrial que agrícola.*)

3. El superlativo relativo:

- **il... più...** *el... más...*
- **il... meno...** *el... menos...*

Genova e Marsiglia sono i porti più importanti del Mediterraneo.
Génova y Marsella son los puertos más importantes del Mediterráneo.

4. El superlativo absoluto:

- **Bellisimo, assai bello, molto bello** *bellísimo, muy bello.*

5. Las adverbios italianos se forman de dos maneras:

• **facile** + **mente** = **facilmente** *(con pérdida de la "e" final)*

• **certo** → **certa** + **mente** = **certamente** *(con el adjetivo en femenino)*

6. Los números italianos:

Los números cardinales

unità *unidades*	**diecine** *decenas*	**centinaia** *centenas*	**migliaia** *millares*
uno	dieci (1)	cent**o**	mil**le**
due	venti (2)	duecent**o**	duemi**la**
tre	trent**a**	trecent**o**	tremi**la**
quattro	quarant**a**	quattrocent**o**	quattromi**la**
cinque	cinquant**a**	cinquecent**o**	cinquemi**la**
sei	sessant**a**	seicent**o**	seimi**la**
sette	settant**a**	settecent**o**	settemi**la**
otto	ottant**a**	ottocent**o**	ottomi**la**
nove	novant**a**	novecent**o**	novemi**la**

(1) undici, dodici, tredici, quattrodici, quindici, sedici, diciassette, diciotto, diciannove.
(2) ventuno, trentuno, quarantuno..., ventotto, trentotto, quarantotto.

Los números ordinales

Primo, secondo, terzo, quarto, quinto, sesto, settimo, ottavo, nono, decimo, undicesimo, dodicesimo, tredicesimo, quattordicesimo, quindicesimo, sedicesimo...

■ **mille, due mila,** pero **cento, due cento.**

• Se dice: **Giovanni Paolo secondo** (porque se indica una posición dada a lo largo de una sucesión).

• Los siglos de la cultura italiana: se dice **il tredicesimo secolo** con la misma frecuencia que **il Duecento (il 200)**, pues comprende los años 200 a 299, después del año mil. Y así, sin interrupción: **il Trecento (il 300)**,... **l'Ottocento (l'800),** hasta el **Novecento (il 900).**

7. Los sufijos italianos:
Son numerosos y se usan con mucha frecuencia. He aquí los principales:

• Diminutivos: **un ragazzo** *un muchacho*
-etto **un ragazzetto** *un muchachito*
-ino **un ragazzino** *un muchachito*

• Aumentativos: **un giovane** *un joven*
-otto **un giovanotto** *un hombre joven (grande, fuerte, etc.)*

	il naso	*la nariz*
-one	**il nasone di Pinocchio**	*nariz de Pinocho*
	il cupolone di Firenze (cupola)	*la bella (=gran) cúpula de Florencia.*
• Despectivos:	**il bel tempo**	*el buen tiempo*
-accio	**che tempaccio!**	*¡qué tiempo tan espantoso!*
	un cappello	*un sombrero*
	un cappellaccio	*un sombrero horrible*

9 — LOS DEMOSTRATIVOS

a) **questo** ristorante, **quest'**albergo *este restaurante, este hotel;* **questa** banca, **quest'**agenzia *este banco, esta agencia;* **questi, queste...**

• **questto** indica lo que se halla próximo a la persona que habla, *cerca de mí* (**vicino a me**), *cerca de nosotros* (**vicino a noi**).

• A **questo** corresponden los adverbios de lugar: **qua, qui:** *aquí = el lugar donde estoy, donde estamos* (**dove sono, dove siamo**), *cerca de mí, cerca de nosostros = de este lado:* **da questa parte.**

b) **quel** ristorante, **quell'**albergo *aquel restaurante, aquel hotel*; **quella** banca, **quell'**agenzia *aquel banco, aquella agencia*; **quei** ristoranti, **quegli** alberghi, **quelle** banche.
(Observe que **quel** sigue la norma del artículo definido. v. 4)

• **quel, quello...** indica lo que se halla lejos de la persona que habla; *lejos de mí* (**lontano da me**), *lejos de nosotros* (**lontano da noi**).

• A **quel, quello** corresponden los adverbios de lugar: **là** = **lì:** *allá, allí = lejos de mí; = de aquel lado:* **da quella parte.**

• Si se quiere dar una idea más precisa del lugar, se puede decir **laggiù:** *allá abajo,* y **lassù:** *allá arriba.*

• Existe un demostrativo correspondiente a *ese* del español, ubicado por lo tanto entre *este* y *aquel*: **codesto**, pero está cayendo en desuso y además ha adquirido un significado despectivo.

■ Los pronombres demostrativos correspondientes son:

questo, questa, questi, queste	*éste, ésta, éstos, éstas*
quello, quella, quelli, quelle (che)	*aquel, aquella, aquellos, aquellas (que)*
ciò = **questo**	*esto*

10 — LOS POSESIVOS

■ Se forman con el adjetivo posesivo y el artículo correspondiente:

il mio, la mia	*mi*	**i miei, le mie**	*mis*
il tuo, la tua	*tu*	**i tuoi, le tue**	*tus*
il suo, la sua	*su*	**i suoi, le sue**	*sus*

(en femenino singular y plural, tambien significa *de usted*, forma de cortesía)

il nostro, la nostra	*nuestro, nuestra*	**i nostri, le nostre**	*nuestros, nuestras*
il vostro, la vostra	*vuestro, vuestra*	**i vostri, le vostre**	*vuestros vuestras*
il loro, la loro	*su, de ellos*	**i loro, le loro**	*sus, de ellos*

ATENCIÓN: a) Los posesivos masculinos plurales correspondientes a las tres personas del singular son irregulares.
b) **loro** es invariable.

1. El artículo definido puede ser reemplazado por el correspondiente artículo indefinido o por un adjetivo demostrativo, numeral o indefinido:
un mio amico *un amigo mío*; **tre amici miei** *tres amigos míos;* **nessun mio amico** *ningún amigo mío*, etc.

2. A menudo se emplea sólo el artículo, porque el posesivo resulta obvio (con referencia a partes del cuerpo, vestimenta u objetos personales, etc.):
Lei ha preso la chiave? *¿Tomó usted la llave?*
3. Se emplea el posesivo sin artículo (excepto **loro**) en algunos casos bien determinados:
a) sustantivos que designan parentesco, en singular, y sus adjetivos: **mio padre, tua madre, suo fratello,** etc. *mi padre, tu madre, su hermano...*
b) Expresiones diversas: **a casa mia** *en mi casa,* **a parer tuo** *en tu opinión;* etc.

■ NO CONFUNDIR:

- **il mio...** *mi* **"il mio ombrello"** *mi paraguas*
- **è il mio** *es el mío* (pronombre posesivo)
- **è mio** *es mío* (que responde a la pregunta: **Di chi è?** *¿De quién es?* (v. 11, 5).

11 — LAS PREPOSICIONES

Su empleo en la lengua italiana es muy frecuente y son indispensables cuando se quiere determinar o modificar el significado de las estructuras.

1. La preposición **A** expresa dirección o destino; tiene en este caso el mismo significado que **verso** *hacia;* de **per** *para;* de **contro** *contra,* etc.

• **Vado alla stazione a prendere Giovanni** *Voy a la estación a buscar a Juan* (puede introducir, por lo tanto, todos los complementos indirectos, hasta el infinitivo de verbos de movimiento) (v. 14, 3). **Fino a...** *hasta...*
Por analogía, se dirá: **vicino a, accanto a** *cerca de...;* **di fronte a** *en frente de;* **avvicinarsi a...** *acercarse a...*; **in mezzo a** *en medio de...*

• **A poco a poco**: *poco a poco*; **a uno a uno** *uno a uno*, etc.
2. **CON** expresa compañía, acompañamiento (con quién o con qué cosa está uno, etc.), el medio o instrumento (aquello con que se hace algo), las circunstancias, etc.

• **Con chi vai? Vado con due miei amici** *¿Con quién vas? Voy con dos amigos míos.*

• **Scrivo con una penna a sfera** *Escribo con un bolígrafo.*

• **Partirò con questo bel tempo, col treno delle undici** *Con este buen tiempo, saldré (partiré) en el tren de las once.*

3. **IN** indica un lugar o un periodo:

• **San pietro in Vaticano** *San Pedro del Vaticano.*

• **In mezzo a...** *En medio de...*
Abito in via degli Abruzzi *Vivo en la calle de los Abruzos.*

• **In quel momento...** *En aquel momento...*
ATENCIÓN NO CONFUNDIR:

• **Lo farò in un mese** *Lo haré en un mes (en el lapso de, durante).*

• **Lo farò fra un mese** *Lo haré dentro de un mes (futuro).*

• **Lo farò entro il mese** *Lo haré en el curso del mes, antes de fin de mes.*

• **Da un mese non faccio nulla** *Hace un mes que no hago nada, desde hace un mes no hago nada.*(v.11, 6.)

• **Un mese fa, lo facevo.** *Hace un mes, yo lo hacía.* (v. 13, 2.)

4. **PER** expresa el paso (**attraverso** *a través de, por*), la duración (**durante** *durante*):

• **Vado per i campi** *Voy por los campos* (también: "*a través de montes y valles*");
Il treno passerà per (da) Genova (v. 11, 6.) *El tren pasará por Génova.*

• **Ho passeggiato per un'ora** *He paseado por (durante) una hora.*

■ También expresa finalidad: **Per favore, vada per un medico** *por favor, vaya por (a buscar) un médico.*

■ Asimismo puede expresar causa: **per** = **per causa di** = **per via di...** *a causa de;* **per questo...** *por eso...*

5. **DI** expresa la propiedad o pertenencia.

• **E questo, di che è?** *Y esto, ¿de quién es?*

• **E' di questa signora. Non è di nessuno. E' di tutti**. *Es de esta señora. No es de nadie. Es de todos.*

También expresa la materia:

• **Una statua di marmo, un busto di bronzo** *Una estatua de mármol, un busto de bronce.*

N.B: **Penso di farlo** *pienso hacerlo* (v. 21, 3).

6. La preposición **DA** es la más importante de las preposiciones italianas, debido a la diversidad de significados que presenta.

■ Esta preposición expresa sobre todo origen, procedencia, proveniencia, en general y en el espacio:

• **L'italiano viene dal latino** *El italiano proviene del latín.*

— **Da che cosa dipende...?** — **Dipende da**... *¿de qué depende? Depende de...*

— **Che cosa vuoi da me?** *¿Qué quieres de mí?*

• **Vengo, torno da Genova** *Vengo, regreso de Génova.*

E' in arrivo il treno da Ginevra *Está entrando en la estación el tren procedente de Ginebra.*

■ Y en consecuencia, también la separación, el alejamiento, la diferencia:

• **Lontano da...** *lejos de...* **Questo è diverso de quello** *Esto es diferente de aquello.* **Diviso da...** *Separado de...*

■ El paso, de modo similar a **per** (v. 4):

• **Il treno passerà da** (o **per**) **Bologna?** *¿El tren pasará por Bolonia?*

SOLAMENTE para PERSONAS y con la palabra **PARTE,** la preposición **da** expresa destino, llegada, permanencia, etc.

• **Vado dal barbiere, poi da mio cugino** *Voy a la peluquería, después a casa de mi primo.* **Da una parte e dall'altra** *De un lado y del otro.*

ATENCIÓN: Esta construcción sólo puede emplearse cuando el destino que indica **da** no es el mismo que el sujeto. De lo contrario, se dirá: **vado a casa mia, andate a casa vostra** *voy a mi casa, ustedes van a la suya.*

■ **Da** expresa también origen en el tiempo:

• **Da quando...?** *¿Desde cuándo...?* **—Dapprima** *Primero, al principio.* **Da molto tempo** Hace mucho tiempo; **da due mesi** *dos meses atrás;* **fin da domani** *desde mañana, etc.* **Da tre giorni non la vedo**. *Hace tres días que no la veo.*

■ En la acción, **da** introduce el "complemento agente", pues aquel que "actúa" es el origen de la cosa hecha.

• **Da chi, da che cosa è stato fatto?** *¿Por quién, por qué cosa ha sido hecho?* **La volta della Sistina fu dipinta da Michelangelo**. *La bóveda de la Capilla Sixtina fue pintada por Miguel Ángel.*

■ Otros usos y funciones: **Da** puede expresar el modo de ser, el comportamiento, la función, la condición, etc.

• **Vive da re** *Vive como un rey* (a la manera de un rey, pero no lo es). **E' un personaggio da romanzo** *Es un personaje de novela* (parece extraído de una novela).

■ Expresa obligación o consecuencia delante de infinitivo:

• **Ho molte cose da dire** *Tengo muchas cosas que decir.* **Non c'è niente da mangiare?** *¿No hay nada de comer?* **In modo da...** *A modo de...* **Non c'è da ridere!** *¡No hay de qué reir!*

■ Expresa **uso** o **finalidad:**

• **Carta da lettere** *papel de carta.* **Vestiti da uomo** *trajes de hombre.* NO CONFUNDIR la **tazza di tè** una taza llena de té (v. 5) con la **tazza da tè** que ha sido hecha para contener té; ... *de* té y *para té.*

■ Expresa el valor, el precio:

• **Un francobollo da duecento lire** *Una estampilla de doscientas liras.* **Un biglietto da mille** *Un billete de mil.* **Una cravatta da cinque mila lire** *Una corbata de cinco mil liras.*
El detalle característico por el cual se reconoce al sujeto:

• **La fata dai capelli turchini (di Pinocchio)** *El hada de cabellos azul profundo.*

12 — LOS PRONOMBRES PERSONALES

Ver el cuadro de página 105, lección 16, A3.
1. En italiano, los pronombres personales con función de sujeto no son obligatorios, excepto para aclarar cuál es la persona de un verbo conjugado y para evitar ambigüedades:

• **Se non lo faccio io, lo farai tu** *Si yo no lo hago, lo harás tú.* (v. 13, 8.)
Ci penserò io! *¡De eso, me encargo yo!*
2. El registro de cortesía (**forma di cortesia**) emplea la tercera persona:

• **(Lei) è pronto** (si el interlocutor es varón), **pronta** (si es mujer)? *¿Está usted listo, lista?*
Todos estos pronombres comienzan con mayúscula:

• El sujeto es **Lei**.

• El complemento en su forma tónica: **Lei: Vado con Lei** *Voy con usted.*

• El complemento directo **La: Sono felice di incontrarLa**. *Es un placer verlo* **ArrivederLa** (literalmente: *Hasta volver a verlo*) *Hasta pronto.*

• El complemento indirecto: **Le: Posso dirLe...?** *¿Puedo decirle...?*

• El pronombre reflexivo: **si: S'accomodi!** *¡Póngase cómodo!*, etc.

• El posesivo: **il Suo: Lei dimentica la Sua cartella.** *Olvida usted su portafolios.*

3. Los pronombres con función de complemento:
El pronombre de complemento indirecto (**mi, ti, gli, le, ci, vi**) precede al de complemento directo y sufre un cambio ortográfico: **me lo dice**, *me lo dice,* **te lo dice..., glielo dice** *se lo* (masc. y fem.) *dice,* **se lo dice** *se* (forma reflexiva) *lo dice,* **ce lo dice... , ve lo dice... , glielo dice** (o **lo dice loro)** *lo dice* (masc. y fem.) *a ellos.*
— **lo, li; la, le** *lo, los; la, las*
Se unen directamente al infinitivo, al gerundio, al imperativo (segunda persona del singular, primera y segunda del plural), y a **"ecco"**: *he aquí, he ahí:* **Lei deve farlo** *Usted debe hacerlo;* **voglio servirmi di questo; voglio servirmene** *quiero aprovecharme de esto; quiero que me resulte útil (esto, eso, o aquello).*
Rivolgetevi allo sportello numero cinque *Diríjanse a la ventanilla número cinco.*
Fermandoti, lo vedrai *Deteniéndote, lo verás.* **Eccoli!** *¡Helos ahí! ¡Ahí están!* **eccone altri** *He allí otros (de esos sobre los cuales tratamos).*
N.B. Cuando la segunda persona singular del imperativo es monosilábica, y por lo tanto **trunca,** la consonante del pronombre encíclico (excepto **g**) se duplica, siguiendo la norma general para las palabras agudas:
di' *di;* **dimmi** *dime;* **dimmelo** *dímelo.*
fa' *haz;* **fallo** *hazlo;* **faglielo vedere** *hazlo ver a él, o a ella.*
ATENCIÓN: La presencia de pronombres enclíticos NO produce ningún desplazamiento de la sílaba tónica (del acento): **DIte** *decid, digan(ustedes);* **DItemi,** *decidme, díganme (ustedes);* **DItemelo** *decídmelo, díganmelo (ustedes),* **INdica** *indica (tú);* **INdicagli** *indícale;* **INdicaglielo** *indícaselo.*

13 — CONSTRUCCIONES PROPIAS DEL IDIOMA ITALIANO

■ Debe tenerse cuidado con algunas construcciones que en español tienen forma impersonal, pero en italiano no, y por lo tanto el sujeto y el verbo deben concordar. Así:

- **C'è un treno** *Hay un tren.*
- **Ci sono due treni** *Hay dos trenes.*

Las formas impersonales de *haber* en español: *hay, habías, habrá, haya, hubiese,* etc., corresponden a:
esserci *haber* (en este lugar): **in coretile non c'è niente** *en el patio no hay nada.*
esservi *haber* (en aquel lugar): **nella scatola v'è molta roba** *en la caja hay muchas cosas.*

- **C'è stato, ci sono stati...** *hubo, ha habido...*
- **Ce n'è, ce ne sono...** *(de eso, de aquellas cosas) hay...*
- **Ce n'è stato, ce ne sono stati ...** *(de aquello, de esas cosas) ha habido...*

Bisogna (= occorre) tornare *(delante de un verbo) Es necesario, hay que regresar.*

- **Occorre (= ci voule) un'ora per tornare** *Hace falta una hora para regresar.*
- **Occorrono (= ci vogliono) due ore per tornare** *Hacen falta dos horas para regresar.*

Basta farlo *Basta hacerlo.*
- **Basta un'ora per farlo** *Basta una hora para hacerlo.*
- **Bastano due ore per farlo** *Bastan dos horas para hacerlo.*

Mi piace la pasta all'italiana *Me gustan las pastas a la italiana.*
- **Mi piacciono i gelati italiani** *Me gustan los helados italianos.*
- **Le è piaciuta questa gita?** *¿Le ha gustado esta excursión ?*
- **Le sono piaciuti quegli affreschi?** *¿Le han gustado aquellos frescos ?*

■ **Si è vista una gondola** *Se ha visto una góndola.*

- **Si sono viste più gondole** *Se han visto varias góndolas.*

El pronombre **si** puede suprimirse, evitando la forma reflexiva:
Dicono tante cose sui giornali *Se dicen tantas cosas en los periódicos.*
ATENCIÓN: El auxiliar de estos verbos es siempre **essere: ci sono volute due ore; è bastata un'ora...; mi è piaciuta, mi sono piaciuti...** *se han requerido dos horas; ha bastado una hora; me ha gustado, me han gustado...*
En las siguientes expresiones, los verbos en infinitivo son sujetos:

- **E' pericoloso sporgersi** *Asomarse es peligroso*; **Vietato fumare** *Prohibido fumar;* **E' possibile, facile, necessario**, etc., **fare cosi** *Hacer(lo) así es posible, fácil, necesario, etc.*

PRESTAR ATENCIÓN A LAS CONCORDANCIAS:

• **Quando si è viaggiato molto, si è stanchi** *Cuando uno ha viajado mucho, se está cansado:*
a) **si è viaggiato** es una acción, se podría decir: **abbiamo viaggiato**
b) **si è stanchi** es un estado, se podría decir: **siamo stanchi,** lo que explica el plural.

• **Bisogna essere prudenti** *Es necesario ser prudente.*
PRESTAR ATENCIÓN A LA POSICIÓN DE LOS PRONOMBRES:
Ci si vede (tutti i giorni) *Nos vemos todos los días.*
(Qui non) **ci si vede** (bene) *Aquí no se ve bien*
Las dos expresiones idénticas y sólo el contexto permite captar la diferencia de significados.

• **Lo faccio io = Sono io a farlo...** *Soy yo quien lo hace*

• **Tocca** o **spetta a me farlo. Mi tocca** o **Mi spetta farlo** *Me corresponde hacerlo.*

• **A chi tocca? — Tocca a Lei.** *¿A quién le toca? — Le toca a usted.*

USO DE **CI**
a) Como pronombre personal, complemento átono de primera persona del plural:
Ci guardano sempre *Nos miran siempre (complemento directo);* **Dateci da bere !** *Denos (ustedes) de beber (complemento indirecto).*
b) Como pronombre demostrativo:
Penso spesso al tuo problema. — Io invece, ci penso sempre *Pienso a menudo en tu problema. — Yo, en cambio, pienso siempre (en eso).*
Lei si diverte a leggee, e tu ti ci diverti pure. *Ella se divierte leyendo, y tú te diviertes también (con ello).*
c) Como adverbio de lugar, a veces figurado; también pleonástico o indeterminado:
Lavora a Livornoe ci va volentieri. *Trabaja en Liorna y va allá con gusto.*

USO DE **NE**

a) Como pronombre personal átono masculino y femenino singular y plural:
Erano dei bravi compagni e tutti ne erano contenti. *Eran buenos compañeros y todos estaban contentos.*
b) Como pronombre demostrativo:
Questo vino è buono e ne berrò un sorso. *Este vino es bueno y tomaré un sorbo.*
c) Como adverbio de lugar (aun figurado), que indica alejamiento o separación:
Il lavoro é stato efficace e ne abbiamo ricavato un bel profitto. *El trabajo ha sido eficaz y (de él) hemos obtenido una buena ganancia.*

INDICATIVO			
presente	**imperfetto**	**passato remoto**	**futuro semplice**
sono	ero	fui	sarò
sei	eri	fosti	sarai
è	era	fu	sarà
siamo	eravamo	fummo	saremo
siete	eravate	foste	sarete
sono	**er**ano	**fur**ono	saranno
passato prossimo	**trapassato prossimo**	**trapassato remoto**	**futuro anteriore**
sono stato	ero stato	fui stato	sarò stato
sei stato	eri stato	fosti stato	sarai stato
è stato	era stato	fù stato	sarà stato
siamo stati	eravamo stati	fummo stati	saremo stati
siete stati	eravate stati	foste stati	sarete stati
sono stati	**er**ano stati	**fur**ono stati	saranno stati
CONGIUNTIVO			
presente	**passato**	**imperfetto**	**trapassato**
sia	sia stato	fossi	fossi stato
sia	sia stato	fossi	fossi stato
sia	sia stato	fosse	fosse stato
siamo	siamo stati	**foss**imo	**foss**immo stati
siate	siate stati	foste	foste stati
siano	**sia**no stati	**foss**ero	**foss**ero stati
CONDIZIONALE			**IMPERATIVO**
presente	**passato**		**presente**
sarei	sarei	stato	—
saresti	saresti	stato	(tu) sii
sarebbe	sarebbe	stato	(Lei) sia
saremmo	saremmo	stati	(noi) siamo
sareste	sarete	stati	(voi) siate
sa**rebb**ero	sa**rebb**ero	stati	(Loro) **sia**no
infinito presente	**infinito passato**	**gerundio presente**	**gerundio passato**
essere	essere stato	essendo	essendo stato

participio presente:
participio passato: stato, stata, stati, state.

15 — CONJUGACIÓN DE **AVERE**, *TENER*

INDICATIVO			
presente	**imperfetto**	**passato remoto**	**futuro semplice**
ho	avevo	ebbi	avrò
hai	avevi	evesti	avrai
ha	aveva	ebbe	avrà
abbiamo	avevamo	avemmo	avremo
avete	avevate	aveste	avrete
hanno	**avev**ano	**ebb**ero	avranno
passato prossimo	**trapassato prossimo**	**trapassato remoto**	**futuro anteriore**
ho avuto	avevo avuto	ebbi avuto	avrò avuto
hai avuto	avevi avuto	evesti avuto	avrai avuto
ha avuto	aveva avuto	ebbe avuto	avrà avuto
abbiamo avuto	avevamo avuto	avemmo avuto	avremo avuto
avete avuto	avevate avuto	aveste avuto	avrete avuto
hanno avuto	**avev**ano avuto	**ebb**ero avuto	avranno avuto
CONGIUNTIVO			
presente	**passato**	**imperfetto**	**trapassato**
abbia	abbia avuto	avessi	avessi avuto
abbia	abbia avuto	avessi	avessi avuto
abbia	abbia avuto	avesse	avesse avuto
abbiamo	abbiamo avuto	**avess**imo	**avess**imo avuto
abbiate	abbiate avuto	aveste	aveste avuto
abbiano	**abb**iano avuto	**avess**ero	**avess**ero avuto
CONDIZIONALE			**IMPERATIVO**
presente	**passato**		**presente**
avrei	avrei avuto		—
avresti	avresti avuto		(tu) abbia
avrebbe	avrebbe avuto		(Lei) abbia
avremmo	avremmo avuto		(noi) abb-iamo
avreste	avreste avuto		(voi) abb-iate
a**vrebb**ero	a**vrebb**ero avuto		(Loro) **abb**iano
infinito presente	**infinito passato**	**gerundio presente**	**gerundio passato**
avere	aver avuto	avendo	avendo avuto

participio presente: avente
participio passato: avuto

16 — CONJUGACIÓN DE **PARL-ARE**, *HABLAR*

INDICATIVO			
presente	**imperfetto**	**passato remoto**	**futuro semplice**
parl-o	parl-a-vo	parl-a-i	parl-e-r-ò
parl-i	parl-a-vi	parl-a-sti	parl-e-r-ai
parl-a	parl-a-va	parl-ò	parl-e-r-à
parl-iamo	parl-a-vamo	parl-a-mmo	parl-e-r-emo
parl-ate	parl-a-vate	parl-a-ste	parl-e-r-ete
parl-ano	par**l-a**-vano	par**l-a**-rono	parl-e-r-anno
passato prossimo	**trapassato prossimo**	**trapassato remoto**	**futuro anteriore**
ho parlato	avevo parlato	ebbi parlato	avrò parlato
hai parlato	avevi parlato	avesti parlato	avrai parlato
ha parlato	aveva parlato	ebbe parlato	avrà parlato
abbiamo parlato	avevamo parlato	avemmo parlato	avremo parlato
avete parlato	avevate parlato	aveste parlato	avrete parlato
hanno parlato	a**vev**ano parlato	**ebb**ero parlato	avranno parlato

CONGIUNTIVO			
presente	**passato**	**imperfetto**	**trapassato**
parl-i	abbia parlato	parl-a-ss-i	avessi parlato
parl-i	abbia parlato	parl-a-ss-i	avessi parlato
parl-i	abbia parlato	parl-a-ss-e	avesse parlato
parl-iamo	abbiamo parlato	par**l-a-ss**-imo	**avess**imo parlato
parl-iate	abbiate parlato	parl-a-s-te	aveste parlato
parl-ino	**abb**iano parlato	par**l-a-ss**-ero	**avess**ero parlato

CONDIZIONALE			IMPERATIVO
presente	**passato**		**presente**
parl-e-r-ei	avrei	parlato	—
parl-e-r-esti	avresti	parlato	(tu) parl-a
parl-e-r-ebbe	avrebbe	parlato	(Lei) parl-i
parl-e-r-emmo	avremmo	parlato	(noi) parl-iamo
parl-e-r-este	avreste	parlato	(voi) parl-ate
parl-e-**r-ebb**ero	**avrebb**ero	parlato	(Loro) **parl**-ino

infinito presente	**infinito passato**	**gerundio presente**	**gerundio passato**
parl-are	aver parlato	parl-ando	avendo parlato

participio presente: par-lante
participio passato: parl-ato

17 — CONJUGACIÓN DE **RIPET-ERE**, *REPETIR*

INDICATIVO			
presente	**imperfetto**	**passato remoto**	**futuro semplice**
ripet-o ripet-i ripet-e ripet-iamo ripet-ete ri**pet**-ono	ripet-e-v-o ripet-e-v-i ripet-e-v-a ripet-e-v-amo ripet-e-v-ate ripe**t-e**-v-ano	ripet-ei / ripet-etti ripet-esti ripet-è / ripet-ette ripet-emmo ripet-este ripe**t-er**ono / ripe**t-e**ttero	ripet-e-r-ò ripet-e-r-ai ripet-e-r-à ripet-e-r-emo ripet-e-r-ete ripet-e-r-anno
passato prossimo	**trapassato prossimo**	**trapassato remoto**	**futuro anteriore**
ho ripetuto hai ripetuto ha ripetuto abbiamo ripetuto avete ripetuto hanno ripetuto	avevo ripetuto avevi ripetuto aveva ripetuto avevamo ripetuto avevate ripetuto a**vev**ano ripetuto	ebbi ripetuto avesti ripetuto ebbe ripetuto avemmo ripetuto aveste ripetuto **ebb**ero ripetuto	avrò ripetuto avrai ripetuto avrà ripetuto avremo ripetuto avrete ripetuto avranno ripetuto

CONGIUNTIVO			
presente	**passato**	**imperfetto**	**trapassato**
ripet-a ripet-a ripet-a ripet-iamo ripet-iate ri**pet**-ano	abbia ripetuto abbia ripetuto abbia ripetuto abbiamo ripetuto abbiate ripetuto **abb**iano ripetuto	ripet-e-ss-i ripet-e-ss-i ripet-e-ss-e ripe**t-e-ss-**imo ripet-e-ss-te ripe**t-e-s**s-ero	avessi ripetuto avessi ripetuto avesse ripetuto a**vess**imo ripetuto aveste ripetuto a**ves**sere ripetuto

CONDIZIONALE		IMPERATIVO
presente	**passato**	**presente**
ripet-e-r-ei ripet-e-r-esti ripet-e-r-ebbe ripet-e-r-emmo ripet-e-r-este ripet-e-**r-eb**bero	avrei ripetuto avresti ripetuto avrebbe ripetuto avremmo ripetuto avreste ripetuto a**vreb**bero ripetuto	— (tu) ripet-i (Lei) ripet-a (noi) ripet-iamo (voi) ripet-ate (Loro) ri**pet**-ano

infinito presente	**infinito passato**	**gerundio presente**	**gerundio passato**
ripet-ere	aver ripetuto	ripet-endo	avendo ripetuto

participio presente: ripet-ere
participio passato: ripet-uto

INDICATIVO			
presente	**imperfetto**	**passato remoto**	**futuro semplice**
dorm-o	dorm-i-v-o	dorm-i-i	dorm-i-r-ò
dorm-i	dorm-i-v-i	dorm-i-sti	dorm-i-r-ai
dorm-e	dorm-i-v-a	dorm-ì	dorm-i-r-à
dorm-iamo	dorm-i-v-amo	dorm-i-mmo	dorm-i-r-emo
dorm-ite	dorm-i-v-ate	dorm-i-ste	dorm-i-r-ete
dorm-ono	dor**m-i**-v-ano	dor**m-i**-rono	dorm-i-r-anno
passato prossimo	**trapassato prossimo**	**trapassato remoto**	**futuro anteriore**
ho dormito	avevo dormito	ebbi dormito	avrò dormito
hai dormito	avevi dormito	evesti dormito	avrai dormito
ha dormito	aveva dormito	ebbe dormito	avrà dormito
abbiamo dormito	avevamo dormito	avemmo dormito	avremo dormito
avete dormito	avevate dormito	aveste dormito	avrete dormito
hanno dormito	**avev**ano dormito	**ebb**ero dormito	avranno dormito
CONGIUNTIVO			
presente	**passato**	**imperfetto**	**trapassato**
dorm-a	abbia dormito	dom-i-ss-i	avessi dormito
dorm-a	abbia dormito	dom-i-ss-i	avessi dormito
dorm-a	abbia dormito	dom-i-ss-e	avesse dormito
dorm-iamo	abbiamo dormito	dom-**i-s**s-imo	**avess**imo dormito
dorm-iate	abbiate dormito	dom-i-ss-te	aveste dormito
dorm-ano	**abb**iano dormito	dom-**i-s**s-ero	**avess**ero dormito
CONDIZIONALE			**IMPERATIVO**
presente	**passato**		**presente**
dorm-i-r-ei	avrei	dormito	—
dorm-i-r-esti	avresti	dormito	(tu) dorm-i
dorm-i-r-ebbe	avrebbe	dormito	(Lei) dorm-a
dorm-i-r-emmo	avremmo	dormito	(noi) dorm-iamo
dorm-i-r-este	avreste	dormito	(voi) dorm-ite
dorm-i-**r-ebb**ero	a**vrebb**ero	dormito	(Loro) **dorm**-ano
infinito presente	**infinito passato**	**gerundio presente**	**gerundio passato**
dorm-ire	aver dormito	dorm-endo	avendo dormito

participio presente: dorm-ente (o dorm-iente)
participio passato: dorm-ito.

19 — CONJUGACIÓN DE **FIN-IRE**, *TERMINAR*

INDICATIVO			
presente	**imperfetto**	**passato remoto**	**futuro semplice**
fin-isc-o fin-isc-i fin-isc-e fin-iamo fin-ite fi**n-is**c-ono	fin-i-v-o fin-i-v-i fin-i-v-a fin-i-v-amo fin-i-v-ate fi**n-i**-v-ano	fin-i-i fin-i-sti fin-ì fin-i-mmo fin-i-ste fi**n-i**-rono	fin-i-r-ò fin-i-r-à fin-i-r-à fin-i-r-emo fin-i-r-ete fin-i-r-anno
passato prossimo	**trapassato prossimo**	**trapassato remoto**	**futuro anteriore**
ho finito hai finito ha finito abbiamo finito avete finito hanno finito	avevo finito avevi finito aveva finito avevamo finito avevate finito **avev**ano finito	ebbi finito avesti finito ebbe finito avemmo finito aveste finito **ebb**ero finito	avrò finito avrai finito avrà finito avremo finito avrete finito avranno finito
CONGIUNTIVO			
presente	**passato**	**imperfetto**	**trapassato**
fin-isc-a fin-isc-a fin-isc-a fin-iamo fin-iate fi**n-iss**c-ano	abbia finito abbia finito abbia finito abbiamo finito abbiate finito **abb**iano finito	fin-i-ss-i fin-i-ss-i fin-i-ss-e fi**n-i-ss**-imo fin-i-s-te **fin-i-ss**-ero	avessi finito avessi finito avesse finito a**vess**imo finito aveste finito a**vess**ero finito
CONDIZIONALE			**IMPERATIVO**
presente	**passato**		**presente**
fin-i-e-i fin-i-r-esti fin-i-r-ebbe fin-i-r-emmo fin-i-r-este fin-i-**r-ebb**ero	avrei avresti avrebbe avremmo avreste a**vrebb**ero	finito finito finito finito finito finito	— (tu) fin-isc-i (Lei) fin-isc-a (noi) fin-iamo (voi) fin-ite (Loro) fi**n-i**sc-ano
infinito presente	**infinito passato**	**gerundio presente**	**gerundio passato**
fin-ire	aver finito	fin-endo	avendo finito
participio presente: fin-ente **participio passato:** fin-ito			

20 — VERBOS IRREGULARES

A — Primera conjugación

andare *ir*

presente ind. vado, vai, va, andiamo, andate, vanno
futuro andrò , andrai...
presente sub. vada, vada, andiamo, andiate, **va**dano
imperf. sub. andassi, andassi, andasse...
imperativo va' (vai, va), vada, andiamo, andate, **va**dano

dare *dar*

presente ind. do, dai, dà, diamo, date, danno
imperf. ind. davo, davi, dava, davamo, davate, **da**vano
passato rem. diedi (detti), desti, deide (dette), demmo, deste, **die**dero (**det**ters)
futuro darò, darai, darà, daremo, darete, daranno
presente sub. **dia**, **dia**, **dia**, di**a**mo, di**a**te, **di**ano
imperf. sub. dessi, dessi, desse, **des**simo, deste, **des**sero
imperativo dà (dai, da'), dia, diamo, datte, diano
part. passato dato

stare *estar*

presente ind. sto, stai, sta, stiamo, state, stanno
imperf. ind. stavo, stavi, stava, stavanno, stavate, **sta**vano
passato rem. stetti, stesti, stette, stemmo, steste, **stet**tero.
futuro starò, starai, starà, staremo, starete, staranno
presente sub. **stia**, **stia**, **stia**, sti**a**mo, sti**a**te, **sti**ano
imperf. sub. stessi, stessi, stesse, **stes**simo, steste, **stes**sero
imperativo sta (stai, sta'), **sti**a, stiamo, state, **sti**ano
part. passato stato; *past. perfecto* **sono** stato.

B — Segunda conjugación

a) verbi con l'accento sulla penultima sillaba

dovere *deber*

presente ind. devò, (debbo), devi, deve, dobbiamo, dovete, **de**vono (debbono)
passato rem. dovei o dovetti...
futuro dovrò, dovrai, dovrà, dovremo, dovrete, dovranno
cond. dovrei, dovresti...
presente sub. deva, deva, deva, o debba, debba, dobbiamo, dobbiate, **devano** o **debbano**

potere *poder*

presente ind. posso, puoi, può, possiamo, potete, **pos**sono
passato rem. potei o potetti...
futuro potrò, potrai, potrà, potremo, potrete, potranno
cond. potrei, potresti...
presente sub. possa, possa, possa, possiamo, possiate, **pos**sano

rimanere *quedar, permanecer*

presente ind. rimango, rimani, rimane, rimaniamo, rimanete, ri**mang**ono
passato rem. rimasi, rimanesti, rimase, rimanemmo, rimaneste, ri**ma**sero
futuro rimarrò, rimarrai, rimarrà, rimarremo, rimarrete, rimarranno
cond. rimarrei, rimarresti...
presente sub. rimanga, rimanga, rimanga, rimaniamo, rimaniate, ri**man**gano
imperativo rimani, rimanga, rimaniamo, rimanete, ri**man**gano
part. passato rimasto; *passato pro.* sono rimasto

sapere *saber*

presente ind. so, sai, sa, sappiamo, sapete, sanno
passato rem. seppi, sapesti, seppe, sapemmo, sapeste, **sap**pero
futuro saprò, saprai, saprà, sapremo, saprete, sapranno
cond. saprei, sapresti...
presente sub. sappia, sappia, sappia, sappiamo, sappiate, **sapp**iano

sedere, sedersi *sentar, sentarse*

presente ind. siedo, siedi, siede, sediamo, sedete, **sie**dono
passsato rem. sedei o sedetti
presente sub. sieda, sieda, sieda, sediamo, sediate, **sie**dano
imperativo siedi, sieda, sediamo, sedete, **sie**dano

tenere *tener*

presente ind. tengo, tieni, tiene, teniamo, tenete, **teng**ono
passato rem. tenni, tenesti, tenne, tenemmo, teneste, **ten**nero
futuro terro, terrai, terrà, terremo, terrete, terranno
cond. terrei, terresti...
presente sub. tenga, tenga, tenga, teniamo, teniate, **teng**ano
imperativo tieni, tenga, teniamo, tenete, **teng**ano

vedere *ver*

passato rem. vidi, vedesti, vide, vedemmo, vedeste, **vi**dero
futuro vedrò, vedrai, vedrà, vedremo, vedrete, vedranno
cond. vedrei, vedresti...
part. passato veduto o visto

volere *querer*

presente ind. voglio, vuoi, vuole, vogliamo, volete, **vog**liono
passato rem. volli, volesti, volle, volemmo, voleste, **vol**lero
futuro vorrò, vorrai, vorrà, vorremo, vorrete, vorranno
cond. vorrei, vorresti...
presente sub. voglia, voglia, voglia, vogliamo, vogliate, **vog**liano

b) verbi con l'accento sulla terzultima sillaba (parole sdrucciole)

ac**cen**dere *encender*

passato rem. accesi, accendesti, accese, accendemmo, accendeste, ac**ces**ero
part. passato acceso

bere *beber*

presente ind. bevo, bevi, beve, beviamo, bevete, **bev**ono
imperf. ind. bevevo, bevevi, bevevo, bevevamo, bevevate, be**vev**ano
passato rem. bevvi, bevesti, bevve, bevemmo, beveste, **bev**vero
futuro berrò, berrai, berrà, berremo, berrete, berranno
cond. berrei, berresti, berrebbe, berremmo, berreste, ber**reb**bero
presente sub. beva, beva, beva, beviamo, beviate, **be**vano
imperf. sub. bevessi, bevessi, bevesse, bevessimo, beveste, be**ves**sero
imperativo bevi, beva, beviamo, bevete, **bev**ano
part. passato bevuto

chiedere *preguntar*

passato rem. chiesi, chiedesti, chiese, chiedemmo, chiedeste, **chi**esero.
part. passato chiesto

chiudere *cerrar*

passato rem. chuisi, chiudesti, chiuse, chiudemmo, chuideste, **chuis**ero
part. passato chuiso

dire *decir*

presente ind. dico, dici, dice, diciamo, dite, **dic**ono
imperf. ind. dicevo, dicevi, diceva, dicevamo, dicevate, di**cev**ano
passato rem. dissi, dicesti, disse, dicemmo, diceste, **dis**sero
futuro dirò, dirai, dirà, diremo, direte, diranno
cond. direi, diresti, direbbe, diremmo, direste, di**reb**bero
presente sub. dica, dica, dica, diciamo, diciate, **dic**ano
imperf. sub. dicessi, dicessi, dicesse, di**ces**simo, diceste, di**ces**sero
imperativo di' (di), dica, diciamo, dite, **di**cano
part. passato detto

fare *hacer*

presente ind. faccio, fai, fa, facciamo, fate, fanno
imperf. ind. facevo, facevi, faceva, facevamo, facevate, fa**ce**vano
passato rem. feci, facesti, face, facemmo, facete, **fe**cero
futuro farò, farai, farà, faremo, farete, faranno
cond. farei, faresti, farebbe, faremmo, fareste, fa**reb**bero
presente sub. faccia, faccia, faccia, facciamo, facciate, **fac**ciano
imperf. sub. facessi, facessi, facesse, fa**ces**simo, faceste, fa**ces**sero
imperativo fa (fai, fa'), faccia, facciamo, fate, **fa**cciano
part. passato fatto

leggere *leer*

passato rem. lessi, leggesti, lesse, leggemmo, leggeste, **les**sero
part. passato letto

mettere *poner*
passato rem. misi, mettesti, mise, mettemmo, metteste, **mis**ero
part. passato messo
nascere *nacer*
passato rem. nacqui, nascesti, nacque, nascemmo, nasceste, **nac**quero
part. passato nato
nascondere *esconder*
passato rem. nascosi, nascondesti, nascose, nascondemmo, nascondeste, na**sco**sero
perdere perder
passato rem. persi, perdesti, perse, perdemmo, perdeste, **per**sero
part. passato perso
piangere *llorar*
passato rem. piansi, piangesti, pianse, piangemmo, piangeste, **pian**sero
part. passato pianto
porre *poner*
presente ind. pongo, poni, pone, poniamo, ponete, **pon**gono
imperf. ind. ponevo, ponevi, poneva, ponevamo, ponevate, po**ne**vano
passato rem. posi, ponesti, pose, ponemmo, poneste, **po**sero
futuro porrò, porrai, porrá, porremo, porrete, porranno
cond. porrei, porresti, porrebbe, porremmo, porreste, por**reb**bero
presente sub. ponga, ponga, ponga, poniamo, poniate, **pon**gano
imperf. sub. ponessi, ponessi, ponesse, po**nes**simo, poneste, po**nes**sero
imperativo poni, ponga, poniamo, ponete, **pon**gano
part passato posto
prendere *tomar*
passato rem. presi, prendesti, prese, prendemmo, prendeste, **pre**sero
part. passato preso
ridere *reir*
passato rem. risi, ridesti, rise, ridemmo, rideste, **ri**sero
part passato riso
rispondere *responder*
passato rem. risposi, rispondesti, rispose, rispondemmo, rispondeste, ris**po**sero
scrivere *escribir*
passato rem. scrissi, scrivesti, scrisse, scrivemmo, scriveste, **scris**sero
part. passato scritto
vincere *vencer*
passato rem. vinsi, vincesti, vinse, vincemmo, vinceste, **vin**sero
part. passato vinto
vivere *vivir*
passato rem. vissi, vivesti, visse, vivemmo, viveste, **vis**sero
part. passato vissuto

C — Tercera conjugación

salire *subir*
presente ind. salgo, sali, sale, saliamo, salite, **sal**gono
presente sub. salga, salga, salga, saliamo, saliate, **sal**gano
imperativo sali, salga, saliamo, salite, **sal**gano
uscire *salir*
presente ind. esco, esci, esce, usciamo, uscite, escono.
presente sub. esca, esca, esca, usciamo, usciate, **es**cano
imperativo esci, esca, usciamo, uscite, **es**cano.
venire *venir*
presente ind. vengo, vieni, viene, viniamo, vinite, **ven**gono
passato rem. venni, venisti, venne, venimmo, veniste, **ven**nero
futuro verrò, verrai, verrá, verremo, verrete, verranno
presente sub. venga, venga, venga, veniamo, veniate, **ven**gano
imperativo vieni, venga, veniamo, venite, **ven**gano
part passato venuto

21 — USOS DEL VERBO

1. Auxiliares:

• Los verbos que expresan estado adoptan el auxiliar **essere** y no el verbo *haber* como en español: **sono stato** *(he sido)*. **Sono vissuto a Firenze per due anni** *(He vivido en Florencia durante dos años)*. **Mi è costato caro** *(Me ha costado caro)* = **Stanotte è piovuto molto** *(Esta noche ha llovido mucho)*.

• Del mismo modo, los verbos en voz pasiva: **La machina è stata riparata dal maccanico** *(El automóvil ha sido reparado por el mecánico)*.

• Caso especial: los verbos **dovere**, **potere**, **volere**, **sapere** adoptan el auxiliar correspondiente al verbo en infinitivo que les sigue: **Ho dovuto farlo** *(He debido hacerlo*, porque se dice: **l'ho fatto***)*. Pero **sono dovuto partire** *(he debido partir*, porque se dice **sono partito***)*. Del mismo modo: **Non è potuto tornare in tempo** *(No ha podido regresar a tiempo*, etc.*)*.

• Los semiauxiliares: en la voz pasiva, el verbo **venire** puede reemplazar al verbo auxiliar **essere**: **Ogni abuso (del segnale d'allarme) verrá punito***(Cualquier abuso (en el uso de la alarma) será castigado)*. También el verbo andare puede reemplazar al verbo auxiliar **essere**. En este caso, se expresa una obligación o necesidad: **Questa lettera va impostata stasera** *(Esta carta debe ser despachada esta noche)*.

2. Diversas expresiones de tiempo y acción.

PASADO INMEDIATO

- *Yo acabo de decir* — **Avevo appena detto**
- *Acabo de decir* — **Ho appena detto**

SIMULTANEIDAD

- *Estoy diciendo* — **Sto dicendo**

PROBABILIDAD

- *Habrá dicho* — **Avrá detto**

¿Qué hora será? — **Che ore saranno?**
Deben ser las diez — **Saranno le dieci**
Puede ser — **Può darsi = Sarà**

3. El infinitivo:

• **Dico di farlo** *(Digo que lo hago, que lo haré)*.
Penso di farlo *(Pienso hacerlo)* (el mismo sujeto).
Dico che Lei lo faccia *(Digo que usted lo haga)* (sujetos diferentes).

• **Vado a prenderlo alla stazione** *(Voy a buscarlo a la estación)* (v.11,1).

El infinitivo, como complemento de un verbo de movimiento, rige la pronunciación "**a**".

4. El pretérito y el participio:

- **Ho letto la Divina Commedia che Dante scrisse nel'300.** *(He leído* (hace poco) *la Divina comedia que Dante escribió* (hace mucho: la acción ha transcurrido definitivamente) *en el siglo XIV.)*
- **Ho ricevuto una lettera. La lettera che ho ricevuto** o **ricevuta. L'ho ricevuta stamanttina.** *(He recibido una carta. La carta que he recibido. La he recibido esta mañana).* La concordancia del participio pasado conjugado con **avere** no es obligatoria, salvo cuando dicho complemento es un pronombre que precede al verbo.

5. El subjuntivo:
Después de cualquier verbo que expresa una opinión, un pensamiento, una duda, etc.:

- **Mi pare che** *Me parece que = yo creo que* ... (es una opinión)
- **Ritengo che** *Creo = Considero = Pienso que...*
- **Penso che** *Pienso que...* (es realmente un pensamiento)
- **Credo che** *Creo que...* (es una suposición)
- **Non so se** *No sé si...*

el verbo de la oración subordinada estará:

a) en **indicativo** si expresa una **certeza** objetiva y absoluta;

b) en **subjuntivo** si expresa una **opinión subjetiva** o **relativa**, una **incertidumbre** o una **hipótesis**.

- Lógicamente, se deberá respetar del todo la correlación de los tiempos.

Mi pare/Penso/Credo che/Non so se sia malato (presente indicativo / presente subjuntivo)
Mi pareva/Pensavo/Credevo che fosse malato (copretérito indicativo / pretérito subjuntivo).
Bisognava che venisse. *Era necesario que él viniera.*

6. El pospretérito o "futuro del pasado":

• **Mi disse/ha detto/diceva**	*Me dijo/me ha dicho/me decía*
che sarebbe venuto	*que vendría*
che arebbe telefonato	*que llamaría por teléfono*

ATENCIÓN: Para expresar dicha correlación de tiempos, en italiano es obligatorio recurrir al antepospretérito.

ÍNDICE TEMÁTICO

LOCUCIONES

a casa mia, tua, sua... **(17 C4)**
andare a pennello **(27 B2)**
azzeccare un dodici a Totocalcio **(37 C2)**
che giorno è oggi? **(5 C2)**
che ora è? che ore sono? **(7 B2)**
crogiolarsi al sole **(29 A2)**
dare del cretino **(6 C2)**
dare del Lei **(6 C2)**
dare del tu **(6 C2)**
dare del voi **(6 C2)**
darla a bere **(37 C2)**
di chi è questo quadro **(18 B3)**
dire balle **(35 A2)**
è colpa mia, tua sua... **(17 C4)**
è una fuoriserie **(19 B2)**
essere cavilloso **(36 A2)**
essere in pensione **(6 A2)**
essere in vacanza **(5 A2)**
essere nei guai **(19 B2)**
fare il broncio **(16 B2)**
fare lo spiritoso **(36 A2)**
firmare un assegno **(26 C2)**
fregarsene **(37 C2)**
girare un assegno **(26 C2)**
in che mese siamo? **(7 A2)**
leggere un giallo **(24 C4)**
mettersi di buona lena **(37 C2)**
non conoscere il Galateo **(39 C2)**
passare col giallo **(24 C4)**
passare col rosso **(24 C4)**
prendere cappello **(36 A2)**
prendere la tintarella **(29 A2)**
prendersela a male **(36 A2)**
quanti anni hai **(7 A2)**
quanti ne abbiamo oggi? **(7 A2)**
quanti sono i giorni feriali **(11 C4)**
quanti sono i giorni festivi **(11 C4)**
quanto caza? **(27 B2)**
restare in linea **(34 A2)**
smetterla **(36 A2)**
una macchina coi fiocchi **(19 B2)**

PROVERBIOS Y EXPRESIONES IDIOMÁTICAS

cascar dalla padella nella brace **(20 C2)**
cercare il pelo nell'uovo **(36 A2)**
chi fa da sè, fa per tre **(16 C2)**
chi va piano, va sano e va lontano **(37 C2)**
dal dire al fare c'è di mezzo il mare **(20 C2)**
dirne di tutti i colori **(24 C2)**
divertirsi un sacco **(37 C2)**
è pericoloso sporgersi **(19 C4)**
è vietato calpestare le aiuole **(12 C2)**
essere al verde **(20 C4)**
fare i conti senza l'oste **(11 C2)**
fare il portoghese **(12 A3)**
farne vedere di tutti i colori **(24 C2)**
farsi bello del sol di luglio **(20 C2)**
l'abito non fa il monaco **(16 C2)**
le acque quete rovinano i ponti **(20 C2)**
mettersi nei panni di uno **(20 C2)**
nascere con la camicia **(37 C2)**
sapere quel che bolle in pentola **(20 C2)**
se non è vero è ben trovato **(9 C2)**
tutte le strade portano a Roma **(20 C2)**
unire l'utile al dilettevole **(37 C2)**
vedere tutto nero **(37 C2)**
volere è potere **(16 C2)**

REPERTORIO DE LAS PALABRAS CITADAS

sguardo (dare uno s.) **(12 B1)**
significare **(14 A1)**
sindaco **(31 A1)**
sinistra **(7 B1)**
slavo **(1 C2)**
slogarsi una caviglia **(30 B1)**
soddisfare **(28 B1)**
soffocare **(32 A1)**
soggiorno **(40 A1)**
solito **(17 A1)**
somaro **(10 A1)**
soporifico **(38 A1)**
sorellina **(17 B1)**
sorso **(20 A1)**
sorte, (tirare a) **(33 C4)**
sorteggiare **(33 C4)**
sostenere **(40 C4)**
sottosviluppato **(4 C2)**
sottrarre **(29 C4)**
spazio **(32 A1)**
spazzino **(29 B1)**
spegnere **(19 B1)**
spendere **(20 A1)**
sperare **(27 B1)**
spericolato **(19 A1)**
spesso **(25 B1)**
spettabile **(8 C2)**
spettacolo **(14 A1)**
spezzatino **(9 B1)**
spiaggia **(29 A1)**
spicciolo **(6 C2)**
spiegare **(38 A1)**
sporgere **(19 C4)**
sportello **(8 A2)**
spumante **(40 B1)**
squadra **(29 C2)**
sragionare **(38 A1)**
stamattina **(26 B1)**
stanchezza **(19 C4)**
stanco **(5 B1)**
stanza **(25 C2)**
Stato **(9 A1)**
stazione **(18 A1)**
stendersi al sole **(29 B1)**
sterlina **(26 C2)**
stirare **(28 A1)**
storia **(39 A1)**
strada **(3 A1)**
straniero **(4 A1)**
straordinario **(9 B1)**
strapuntino **(14 B1)**
studente **(4 C4)**
studentessa **(4 B1)**
studiare **(12 A3)**
stufo **(23 A1)**
succedere **(37 B1)**
suonare **(32 C4)**
suora **(3 C2)**
svolgere **(40 A1)**

tambureli **(29 A1)**
tardare **(27 B1)**
targa **(10 C4)**
tasso d'interesse **(26 C2)**
tavola calda **(11 C2)**
tavolino **(26 A1)**
tazza da caffè **(20 A1)**
telefonata (fare una t.) **(15 C4)**
telegiornale **(23 A1)**
telegramma **(8 A1)**
tema **(15 A1)**
temere **(13 A1)**
tenere **(13 A3)**
testa **(18 B1)**
testimone **(37 B1)**
tifoso **(29 C2)**
tirreno **(21 B1)**
togliersi **(27 B1)**
tornare **(19 C4)**
trabocchetto **(39 B1)**
traffico **(24 B1)**
trarre **(29 C4)**
trascorrere **(29 A1)**
trasloco **(25 A1)**
trasmettere **(13 B1)**
trasmissione **(23 A1)**
trasportare **(35 C2)**
trattato **(40 A1)**
trovare **(24 A1)**
tuffarsi **(29 B1)**
tuffo **(32 C2)**
tuorlo **(17 C2)**

ufficio **(13 A1)**
ufficio postale **(8 A1)**
ultimo **(14 A1)**
uovo **(17 C2)**
usare **(40 C4)**
uscire **(31 A1)**

vacanza **(4 A1)**
valere **(33 A1)**
valigia **(27 C4)**
valuta **(26 C2)**
vano **(25 C2)**
vario **(29 B1)**
vecchio **(33 B1)**
vedere **(13 B1)**
veloce **(2 A1)**
vendere **(33 B1)**
vergogna **(32 C2)**
vestito **(28 B1)**
vetrina **(27 B1)**
vetro **(36 B1)**
viaggiatore **(2 A1)**
vicino, (qui) **(7 B1)**
vicino a **(11 B1)**
vicino di casa **(25 B1)**
vicolo **(12 C2)**
vigile **(12 A1)**
villeggiare **(29 B1)**
vitello **(27 B1)**
vitto **(34 B1)**
voltare **(19 C4)**

zia **(17 C2)**
zio **(8 A3)**
zucchero **(8 A3)**